개항 110년

해륙의 도시, 군산의 과거와 미래

개항 110년
해륙의 도시, 군산의 과거와 미래

초판 1쇄 발행 2009년 11월 30일

저 자 김종수 · 김민영 외
펴낸이 윤관백
제 작 김지학
편 집 이경남 · 장인자 · 김민희
표 지 임진형
펴낸곳

등록 제5-77호(1998.11.4)
주소 서울시 마포구 마포동 324-1 곶마루빌딩 1층
전화 02)718-6252 / 6257
팩스 02)718-6253
E-mail sunin72@chol.com

정가 · 18,000원
ISBN 978-89-5933-207-6 93300

· 저자와 협의에 의해 인지 생략.
· 잘못된 책은 바꿔 드립니다.

개항 110년
해륙의 도시, 군산의 과거와 미래

김종수·김민영 외

머 리 말

　올해(2009년)로 군산은 개항 110주년을 맞게 되었다. 군산은 금강 하구에 위치하고 있어 항구로서 기능한 것은 이미 수천 년도 넘는 일이지만, 근대 시기에 들어와 제국주의 세력에 문을 열고 개항하여 근대 도시로 새롭게 태어난 것이 110년 되었다는 말이다. 이 책은 이러한 군산 개항 110주년을 기념하여 출간되었다. 10년 전인 1999년에 군산에서는 개항 100년을 맞이하여 많은 행사와 축제를 개최하였고, 또 학술 세미나까지 열었었다. 그러나 개항의 의의와 그 이후 군산의 변모에 관하여 정리한 책이 나오지 못해 아쉬움이 있었다. 이러한 아쉬움을 달래기 위해 군산 개항 110주년을 맞이하여 8명의 학자가 모여 이 책을 펴내게 되었다.
　10년 전인 1999년에 개항 100주년 행사를 할 때에도 군산 개항이 타율적 개항이냐 자율적 개항이냐를 둘러싸고 많은 논란이 있었다. 군산 개항 이후 대일 쌀 수출이 대대적으로 전개되고 조선 민족의 삶은 더욱 피폐해졌으므로 군산 개항은 일제에 의해 타율적으로 이루어졌을 것이라고 생각하는 사람들이 많았다. 그러나 이것은 개항 이후 전개된 결과만을 보고 판단한 결과론적 해석으로서 그 당시의 사실을 구체적으로 살펴서 내린 결론은 아니었다. 이 책의 맨 앞에 수록된 김종수의 「군산 개항의 역사적 의의」는 개항 당시의 상황을 구체적으로 검토하면서 군산 개항은 대한제국 정부의 독자적인 결정에 의하여 이루어진 자율적 개항이라고 결론을 내렸다. 고종 황제의 세력 균형 정책과 독립협회 계열 인사들의 자유무역주의 주장, 그리고 해관 총세무사 브라운의 관세 수입 확대를 위한 권고 등이 어우러져 군산 개항이 이루어졌다는 것이다. 그러나 이 시기 군산 개항은 제국주의 세력에 대하여 충분한 대비를 하지 않고 개방화 정책을 선택하여 이루어진 것으로서 국가와 민족에 불리한 결과를 초래하였다고 보았다.

구희진의 「근대기 군산사람들의 삶과 도시공간의 이해」는 개항 이후 군산 사람들의 삶과 도시공간의 변화를 살펴보고, 이러한 군산의 근대문화를 어떻게 활용할 것인가를 생각한 글이다. 근대군산의 역사를 옥구·군산의 유구한 역사에 바탕을 두고 군산사람들의 삶의 변화를 중심으로 이해해야 한다는 인식 아래에서, 근대기 군산 사람들의 활동을 교육을 중심으로 밝혔다. 그리고 근대군산의 도시공간에 대해서는 여기에 살았던 사람들의 삶과 문화, 역사와 관련시켜 이해하려고 하였다.

군산의 도시공간에는 수많은 근대건축유산이 산재해 있다. 이러한 근대건축유산을 배경으로 근래 많은 영화가 촬영되기도 한다. 송석기의 「보존 및 활용의 측면에서 본 군산 근대건축유산」은 근대건축유산의 보존 및 활용에 대한 국내외 사례와 군산의 근대건축유산 현황에 대한 이해를 통해 군산 근대건축유산의 보존 및 활용을 위해 고려해야 할 사항들을 검토해보는 것을 목적으로 하였다. 이 논문에서는 점 단위, 선·면 단위 근대건축유산의 보존 및 활용 방안을 살펴보고, 근대건축유산의 건축적 가치의 측면과 현실적 실행 측면에서의 보존 및 활용 방안을 제시하고 있다.

김태웅의 「근현대 군산을 둘러싼 기억과 역사의 충돌」은 군산의 기억을 역사화하는 과정에서 어떤 기억들이 공적 기록으로 포섭되고, 어떤 기억들이 망각의 늪으로 빠졌는가를 살피는 글이다. 군산에 관한 기억은 민족별로, 처지별로 달랐다 한다. 일본인들에게는 '쌀의 군산'이지만, 조선인들에게는 수탈과 차별 속에서 고통을 견뎌야 했던 공간이라는 것이다. 그런데 해방 이전에는 일본인의 공적 기록만이 전부였고, 해방 이후에는 분단 현실로 말미암아 한쪽의 기억만이 역사화 되었다고 한다. 이 글에서는 어느 한편만의 기억을 가지고 역사화하는 기억의 專有에서 벗어나 기억의 公有로 나아가야 한다고 주장하고 있다.

김민영의 「군산지역경제 110년, 전개·성격·전망(1899~2009년)」은 군산 개항 110년을 맞이하여 군산지역경제의 형성과 역사적 전개과정을 다섯 시기로 나누어 살펴보고 있다. 즉 군산지역경제의 흐름을 개발과 수탈의 시대(1899~1945년), 단절과 연속의 시대(1945~1960년), 정체와 모색의 시대(1961~1985년), 전환과 굴절의 시대(1986~1999년), 비전과 성숙의 시대(2000년~) 등으로 구분하여 각 시기의 특징을 지적하고, 결론 부분에는 군산지역경제발전의 미래 과제를 제시하고 있다. 이 글에서는 한 사회가 새로운 단계로 도약 발전하는 데 필요한 것은 물질적 조건만이 아니라고 강조하고 열린 시민의식과 상호 간 신뢰감의 회복 속에서 새로운 시대를 열어가자고 제안하고 있다.

이준호의 「'증상'으로 읽은 『탁류』」는 '증상' 개념을 채만식의 『탁류』에 적용하여 분석한 글이다. 『탁류』가 창작된 1930년대 후반은 식민지 권력의 침탈이 정점을 향해 치닫던 시기로서 조선에서는 온갖 증상들이 나타났다. 특히 군산으로 상징되는 식민지 자본주의 체제를 살아가는 조선인들은 이미 주어진 것을 선택해야 하는 '강요된 선택권'을 누릴 수밖에 없는 처지에 놓여있었다고 한다. 이 글에서 채만식은 이러한 증상을 자본주의 자체의 필연적인 산물임을 알았던 듯하다고 지적하고, 증상의 발견과 제거에 긍정적 의의를 두고 있다.

공종구의 「채만식의 소설에 나타난 친일과 반성」은 채만식의 친일 문제를 본격적으로 다룬 글이다. 야만의 광기와 폭력이 지배하던 식민지 말기에 조선의 작가들이 그 상황을 감당하던 방식에는 세 가지 유형이 있다고 한다. 첫 번째는 완전히 절필하거나 일제에 정면으로 비판하는 글쓰기이고, 두 번째는 적극적으로 일제에 영합하는 글쓰기이며, 세 번째는 당위와 존재의 괴리로 인한 심각한 주체의 분열과 갈등을 감내하면서 수동적으로 친일 문학의 길을 선택하는 방식이다. 이 중 채만식은 세 번째 방식의 전형을 보여주는 문제적 인물이라고 평가하고 있다. 그런데 자신의 친일 행위에 대해 참회와 반성의 서사를 남긴 거의 유일한, 그런 점에서 자기 검열의 시선 또한 아주 예민했던 문인이라는 사실도 채만식의 친일을 해석하고 평가하는 작업과 관련하여 적극 고려되어야 한다고 주장하고 있다.

김중규의 「군산 화교의 역사와 문화」는 군산 화교의 역사를 초창기(1882~1911년), 이주노동자로서 성쇄의 기간(1910년경~1930년대 중반), 중일전쟁 기간(1930년대 중반~1945년), 한국의 광복과 실향(1945~1949년), 화교의 재이주(1950년~현재) 등으로 크게 나누어 살펴보고, 다시 세부적으로 '여씨 집안을 통해본 화교 생활사'를 살펴본 글이다. 이 글에서 군산지역을 중심으로 화교문화 형성과정을 면밀하게 살펴보는 이유는 군산에 이주한 화교 1, 2세대의 삶과 그들이 만들어온 생활공간이 우리의 공간과 중첩되어 있고 우리의 시간 속에 그들도 함께 해왔음을 확인하고자 했기 때문이라고 주장하고 있다. 그리고 오늘날 화교사회의 변화는 다문화, 다민족시대 우리 사회가 풀어야 할 과제라고 제안하고 있다.

이 책은 위와 같이 8명의 학자들의 논문들을 모아 엮은 것이다. 그 분야는 역사, 건축, 경제, 국문학 등 다양한 방면에 걸쳐 있지만, 공통적으로 개항 이후 전개된 군산사람들의 삶과 군산의 변화를 다루면서 바람직한 군산의 미래를 전망하고 있다. 개항 이후 군산사람들은 야만의 광기와 폭력이 지배하던 시대를 꿋꿋이 견디면서 오늘날의 군산을 후손들에게 남겨주었다. 오늘날 군산은 21세기 환황해권 시대의 거점도시로 새롭게 성장해가고 있다. 이러한 시대를 맞이하여 개항 이후 110년 동안 이 땅위에서 전개된 군산사람들의 삶과 눈물, 그리고 그들이 이루어낸 업적을 되돌아보는 것도 의미가 있을 것으로 생각한다. 그들의 삶 위에서 우리의 삶이 계속되고 있기 때문이다.

2009년 11월 13일
필자들을 대표하여 김종수 씀

차례

머리말   5

군산 개항의 역사적 의의 | 김종수   15
    I. 머리말   15
    II. 개항 이전 군산의 역사   17
    III. 군산 개항의 경위   23
    IV. 군산 개항의 영향   36
    V. 맺음말   45

근대기 군산사람들의 삶과 도시공간의 이해 | 구희진   49
    I. 유구한 군산 역사문화 전통 위의 근대   51
    II. 한말 군산사람들의 삶 －교육을 중심으로   54
    III. 근대군산도시의 이해 －공간과 삶과 역사   61
    IV. 군산 근대문화유산의 활용   65

보존 및 활용의 측면에서 본 군산 근대건축유산 | 송석기   73
    I. 근대도시 군산의 형성   73
    II. 군산 근대건축유산의 현황과 성격   78
    III. 점 단위 근대건축유산의 보존 및 활용   85
    IV. 선·면단위 근대건축유산의 보존 및 활용   94
    V. 군산 근대건축유산의 보존 및 활용   101

近現代 群山을 둘러싼 記憶과 歷史의 衝突 | 김태웅   107
  Ⅰ. 머리말   107
  Ⅱ. 문명과 차별의 충돌   109
  Ⅲ. 기억과 역사의 투쟁   118
  Ⅳ. 맺음말   126

군산지역경제 110년, 전개·성격·전망(1899~2009년) | 김민영   129
  Ⅰ. 문제제기   129
  Ⅱ. 군산지역경제의 전개과정과 성격   131
  Ⅲ. 지역경제의 새로운 비전과 성숙의 시대(2000년~)   157
  Ⅳ. 결론에 대신하여 - 군산지역경제발전의 미래과제   161

'증상'으로 읽은『탁류』 | 이준호   169
  Ⅰ. 서론   169
  Ⅱ. 식민지 자본주의 드러내기   171
  Ⅲ. 주체적 여성 드러내기, 혹은 증상 없애기   180
  Ⅳ. 결론   185

채만식의 소설에 나타난 친일과 반성 | 공종구   189
  Ⅰ. 들어가는 말   189
  Ⅱ. 본격적인 친일 의지의 표명   192
  Ⅲ. 참회의 의미   207

군산 화교의 역사와 문화 | 김중규   **213**
  I. 머리말   213
  II. 군산의 화교들   215
  III. 여씨집안을 통해서 본 화교 생활사   232
  IV. 화교문화의 형성원인   255
  V. 맺는말   260

찾아보기   **263**

군산 개항의 역사적 의의

김 종 수*

I. 머리말

올해(2009년)로 군산은 개항 110주년을 맞게 되었다. 즉 군산은 지금으로부터 110년 전인 1899년 5월 1일 개항하였다. 개항 이후 군산은 우리나라 최대 곡창 지대인 호남평야에서 생산된 쌀을 일본으로 반출하는 수탈의 전진 기지로 기능하였고, 또 자본주의 상품의 유입항으로 변모하였다. 한말과 일제시기에 우리나라는 일제의 원료·식량 공급지와 상품 시장으로 전락하였는데, 그 식민 정책의 거점으로서 군산이 성장하였던 것이다. 개항과 이에 따른 군산의 성장에는 우리 민족 대다수의 고통이 수반되었다. 고부지방의 김씨가(金性洙氏家)와 같은 경우는 군산 개항으로 인해 대지주, 대자본가로 발돋움할 수 있었지만[1] 이것은 극소수의 사람에게나 해당하는 일이고, 우리 민족 대부분은 빈농이나 농업노동자로 혹은 토지

---

* 군산대학교 사학과 교수
1) 金容燮,「古阜 金氏家의 地主經營과 資本轉換」,『韓國近現代農業史研究』, 一潮閣, 1992.

에서 유리된 유민으로 전락하였던 것이다.

군산 개항으로 우리 민족 대다수가 고통을 겪었기에 군산 개항은 일제의 강압에 의하여 이루어진 타율적인 개항일 것이라는 것이 오늘날 군산시민을 비롯하여 일반인들 사이에 널리 유포된 통설이다. 심지어 군산 연구자들도 군산 개항은 일제에 의한 타율적인 개항이라고 보고 있다. 최락필 씨는 "일본은 조선에 면포와 일용 잡화를 수출하고 일본 자본주의가 절대 필요로 하는 쌀, 금 등의 원료를 수입하기 위하여 조선 측에 군산항 개항을 강요하였다"[2]고 주장하고 있고, 박금희 씨 역시 일본으로 미곡을 반출하고, 상품 시장을 개척하고, 군산 근해의 어장을 확보하기 위해 일본 측이 대한제국 정부에 군산항 개항을 강요하였다고 보고 있다.[3] 김영정 씨는 "군산은 일제가 전북, 충북 지역에서 수탈한 미곡을 자국으로 반출하기 위하여 계획적으로 성장시킨 식민지 도시이다"[4]라고 규정하고 있고, 이헌주 씨 역시 군산 개항의 목적을 "일본 공업 지대의 저임금 유지를 위한 미곡의 안정적 공급"[5]에 있다고 보고 있다. 그러나 이와 같이 군산의 개항이 일제에 의해 타율적으로 이루어졌다는 것은 이후에 전개된 역사의 결과만을 보고 내린 결과론적 해석으로서 그 당시의 사실을 구체적으로 살펴서 내린 결론은 아니었다.

군산의 개항이 결정된 시기는 대한제국 시기로서, 이 기간은 오늘날 '열강 간의 잠정적 세력 균형 상태에서 전제군주가 주도하는

---

2) 崔洛弼,「群山港 開港과 地域 社會 經濟의 構造的 關係에 대한 硏究-全北 農村의 社會 經濟 構造의 變化를 중심으로-」,『全羅文化硏究』3집, 1990.
3) 朴錦姬,「大韓帝國期 群山港의 貿易構造에 관한 硏究」, 이화여자대학교 석사학위논문, 1992.
4) 김영정,「일제시대의 도시성장-군산시 사례-」,『한국사회학』 30집, 1996.
5) 이헌주,「개항기 군산항의 유통권 변동과 무역구조」,『史學硏究』 55·56 합집, 1998.

근대적 국가로 발돋움하려는 시기'로 이해되고 있다.[6] 1894년 청일전쟁을 통해 청나라를 물리치고 조선을 보호국화하려던 일제의 의도는 이른바 삼국간섭 이후 러시아 세력의 진출과 일제의 야만적인 왕비 살해사건으로 촉발된 조선인들의 저항으로 좌절되었다. 일본과 러시아는 로마노프-야마가타 의정서 등의 조약을 맺어 한반도에는 힘의 균형 상태가 형성되었다. 이러한 환경에서 사대관계의 굴레를 벗어던지고, 만국공법상의 당당한 하나의 국가로 인정받고자 세운 것이 바로 대한제국이었다. 이러한 대한제국 시기에 이루어진 군산의 개항이 전적으로 일제에 의한 타율적인 개항이라고 주장하는 것은 정곡을 찌른 해석은 아니다.

군산 개항의 경위에 대해서 당시 사료를 가지고 구체적으로 살펴 볼 필요가 있다. 군산 개항의 역사적 의의를 밝히는 본 논문은 우선 개항 이전의 군산의 역사를 개략적으로 살펴보고, 군산 개항의 경위에 대하여 구체적으로 검토하려 한다. 그리고 군산 개항이 우리 근대 사회(주로 1910년까지)에 미친 영향에 대하여도 아울러 살펴보겠다. 110년 전 군산 개항의 경위와 그 영향에 대한 고찰은 세계화, 개방화를 지향하는 오늘날 우리에게도 많은 역사적 교훈을 줄 것으로 생각한다.

II. 개항 이전 군산의 역사

군산지역은 북으로 금강, 남으로 만경강 사이에 자리하고 있으며, 동쪽으로 익산지역과 접하고 서쪽으로 바다에 면하고 있는 지역과 서해상의 섬들을 포괄하고 있다. 이 지역은 농수산 자원이 풍

---

[6] 도면회, 「정치사적 측면에서 본 대한제국의 역사적 성격」, 『역사와현실』 제19호, 한국역사연구회, 1996.

부하여 일찍부터 원시 어로민과 농경민이 거주하면서 선사문화를 발달시켰다. 이에 군산지역 각처에는 신석기 시대의 조개무지, 청동기 시대의 토기, 마제석검 등과 더불어 마한과 백제 시대의 각종 토기와 철기 유물 등이 발굴되고 있다.[7)]

군산지역은 그 후 삼국시대에 들어와 삼국 간 치열한 영토 확장전이 전개되었을 때, 백제가 수도를 웅진(공주)과 사비(부여)로 옮기면서 정치적으로 중요한 위치를 차지하게 되었다. 금강 하구에 위치한 이 지역은 백제와 신라, 唐, 일본 등 각국이 자신의 세력을 유지·확장하기 위해서는 반드시 확보하여야 하는 요지였던 것이다. 이에 따라 군산지역(白江口, 伎伐浦 등으로 칭하였음)은 660년 나당 연합군의 백제 침공 때 당나라의 13만 대군이 백제의 사비성을 공격하기 위해 최초로 상륙하여 백제군민과 전투를 벌였고, 백제 멸망 이후에는 백제 부흥군과 일본의 구원병이 당군과 격전을 벌였으나 敗退하여 백제 부흥의 꿈이 무산되었으며, 문무왕 16년(676) 신라의 대당전쟁 시 신라군이 당의 수군을 섬멸하여 우리나라 남부지역에서 당의 세력을 완전히 축출하여 삼국 통일을 완수한 곳이기도 하였다. 즉 군산은 백제 멸망의 비운과 부흥군의 좌절을 맛본 곳이며, 신라에 의한 삼국 통일의 환희를 누렸던 곳이다.[8)]

또한 군산은 우리나라 최초로 화약무기를 사용하여 왜적을 소탕한 장소이기도 하였다. 고려 말 국내의 정치, 경제, 사회적 혼란 속에서 밀어닥친 왜구의 침략은 40여 년에 걸쳐 고려 사회에 막대한 인적, 물적 피해를 입혔다. 우왕 6년(1380) 여름에는

> 왜적들이 배 5백 척을 鎭浦에 매어 두고, 下三道로 들어와 侵寇

---

7) 『群山市史』 歷史篇(上), 「第1章 錦江流域의 先史遺蹟」 참조.
8) 沈正輔, 「白江의 位置에 대하여」, 『韓國上古史學報』 2, 1989.
   김중규, 『잊혀진 百濟 사라진 江-기벌포(백강)를 찾아서』, 신아출판사, 1998.

하여 沿海의 州郡을 도륙하고 불살라서 거의 다 없애버리고, 인민을 죽이고 사로잡은 것도 이루 다 헤아릴 수 없었다. 시체가 산과 들판을 덮게 되고, 곡식을 그 배에 운반하느라고 쌀이 땅에 버려진 것이 두껍기가 한 자 정도이며, 포로로 잡힌 子女를 베어 죽인 것이 산더미처럼 많이 쌓여서 지나간 곳마다 피바다를 이루었다. 2, 3세 되는 계집아이를 사로잡아 머리를 깎고 배를 갈라 쌀·술을 함께 넣고 하늘에 제사지내니, 三道 沿海 지방이 쓸쓸하게 텅비게 되었다. 왜적의 侵寇 이후로 이와 같은 일은 일찍이 없었다.9)

라 하여 왜선 500여 척이 진포, 즉 군산지역에 침투하여 삼남 연해지방을 황폐화시키기도 하였다. 이 무렵 군산지역(진포)에서 崔茂宣이 왜구를 맞이하여 대첩을 거두게 된다.『太祖實錄』의 태조 4년(1395) 최무선 졸기에는

    가을에 왜선 3백여 척이 전라도 鎭浦에 침입했을 때 조정에서 최무선의 화약을 시험해 보고자 하여, 최무선을 副元帥에 임명하고 都元帥 沈德符·上元帥 羅世와 함께 배를 타고 火具를 싣고 바로 진포에 이르렀다. 왜구가 화약이 있는 줄을 모르고 배를 한곳에 집결시켜 힘을 다하여 싸우려고 하였으므로, 무선이 화포를 발사하여 그 배를 다 태워버렸다. 배를 잃은 왜구는 육지에 올라와서 전라도와 경상도까지 노략질하고 도로 雲峯에 모였는데, 이때 태조가 兵馬都元帥로서 여러 장수들과 함께 왜구를 한 놈도 빠짐없이 섬멸하였다.10)

라 하여, 우왕 6년 가을에 최무선이 진포(군산지역)에서 화포를 이

---

9)『太祖實錄』1, 總書, 辛禑 6년 8월.
10)『太祖實錄』7, 太祖 4년 4월 壬午.

용하여 왜선을 섬멸하였다고 기록되어 있다. 이와 같이 군산은 우리나라 최초로 과학과 기술력으로 왜구를 물리친 진포대첩의 현장이다.

한편 군산에는 고려와 조선시기에 漕倉이 설치되어 있었다. 남부지방의 稅穀을 해로를 통하여 수도에 실어 나르던 조운제도는 고려 말 왜구의 노략질로 말미암아 조운이 불통함으로써 고려 왕조가 멸망했다고 할 정도로 국가 재정상 비중이 크고 중요한 제도였다. 고려는 건국 초에 한강 연안과 남부 해안에 12개의 조창(그중 6창이 지금의 전라도지역에 있었다)을 설치하여 인근 각 고을의 전세를 거두어 보관하고 이듬해 봄에 경창까지 운반하도록 하였으며, 조선 역시 그 제도를 운용하였던 것이다. 이러한 고려와 조선의 조운 제도에서 군산을 끼고 있는 금강 하류는 중요한 비중을 차지하고 있었다.

고려시대에는 금강 하류에 鎭城倉(옥구군 나포면 서포리)이 설치되어 있었는데, 그 倉城은 둘레가 십리나 될 정도로 규모가 컸다고 한다. 조선 초에는 고려 말 왜구로 인하여 폐지했던 조운제도를 다시 실시하면서 용안현 金頭浦(익산군 용안면 용두리)에 德城倉을 설치하였는데, 덕성창은 지금의 고창군을 제외한 전북지방과 전남의 구례군 등 26개 고을의 전세를 보관하였다. 그 후 덕성창은 세종 10년(1428)에 금강의 수로가 토사로 막히자 함열현 서쪽의 皮浦(익산군 웅포면 고창리)로 옮겼다가, 성종 13년(1482)에는 다시 용안의 옛 자리로 옮기면서 得城倉으로 개명되었다.[11] 득성창은 금강의 수로가 또 다시 변동됨에 따라 조정에서 이전 논의가 분분하였는데, 결국 중종 7년(1512) 전라도 관찰사 南袞의 건의에 따라 군산

---

11) 『新增東國輿地勝覽』 권34, 龍安縣, 倉庫, 得成倉.
　　在金頭浦 舊稱德城倉 因水道堙塞 移于咸悅縣 成宗十三年 還移于此 改今名.

포로 옮겨 群山倉이 되었다.12) 한편 중종 25년 이후 여산군에 羅嚴倉(익산군 망성면 나암포)이 신설되어 군산창 관할의 고을들을 분속시켰는데 나암창은 효종년간(1649~1659)에 물길이 막혀 함열현으로 이전하여 聖堂倉(익산군 성당면 성당리)이 되었다. 조선 후기에 성당창은 남원, 운봉, 진산, 금산, 용담, 고산, 익산, 함열 등 8읍, 군산창은 옥구, 전주, 진안, 장수, 금구, 태인, 임실 등 7읍의 전세와 대동미를 수납하였고, 나머지 고을들은 독자적으로 海倉을 두고 있었다.13) 한편 군산에는 효종 8년(1657)에 우의정 김육의 제안으로 대동법이 실시되면서 이를 관리하는 선혜청의 지청인 湖南廳이 설치되기도 하였다.14)

군산에는 이와 같이 조창이 설치되어 조운선이 운항하였을 뿐 아니라, 상선의 내왕 역시 빈번하였다. 조선 후기에 이르러 군산 일대에서는 '白馬以下鎭江一帶 皆通船利'15)라 하듯이 상품 유통이 활발히 이루어지고 있었다. 당시 금강 유역의 여러 포구들은 상품 유통의 중심지로 성장하고 있었는데, 특히 강경은 조선후기 3대 시장의 하나로 손꼽혔다. 강경은 배후에 넓은 곡창지대가 있었고, 인근 어장의 어선들이 내왕하여, 開市日인 4・9일에는 하루 평균 출시인원이 약 7,000인에 달하였고, 추석이나 설전에는 15,000인 이상이나

---

12) 『中宗實錄』 16, 中宗 7년 9월 戊戌.
　　全羅道觀察使南袞 親審漕稅納倉移排便否 馳啓曰 得城倉移於群山浦 榮山倉合於法聖倉 令道內各官 從附近分屬納稅 則陸輸之路 不甚絶遠 民不至怨苦 散料之費 敗船之虞 比於前日 十減五六 不爲無益 便宜之策 請廣議處之.
13) 『大東地誌』 11, 沃溝縣, 倉庫, 群山倉. 咸悅縣, 倉庫, 聖堂倉(崔洛弼, 「群山港 開港과 地域社會經濟의 構造的 關係에 대한 硏究」, 『全羅文化硏究』 3집, 179쪽 재인용).
14) 『群山開港史』, 4쪽에서는 『孝宗實錄』, 群山記에 "群山湖南廳所在 菈海嵎 山丘岡連亘 貢米之倉稟聯擔 在於其麓 群倉之勝地 湖南第一也"라 하는 기록이 있다고 하는데, 현재 효종실록에서는 찾을 수 없다.
15) 『擇里志』, 卜居總論, 生利條.

되었다.16) 이때 상선의 내왕이 모두 금강을 통해서 행해졌고, 그 하구에 군산이 위치하고 있어, 군산 역시 상업 항구로 기능하고 있었다. 이러한 사실은 당시 군산에 개장되었던 京場場市의 규모를 통해 확인할 수 있다. 朝鮮總督府調査資料 제8집,『朝鮮の市場』에서는 경장장시에 대하여

> 400년 전에 창설되었고, 30년 전까지 서천방면으로 가는 渡船場이 있었으며, 인구는 500여 명이다. 需給區域은 沃溝郡, 群山府, 舒川郡의 대부분 이외에 江景, 全州, 泰仁 등까지 걸쳐있었으며, 市日에는 매우 殷盛하였고 거래도 오늘날의 십수 배였다. 군산이 개항된 이후 군산부내에 新市가 창설되자 해마다 衰微의 길을 걷고 있다.

라고 기록하고 있다.17) 군산에는 조운선과 더불어 상선이 내왕하여 활발한 상업 활동이 이루어지고 있었던 것이다. 그런데 군산은 조선 후기 이래 점진적으로 진행되는 조세의 금납화 경향으로 점차 조운의 기능이 축소되다가, 1894년 갑오개혁의 '지세의 금납제' 조치로 인해 조운의 기능이 정지되면서 그 勢가 쇠퇴하였다. 이에 개항 당시에는 군산의 옛 모습을 찾아보기 어렵게 되었다.18)

---

16)『通商彙纂』146호,「군산개항이 강경에 미치는 영향」(1899.9.4) ; 이헌주, 「개항기 군산항의 유통권 변동과 무역구조」,『史學硏究』55·56 합집, 1998, 572쪽 재인용.
17) 경장장시가 열렸던 팔마산 기슭의 京場里는 1932년의 행정구역확장으로 군산부에 편입되었으며, 옛날의 장시는 없어지고 말았다(孫禎睦,『韓國開港期 都市變化過程硏究』, 一志社, 1982, 302쪽에서 재인용).
18)『群山府史』에서는 "開港 當時의 群山은 4·5개의 小丘陵 허리에 몇몇 朝鮮人 陋屋이 點在하고, 內地人(일본인: 필자 주)의 거주자는 겨우 70여 명에 불과하며, 평지에는 갈대와 마름풀만이 무성하여 부질없는 새들이 노니는 들녘이었고 저녁노을 蒼然하여 어두움이 짙어지면 漁火가 明滅하는 가운데 몇 줄기의 밥 짓는 연기만이 보이는 오로지 滿目蕭條한 한 寒漁村

이와 같이 군산은 금강 하구 수륙 교통의 요지에 위치하고 있어, 고대로부터 선사문화가 발달하였고, 삼국통일기에는 한·중·일 삼국이 접전을 벌였으며, 고려 말에는 진포대첩의 현장이었고, 조선시대에는 조운과 상업이 발달하였다. 즉 군산은 개항 이전부터 우리 역사에서 정치, 경제적으로 중요한 지역이었다. 이러한 군산의 지정학적 위치로 인해 세계 자본주의 체제에 문호 개방이 강요되었던 근대 시기로 들어오면서 일찍부터 그 개항이 거론되었다.

III. 군산 개항의 경위

근대시기에 들어와 군산항의 개항이 처음으로 거론된 것은 고종 14년(1877) 9월 10일 일본의 대리공사 花房義質이 부임해 왔을 때부터였다.[19] 1876년의 강화도조약에 따라 부산에 이어 원산이 개항되자, 일본 측은 계속해서 서해안의 항구를 개항시키기 위해 조선정부에 압력을 넣어왔다. 일본은 자신들의 자본주의 발전에 필요한 값싼 식량과 원료를 안정적으로 확보하기 위하여 국내 최대의 쌀 생산지를 배후로 한 서해안지역의 개방에 무엇보다 관심이 있었던 것이다. 따라서 이 무렵 인천과 군산, 남양, 당진, 면천, 서산, 아산만(둔포), 해미, 결성, 진강, 진도, 목포 등이 추가 개항 후보지로 거론되었다. 그러나 군산을 비롯한 서해안에 있는 여러 항구들은 수도와 거리가 멀고 항만 사정이 나쁘다는 이유로 제외되었고, 결국 1881년 인천항이 개항지로 결정되었다.[20]

에 지나지 않았다(1쪽)"라고 기록하고 있다. 이것은 개항 이후 일본인이 거주하면서 흥성하고 있는 군산을 염두에 두고 개항 전의 상황을 과장하여 서술한 것으로 생각된다.
19) 『備邊司謄錄』 258, 高宗 14년 10월 12일 ; 10월 18일조.

1889년경 경성주재 일본대리공사 近藤眞鋤는 일본정부의 지시를 받아 조선정부에 전라도 연안에 개항장을 설치해 줄 것을 다시 요청하였다.[21] 그러나 당시는 조선정부에 대한 청국의 영향력이 매우 강한 시기여서 일본의 요구는 받아들여지지 않았다. 그러다가 1894년 7월 23일 일본군의 궁궐 침입과 함께 친청 민씨정권이 붕괴하고 친일 개화파 정권이 들어섰으며, 27일에는 일본군이 청일전쟁을 도발함으로써 정세가 급변하게 되었다. 일본 측은 8월 20일 개화파 정부에 강요하다시피 하여 밀약으로서 이른바 '暫定合同條款'이라는 것을 체결케 하였다.

7개 항목으로 구성된 '잠정합동조관'은 2항에서 철도의 이권을, 3항에서 電信의 이권을 조선정부가 일본에 許與한다고 규정한 데 이어, 제4항에서는 "장래 兩國의 交誼를 더욱 친밀히 하고 또 무역을 장려하기 위하여 조선정부는 전라도 연해의 땅에 通商口岸 一處를 개항할 것이다"라고 규정함으로써 전라도 연안의 통상항 개항을 명문화시켰다.[22] 청일전쟁이 승리로 굳어지자 1894년 일본공사 井上馨은 개항장 물색을 목적으로 '全羅道 沿岸 곧 古阜·木浦 等地를 視察'하기 위한 護照·關文을 조선정부에 청구하여 허가를 받아내고,[23] 이에 따라 1895년 1월 6일 서울 영사 內田定槌가 인천을 출발하여 약 보름동안의 일정으로 각지를 둘러본 후 목포를 최적지로 선정하였다.[24] 이때 비록 군산과 인접한 古阜가 개항장으로 선정되지는 않았지만, 이 시기에 일본은 전라북도의 곡창지대를 겨냥한 개항장 설치를 검토하였던 것이다. 또한 이보다 이른 시기인 1893년의 영사관보고에는 금강의 "江流를 자세하게 탐색하여 群倉 혹은

---

20) 孫禎睦, 앞의 책, 126쪽.
21) 『木浦府史』, 36쪽.
22) 『高宗實錄』 32, 高宗 31년 7월 20일조.
23) 『舊韓國外交文書』 제3권, 日案 3, 高宗 31년 12월 4일. 同 5일.
24) 孫禎睦, 앞의 책, 273쪽.

그 上流에서 汽船을 碇泊할 포구를 발견하여 開市시킨다면, 금강 유역 및 전라도 일부의 상업상에 커다란 편리를 낳을 것"25)이라 하여 이 지역의 개항에 관심을 보이고 있다.

이처럼 일찍부터 일본이 군산 개항에 관심을 보이는 가운데, 정작 군산의 개항은 대한제국 정부의 독자적 결정으로 단행되었다. 1896년 2월 고종은 아관파천을 하면서 러시아에 의존하는 정치를 하고자 하였으나, 국내정치 세력의 환궁 요구와 러시아의 지원이 기대에 훨씬 못 미치자, 1897년 2월 경운궁으로 환궁하였다. 그해 10월에 고종은 제국주의 열강 간의 세력균형과 유생들의 자주의식 고조 및 고종의 황제로의 희망을 바탕으로 대한제국을 건립하게 되었다. 즉 1897년 10월 12일 고종은 환구단에 나아가 황제로 즉위하는 의식을 가지고, 이어서 국호를 '大韓'으로 정함으로써 대한제국이 자주독립국가임을 내외에 천명하였다. 대한제국을 공포한 뒤, 고종은 나름대로 부국강병의 방법을 강구하였다. 먼저 황실 재정을 맡고 있던 궁내부의 재정을 확충해갔고, 황제권을 강화하기 위해 군사제도와 경찰제도의 재편에 예산을 집행하였다. 또한 대한제국 정부는 호구조사와 토지조사의 실시, 근대적 화폐제도의 모색, 우체·전신사업의 실시, 전차·전기사업의 실시, 서북철도의 부설, 서울의 신도시 건설, 산업진흥정책 등 개혁정책을 실시해 갔다.26)

이러한 정세 속에서 군산의 개항도 이루어지게 되었다. 즉 대한제국 정부는 1898년 5월 26일 군산, 마산, 성진의 개항을 결정하였다. 그 과정을 자세히 살펴보면, 광무 2년(1898) 5월 26일 외부대신 趙秉稷은 의정부참정 朴定陽에게 다음과 같은 건의서를 제출하였다.

---

25) 『通商彙纂』 제1호 부속, 「京畿道及忠淸道地方商況幷ニ農況視察報告」(1893. 10.21).
26) 서영희, 「광무정권의 형성과 개혁정책 추진」, 『역사와현실』 26호, 역사비평사, 1997.12.

城津・群山・馬山三口開港과 平壤一區開市場에 關한 請議書
第四號
　右는 港市開設은 商業을 擴張ᄒ야 民國의 利益을 發達케흠이라 向者 木浦・甑南浦兩港口之增設흠이 自有已例之可援ᄒᆞ옵고 見今 商務가 日見起色ᄒ오니 港口를 添開흠과 陸地에 市場을 另設흠이 允合時宜ᄒᆞ온지라 港口指定處所는 咸鏡北道 城津과 全羅北道 群山浦와 慶尙南道 馬山浦로 ᄒᆞ옵고 開市場指定處所는 平安南道 平壤府에 宮內府官有基址는 除ᄒ고 一區를 擇定ᄒᆞ오되 三港所有應行事宜는 已開口岸章程을 仿照辦理ᄒᆞ옵고 開市場條規는 另定施行ᄒᆞ옴이 妥當ᄒᆞ오나 事項이 綦重ᄒᆞ옵기로 會議에 提出事.
光武 二年 五月 二十六日[27]

즉, 港市開設은 상업을 확장하여 民國의 이익을 발달케 하니 군산 등 3항을 개항하자는 것이다. 이러한 건의서를 접수한 의정부는 당일 즉시 회의를 가졌는데, 개항에 대하여 찬성 7표, 반대 3표가 나왔고, '多數에 따라 시행하라'는 고종 황제의 재가를 얻어 성진, 군산, 마산 등의 개항이 결정되었다.[28] 다음날인 27일 의정부 참정 박정양은 외부대신 조병직에게 3항의 개항이 결정되었음을 指令으로 통보하였다.[29] 그리고 5월 29일 외부대신 조병직은 이러한 개항

---

[27] 『議政府來去文』(奎 17793), 光武 2년 5월 26일 起案.
[28] 『高宗實錄』 37, 光武 2년 5월 26일.
　　議政府因外部請 議城津・群山・馬山三口開港 及平壤府宮內府官有基址外 一區 開市場事 經政府會議 可標爲七 否標爲三 伏候聖裁 制曰 從標題多數施行 又以東萊絶影島各國租界劃定事 經議上奏 制曰可.
[29] 『議政府來去文』(奎 17793), 光武 2년 5월 27일, 指令第二十八號.
　　貴部에서 請議ᄒᆞᆫ 城津・群山・馬山三口開港及平壤府에 宮內府官有基址는 除ᄒ고 一區를 擇定ᄒ야 開市場ᄒᆞ는 事로 本府會議에 可라ᄒᆞᆫ 標題가 七이오 否라ᄒᆞᆫ 標題가 三이온되 上奏ᄒᆞ와 奉旨從標題多數施行ᄒᆞ라ᄒᆞ시엿기 玆에 指令홈.
　　光武二年五月二十七日 議政府參政 朴定陽.

결정 사실을 각국 사신에게 통보하였다.30) 대한제국 정부의 독자적인 개항 논의와 선언 형식으로 군산의 개항이 이루어졌던 것이다.

이와 같이 대한제국 外部의 청원과 의정부의 결정에 의해 군산 개항은 이루어졌다. 이것은 당시 국내적, 국제적 여러 요인에 의해서 취해진 조치였다. 우선 이 시기의 개항은 대한제국 성립 이후 고종의 생존 전략인 제국주의 열강 간의 세력 균형 정책의 일환으로 이루어진 것으로 보인다. 고종은 이 당시 청국에서 전개되고 있는 제국주의 열강의 대규모적인 租借地(각 조차지는 특정 1국이 독점) 획득 움직임이 조선에 파급되는 것을 강하게 우려하였다.31) 그 때문에 고종은 선수를 쳐서 열강이 소망한다고 예상되는 항만을 개방하고, 그곳을 특정 1국의 독점적 조차지 내지 특별거류지로 하지 않고 각국 공동거류지로 함으로써 상호 견제의 메커니즘을 만들려고 한 것이다. 이러한 고종의 뜻을 받아서 조선정부 내부에서 개항 정책을 추진한 것은 친일파 및 친미파로 불리는 관료들이었다. 특히 여러 港市의 개방에 노력한 것은 外部協辦 俞箕煥이었는데, 유기환은 외부대신 조병직을 움직일 수 있는 지위에 있었다.32) 이러한 상황 속에서 외부에서는 의정부에 군산 등의 개항을 청원한 것으로 보인다.

다음으로 독립협회 계열 관리와 지식인들의 개항 정책 추진도 군산 개항에 일정한 영향을 미친 것으로 보인다. 앞에서 언급한 俞

議政府贊政外部大臣 趙秉稷 閣下.
30) 『舊韓國外交文書』 제4권, 日案 4, 光武 2년 5월 29일.
31) 『駐韓日本公使館記錄』 12, 機密本省往信, 明治 31년(1898) 7월 8일. (24)機密第 號. 新開三港一市ニ關スル件. "…… 輓近淸國ニ於ケル露獨佛英ノ港灣占領ノ一事大ナル刺戟ヲ與ヘタル儀ニ外ナラス候曾テ支那問題囂々際當局者中本官ヲ訪ヒ支那問題落着後其餘勢韓國ニ及ハサルヤ將タ又及フモノトスレハ之ヲ豫防策如何."
32) 모리야마 시게노리 지음, 김세민 옮김, 『近代韓日關係史硏究』, 玄音社, 1994, 85쪽.

箕煥 역시 독립협회 위원으로 활동하였다.33) 당시 독립협회에 속한 사람들은 자유무역주의를 주장하고 있었다. 우리나라의 공업이 미숙한 상황에서 개항장의 수가 증가한다는 것은 국내 수공업의 몰락이 촉진되어 간다는 것을 의미하였다. 그럼에도 불구하고 이들은 개항장의 수가 증가되어 가는 것을 찬성하고 있었다. 즉 독립신문에서는

> 만국과 교제 ᄒᆞ야 내게 유여ᄒᆞᆫ 물건을 팔아 타국 물건으로 내 부죡 ᄒᆞᆫ것을 보죠 ᄒᆞᄂᆞᆫ 고로 각국과 무역이 셩 ᄒᆞᆯ소록 인민이 편리 ᄒᆞᆷ을 누리고 국가이 부강 ᄒᆞᆷ은 영국과 기외 셔양 졔국을 보와도 황연히 알지라 대한이 긔항 통상 ᄒᆞᆷ도 ᄯᅩ한 이 리치를 짜라셔 ᄒᆞᆷ인즉 긔항 ᄒᆞᆷ이 필경 리가 만코 히가 젹은것은 동셔 고금 ᄉᆞ긔를 보아도 알지라 본ᄅᆡ 잇는 다셧 항구 외에 ᄯᅩ 셰 항구를 년 일노 ᄒᆞ야 혹 국가에 유히 무익 ᄒᆞᆯ가 염녀 ᄒᆞᄂᆞᆫ 사ᄅᆞᆷ이 잇기로 대강 우건을 말ᄒᆞ노라.34)

라 하고는 군산, 마산, 성진 등의 개항에 따른 이로움을 다음과 같이 다섯 가지로 열거하였다.

> 쳣ᄌᆡᄂᆞᆫ 외국 물죵이 들어오더ᄅᆡ도 압졔로 파ᄂᆞᆫ것이 아닌즉 대한 사ᄅᆞᆷ이 ᄌᆞ긔의게 리롭지 아니 ᄒᆞ면 살 리치가 만무 ᄒᆞ니 무명 옷 ᄒᆞᆫ벌 ᄒᆞ여 입을 돈으로 셔양목 옷 두벌이나 ᄒᆞᆫ벌 반이니 ᄒᆞ여 입ᄂᆞᆫ것이 득칙이라 그리 ᄒᆞ면 대한 무명 ᄶᅳᄂᆞᆫ 사ᄅᆞᆷ은 결단이라 ᄒᆞ니 그ᄂᆞᆫ 과연 민망ᄒᆞ나 다시 ᄉᆡᆼ각 ᄒᆞ면 무명 ᄶᅡᄂᆞᆫ 사ᄅᆞᆷ은 불과 몃 쳔명 혹 몃 만명이오 양목 입어셔 리보ᄂᆞᆫ 사ᄅᆞᆷ은 쳔빅 만명이오 다른 쟝식도 여긔 방츠라 그 싱이 ᄒᆞᄂᆞᆫ 사ᄅᆞᆷ 몃ᄆᆞᆫ 위 ᄒᆞ야 여러

---

33) 愼鏞廈, 「獨立協會의 創立과 組織」, 『獨立協會硏究』, 一潮閣, 1976, 91쪽.
34) 『독립신문』 제3권 66호, 光武 2년 6월 9일. '논설.'

사룸의 리익을 도라 보지 아니 ᄒᆞ고 길가에 사ᄂᆞᆫ 빅셩 몃 빅명믈 위 ᄒᆞ야 도로를 슈리 ᄒᆞ여 만민의 위싱도 말것이오 망건 쟝ᄉᆞ 탕 건 쟝ᄉᆞ 갓 쟝ᄉᆞ 몃 만명을 위ᄒᆞ야 젼국 쳔빅 만명이 머리를 결박 ᄒᆞ고 위싱을 히롭게 ᄒᆞ여야 올코 교군군 믈군 몃 쳔명을 위 ᄒᆞ야 화륜션 화륜거를 타고 ᄉᆞ무를 신쇽히 타쳠도 말아야 홀것이오 역 군 몃 쳔명을 위 ᄒᆞ야 젼신 우편 갓흔 국가에 대리되ᄂᆞᆫ 통신 긔계 로 쓰지 말아야 올코 냥반 몃 쳔명의 각샤 셔리 ᄉᆞ령 각집 구죵 별빈 각읍 아젼 몃 만명을 위 ᄒᆞ야 졍부를 일신 ᄒᆞ게 죠지ᄒᆞᆫ 일도 그르다 홀지니 타국 물건을 싸셔 젼국 인민 즁슈의 유무익믈 볼것 이오 몃 빅명 혹 몃 만명 싱이에 히되ᄂᆞᆫ 말은 아니 홀것이오 둘ᄌᆡ ᄂᆞᆫ 항구가 갓가오면 그 근쳐 빅셩들이 쓰고 남ᄂᆞᆫ 물건은 곳 슈츌 ᄒᆞ야 즁가를 밧고 팔아 탐관 오리나 어ᄉᆞ나 불한당의게 쌧기ᄂᆞᆫ것 보다 낫고 ᄯᅩ 금년에 팔아 리를 보ᄂᆞᆫ 물건은 릭년에 더 힘써 홀터 이니 뎐디가 긔쳑이 될 것이오 셋ᄌᆡᄂᆞᆫ 외국 사룸의 쟈본이 만히 들어 와셔 유의 유식지 민의게 싱이가 싱길것이오 넷ᄌᆡᄂᆞᆫ 대한이 잘 되고 볼 디경이면 항구를 만히 렬어도 무방 홀것이요 잘 되지 못 ᄒᆞ고 지금 모양으로 빅셩의 피를 글거셔 헛되히 써 바리고 협 잡군의 츙복이나 식히고 법관이 비픽 ᄒᆞ야 비리 호숑믈 ᄒᆞ면 다시 긔항은 말고 이왕 렬엇던 항구들을 다 닷어 걸고 외국 사룸을 다 쫏ᄎ 내여도 필경 타국의 병탄 홀바이 될것이니 차라리 ᄌᆞ쥬 권리 로 녀ᄂᆞᆫ 것이 이 다음에 쳥국 갓치 주리 틀녀 가면셔 쌧기ᄂᆞᆫ 것 보다 나흐며 다섯ᄌᆡᄂᆞᆫ 나라에 흉년이 들면 타국 곡식을 각쳐에 수 입 ᄒᆞ기가 편 ᄒᆞ고 (하략).[35]

즉 개항의 이로움은 첫째, 외국 물건이 들어와도 강제로 파는 것이 아니고, 우리나라 사람들이 자기 이익을 고려하여 살터이니 우리에게 이익은 많고 해는 적으며, 둘째, 백성들이 쓰고 남은 물건을

---

35) 위와 동일함.

수출하여 돈을 버는 것이 그대로 두어 탐관오리나 어사, 불한당 등에게 빼앗기는 것보다 훨씬 나으며, 셋째, 외국 자본이 들어오면 우리나라 사람들의 일자리가 생길 것이고, 넷째, 만일 국가가 잘못될 경우 스스로 개항하는 것이 청국처럼 강제로 개항당하는 것보다 나으며, 다섯째, 흉년이 들 경우 곡물 수입에 편리하다는 것이다.

이러한 인식하에 독립협회는 개항장을 확대할 것을 주장하였다. 반면 당시 趙秉式 등 친러파는 러시아의 의향에 따라 개항장의 확대를 반대하고 있었다. 그러나 이 시기 친러파의 영향력은 지극히 약했다. 1897년부터 98년에 걸쳐서 개항장의 확대 정책을 추구하는 독립협회는 이를 반대하는 친러파를 격렬하게 공격하였고, 당시 독립협회의 정국 영향력은 매우 강한 편이었다.36) 군산의 개항은 이러한 독립협회의 활동을 배경으로 실현될 수 있었던 것으로 보인다.

한편 군산이 개항하게 된 데에는 대한제국 정부의 재정 문제와 해관 총세무사 브라운(J. McLeavy Brown)의 영향력도 크게 작용하였다. 당시 대한제국 정부는 재정적으로 많은 어려움을 겪고 있어서 개항장의 확대에 따른 관세 수입의 증가에 큰 관심이 있었다. 이러한 상황에서 해관 총세무사 겸 재정고문인 브라운의 개항에 대한 권고는 개항장 확대에 일정한 영향을 끼쳤다. 브라운의 개항장 확대 권고는 해관세 수입의 증가와 러시아 세력의 저지라는 두 가지 목표에서 제기된 것이었다. 브라운은 비록 한국의 총세무사였지만 모국인 영국의 정치·경제적 이익 추구에 더 치중하였다. 즉 海關을 기반으로 露·佛의 세력 저지, 일본과의 우호 협력 등 정치적인 성격을 강하게 띤 활동을 주로 하였다.37) 그래서 그는 러시아의 남하와 그에 따른 한국에 대한 지배권의 강화를 막기 위해 개항장의

---

36) 모리야마 시게노리, 앞의 책, 87쪽.
37) 金賢淑, 「韓末 顧問官 J. McLeavy Brown에 대한 硏究」, 『韓國史硏究』 66, 1989.

수를 증가시키려 하였고, 일본 구화폐의 무제한 통용을 허가하였으며, 러시아가 절영도에 석탄 기지를 요구하자 그것을 조계지로 묶어 봉쇄해버렸다.38) 특히 브라운을 비롯한 영국 측에서는 군산과 같이 이미 일본상인이 거주하는 港市를 열어서, 일본을 한층 조선에 진출시키고, 그것에 의해서 러시아를 견제하려고 하였다.39) 이러한 브라운의 활동 역시 군산 개항에 영향을 끼쳤던 것이다. 그러나 개항장 확대와 관세수입 증대를 통해 국가 재정을 충실히 하려는 정부의 목적은 거의 달성되지 못하였다. 당시 관세수입의 지출에서 가장 많은 비중을 점하는 부분이 대외차관의 원리금 상환이었다. 그런데 당시 차관들이 '舊借款 상환을 위한 新借款의 도입과 소모'라는 악순환의 연속이었으므로 개항장의 확대에 따라 증대된 관세수입도 거의 차관 상환에 소모될 뿐이었다.40)

이상에서 열거한 바와 같이 1898년 5월 26일 대한제국 정부에서 군산 등 3항의 개항을 결정한 것은 고종 황제의 세력 균형 정책, 독립협회의 자유무역주의에 따른 개항 정책 주장, 정부의 재정 문제와 총세무사 브라운의 권고 등이 어우러져 이루어진 것이었다. 이러한 한국정부의 급박한 개항 결정에 대하여 일본 측에서는 놀라움을 표시하였고 일부에서는 반대의 의견도 개진되었다. 우선 반대 의견은 목포 주재 일본영사 久水三郞이 주한일본공사 加藤增雄에게 보낸 군산 개항 결정 철회요청이 그것인데, 목포가 개항된 지 얼마 되지 않았는데 가까운 거리의 군산이 개항되면 목포의 발전과 목포의 日商들에게 피해를 줄 수 있다는 이유로 개항에 반대하였다.41) 한편 1898년 7월 8일 加藤 공사는 일본외무대신에게 보고하

---

38) 주진오, 「독립협회의 경제체제개혁 구상과 그 성격」, 『韓國民族主義論Ⅲ』, 창작과비평사, 1985, 109쪽.
39) 모리야마 시게노리, 앞의 책, 88쪽.
40) 金順德, 「1876~1905년 關稅政策과 關稅의 운용」, 『韓國史論』 15, 1986, 328쪽.

는 기밀문서에서 다음과 같이 한국정부의 개항 결정에 대하여 놀라움을 피력하였다.

> 韓國 政府에서 馬山浦, 群山浦의 開港을 通告해왔습니다. 그런데 本官은 이 일이 너무도 輕率히 처리되는 것에 놀라서 開港의 일은 본래 不可한 것이 아니지만 馬山浦, 群山浦 兩港은 그 附近에 釜山, 木浦가 존재하는 이상, 새로 이것을 연다고 갑자기 막대한 利益을 볼 수 있는 일이 아니고, 오히려 稅關의 설치는 監理 派遣 등 때문에 다만 韓國 政府의 부담을 늘릴 뿐 아니라 稅關의 新設은 곧 英人의 勢力을 더욱 强大하게 하는 결과만을 가져오므로 右 二港의 開放에 대해서는 順序있고 適切히 熟考를 하여야 할 것을 當局者에 勸告해 두었습니다. (중략) 어찌되었든 이 開港은 우리에게 있어서 有益無害한 일이라고 생각하므로, 더욱 商業 및 殖民의 發達을 힘쓰도록 希望하는 바입니다. 또한 以上 各港市 開放 實施의 期日은 未定에 속하지만 금년 12월경에는 준비 조정해야 할 것으로 傳聞했습니다.[42]

즉 위에서 加藤 공사는 한국의 개항 결정은 전혀 의외로서 세관의 설치에 따른 경제적 부담과 영국인(브라운을 뜻하는 것으로 보임)의 세력 확대 등을 고려하여 한국정부에게 신중히 처리할 것을 권고하였다고 하고는, 결국 이 개항은 자신들에게는 有益無害한 것

---

41) 『駐韓日本公使館記錄』 13, 機密第七號, 群山港 開港中止 要請 件. 明治 31년(1898) 7월 8일.
실제 이러한 久水 영사의 염려대로 군산 개항은 목포 상권의 잠식을 가져와 목포항 무역을 크게 위축시키는 결과를 초래하였다(『독립신문』 4권 82호, 光武 3년 4월 15일. "(항민이거) 목포는 쟉년에 긔항을 ᄒ엿시되 항구가 흥왕치 못 ᄒ다 ᄒ더니 지금 군산포에다가 ᄯ 새로 긔항 ᄒᆫ다는 말을 듯고 안민 六百여호가 목포셔 군산으로 이거ᄒᆫ다는 말이 잇다더라").
42) 『駐韓日本公使館記錄』 12, 明治 31년 7월 8일, 「新開三港一市二關スル件」.

으로 상업과 식민의 발달에 호기라고 보고하였다. 일찍부터 군산항의 개항에 관심이 있었던 일본정부로서는 한국의 갑작스런 개항 결정에 대하여 놀라움과 반가움을 동시에 표시한 것이다.

1898년 5월 26일 군산 개항이 결정되었지만, 개항실시 날짜라든가, 세관의 설치, 항만 시설의 정비 등 개항에 관한 구체적인 후속 조치는 전혀 취해지지 않았다. 이것은 이듬해인 1899년에 들어서도 마찬가지였다. 이에 그해 3월 들어 각국 공사들은 일제히 한국정부에게 개항의 후속 조치를 취할 것을 요구하였다. 이 시기 일본의 加藤 공사가 한국 외부대신 朴齊純에게 보낸 공문에 의하면

> 忠淸(全羅의 誤字: 필자)道 群山浦, 慶尙道 馬山浦, 咸鏡道 城津浦 及 平安道 平壤에 三港一市를, 通商次로 公開하기를 決定之意로, 客年에 貴照會 第三十五號로 知照爾來, 及今日垂一個年에 尙未實施는 本使之甚所遺憾이오, 抑該開港開市一事는 貴政府에서 內外貿易發達을 催促하는 一大美擧이오민, 內外商民이 其速辦을 均所熱望하야, 豫約開市, 而久間不開, 則內外人間에 幾多혼 疑惑·紛擾를 生홀터이오니, 貴政府에셔 從準備事勢하야 隨速實施之處를 措辦하시기를 不堪企望하야 玆仍照會하나이다.[43]

라 하여, 개항이 결정된 지 거의 일 년 동안 실제적인 개항 조치가 취해지지 않아 유감이라고 하면서 약속한 개항이 오랫동안 실시되지 않는다면 내외에 의혹과 紛擾가 생길 터이니 조속히 개항을 추진하라고 하고 있다. 이와 같은 각국 공사들의 요청에 의해 1899년 3월 20일 의정부에서는 5월 1일을 개항 일자로 결정하였고, 다음날 외부대신 박제순은 이것을 각국 공사에 통고하였다.[44] 그 후 한국

---

43) 『舊韓國外交文書』 제4권, 日案 4, 1899년 3월 6일, 「5009, 三港一市의 開辦催促」.

정부에서는 해안을 측량하고,[45] 감리서 관제를 마련하였으며,[46] 조계 장정을 제정하는 등[47] 개항에 필요한 실무적인 업무들을 추진하였다.

이와 같이 외국 공사들의 요구에 따라 개항 일자를 확정하고 개항 업무를 추진하였으나, 정부 내에서는 개항 실시에 대하여 많은 반대가 있었던 것으로 보인다. 그해 4월 13일자의 독립신문에서는

　　(즁츄원 공론) 五月 一일 브터 젼라도 군산포와 경샹도 마산포와 함경도 셩진포에 기항ᄒ며 평양군에 기시 ᄒ고 각기 감리셔를 둘터인ᄃᆡ 지금 국고에 직졍이 경갈ᄒ다니 무엇으로 그 경비를 다 마련 ᄒᄂᆞᆫ지 스셰가 실노 딱 ᄒᆞᆫ지라 기항과 기시가 비록 좃키ᄂᆞᆫ 조흐나 별노 시급 하잘것은 업스니 아즉 두엇다가 국고 직졍이 조곰 더 페이기를 기다려셔 ᄒᄂᆞᆫ것이 국계와 민졍에 유익 ᄒᆞᆯ듯 ᄒ다고 즁츄원에셔 공론이 만ᄒ다더라.[48]

라 하여, 중추원에서 재정 결핍을 이유로 개항 실시에 대하여 반대하고 있음을 전하고 있다. 이러한 중추원의 반대에도 불구하고 결

---

44) 『總關去函』(奎 17832), 光武 3년 3월 21일.
　　城津・群山・馬山 三浦開港 暨平壤府鎭市 擬開章程示明事 歷經函商在案 連接各國公使領事照會 三港一市 實施日期 同聲催辦 玆由政府議定于本年 五月一日 一同開辦 除將此聲照 各公領事外 相應函佈尙望 貴總稅務司查照 迅將口岸鎭市應行章程艸繕送到以便會同 各公領事印押施行可也 此致 順頌.
45) 『독립신문』 4권 73호, 光武 3년 4월 5일.
　　(군산포 측량) 군산포에 항구를 방쟝 열터인ᄃᆡ 물이 엿허셔 빅가 잘 츌입을 못 ᄒᆞᆯ뿐더러 또 위험ᄒᆞᆫ 곳이 잇ᄂᆞᆫ 고로 미리 측량 ᄒᆞ야 표를 셰우려 ᄒᆞᆫ다더라.
46) 『독립신문』 4권 86호, 光武 3년 4월 20일.
47) 『舊韓國外交文書』 4권, 日案 4, 光武 3년 4월 25일, 「5084, 三港各國租界章程에對한意見打診」.
48) 『독립신문』 4권 80호, 光武 3년 4월 13일.

국 군산은 예정대로 1899년 5월 1일 개항되었다.

개항과 동시에 한국정부는 監理署, 警務署, 裁判所, 稅關, 郵遞司, 電信司 등을 설치하였다. 특히 5월 4일에는 各港市場監理署官制及規則을 제정 공포하고 군산포에 沃溝監理署를 두어 개항장에서 일어나는 모든 일에 대하여 권한을 위임받아 사무를 집행하도록 하였다.[49] 한편 일본정부는 5월 26일 목포영사관 분관을, 11월에는 목포 일본우편국 군산출장소를 설치하여 업무를 처리하도록 하였다.[50] 또 6월 2일에는 한성에서 한국 외부대신과 일본, 프랑스, 영국, 러시아, 독일 각국 사신 간에 各國租界章程이 체결되었고, 10월 11일에는 한국 외부대신과 각국 사신 간에 각국 共同租界計劃이 승인되었는데, 이때 정해진 군산의 각국 조계의 총면적은 572,000㎡(약 17만 3,300여 평)이었고, 그중 山地를 뺀 주거용지는 336,669㎡(약 10만 2,000여 평)이었다.[51] 그런데 당시 군산의 조계 상태는 이름만 各國租界였지 실제로 거류민은 극소수의 중국인 이외에 대다수가 일본인이었고, 설치된 외국영사관도 일본영사관뿐이었기 때문에 日本專管租界나 다를 바가 없었다. 한편 1905년 을사조약 이후 일제는 한국정부에 압력을 가하여 강안매축공사와 고정잔교시설 등에 당시 화폐로 약 8만 6천 원을 투자하게 하였다. 이로써 군산은 근대적 항만 시설을 갖추게 되었다.[52]

이상에서 살펴본 바와 같이 군산의 개항은 고종 황제의 세력 균형 정책, 독립협회의 자유무역론에 입각한 개항 주장, 총세무사 브라운의 권고 등을 배경으로 하여 대한제국 정부의 독자적인 결정에 의해 단행된 것이었다. 그러나 군산의 개항은 개항 이후 전개될 사

---

49) 『高宗實錄』, 光武 3년 5월 4일, 칙령 제15호.
50) 『群山府史』, 10쪽.
51) 孫禎睦, 앞의 책, 303쪽.
52) 군산시, 『群山市史』, 1991, 401쪽.

태에 대해서까지 충분한 대비를 취한 후 이루어진 것은 아니었다. 이에 군산 개항 이후 군산지역에서는 쌀의 대외 유출의 심화, 유통권의 변동과 조선 상인의 몰락, 일본인의 토지 침탈 등의 현상이 전개되었다. 즉 군산 개항으로 호남지방의 일본 경제로의 종속적 구조가 심화되어 갔던 것이다.

IV. 군산 개항의 영향

일반적으로 개항이 그 주변지역에 미치는 영향에는 상반되는 두 가지 종류가 있다. 하나는 개항장이 주변지역의 발전에 필요한 자본, 기술, 정보를 유입시켜 주는 개발 거점의 역할을 하는 긍정적인 영향이고, 또 다른 하나는 오히려 주변지역의 발전요인을 외부로 逆出시키는 부정적인 영향이다. 전자의 경우 개항은 주변지역의 발전을 촉진하는 기능을 하지만, 후자의 경우 개항은 주변지역의 경제 발전을 가로막는 기능을 한다. 군산항의 개항은 후자의 측면이 강하였다. 군산 개항 이후 그 주변지역은 일제의 수탈지로 전락하여 상대적 정체를 면치 못하였던 것이다. 군산 개항이 당시 사회에 미친 영향을 구체적으로 살펴보면 다음과 같다.

첫째, 군산 개항 이후 우리나라 최고의 곡창지대인 전북지역 쌀의 대외 유출이 심화되었다. 개항 이전부터 이 지역의 쌀이 인천 또는 부산항으로 수집되어 일본으로 이출되고 있었으나, 군산 개항과 직통 항로의 개설 이후 대일 유출량이 급격히 증가하였던 것이다. 군산의 무역에서 쌀은 1899~1910년의 12년간의 총수출 액에서 80% 이상을 차지할 정도로 비중이 컸다. 쌀의 수출액은 미작의 풍흉과 시국의 영향을 받았지만, 급격한 증가추세를 나타내 1900년도를 기준으로 1903년은 15배, 1907년은 34.2배, 1910년에는 44.6배로 증가하였다.53) 1909년 군산항의 미곡 수출량은 우리나라 전체 미곡 수출량의 32.4%에 달할 정도였다.54) 이와 같이 급격히 대량의 쌀이 유출된 것은 한국과 일본의 미가 차이 때문이었다. 개항 직후부터 1904년 사이의 한국과 일본(大阪)의 미가 차이는 평균 2.37원이었는데, 이로 인하여 일본 미곡수출상들은 수출비용을 제하고도 이윤을 남길 수 있었던 것이다.55) 이에 막대한 양의 쌀이 군산항을 통해 일본으로 이출되었는데, 이 당시의 상황을 『群山開港史』에서는 다음과 같이 표현하고 있다.

  附近을 展望할 때 稅關의 屋上에도 海濱에도 道路에도 눈길이 가는 곳에는 도처에 300가마, 500가마, 1,000가마씩 山積되어 20만에 달하는 쌀가마니가 排列되어 整列하였으니 (중략) 噫！ 壯하다 群山의 쌀이여 (하략).56)

쌀은 주곡으로서 사회적 안정을 좌우하는 가장 핵심적인 품목이었다. 군산 개항 이후 이러한 쌀의 상품화와 대외 유출이 심해지면서 당시 사회는 심각한 갈등에 직면하였다. 우선 절대적으로 부족한 곡물류가 해외로 이출되면서 국내의 식량 사정에 큰 위협을 주었다. 그리고 쌀의 상품화가 확대되고 쌀값이 높아지면서 상이한 계층에 속한 농민들 사이에 갈등과 대립이 심화되었다. 부농에게는 자신의 부를 더욱 축적할 수 있는 기회였지만 빈농에게는 전통적인 생존 경제의 틀 자체가 해제되는 비극이었다. 특히 식량을 시장에

---

53) 朴錦姬, 앞의 논문, 24쪽.
54) 1909년 우리나라의 쌀 총수출액은 5,530,557원이었는데, 이중 군산항의 수출액은 1,791,034원으로서 군산항의 쌀 수출액이 총수출액의 32.4%를 점하고 있었다(『朝鮮總督府統計年報』, 1909 ; 위의 논문, 25쪽 〈표〉에서 재인용).
55) 하원호, 『한국근대경제사연구』, 신서원, 1997, 261쪽.
56) 『群山開港史』, 13쪽.

서 매입해야 했던 도시민과 빈농층에게 쌀값의 등귀와 곡물 부족 현상은 생존의 위기를 심화시키는 것이었다.

둘째, 군산항의 개항은 금강 유역의 재래시장 구조에 일대 변동을 초래하였다. 종래 금강 연안에서는 강경을 중심으로 한 유통권이 형성되어 있었다. 강경 시장은 元山의 明太市, 大邱의 令市와 더불어 조선의 3대시장의 하나로 불릴 만큼 상품유통이 활발한 곳이었다.57) 그러나 군산항 개항 이후 점차 각 지방의 상인들은 강경을 거치지 않고 직접 군산과 거래하기 시작하였고, 아울러 금강 하류 연안 일대는 군산을 중심으로 해서 상품 유통이 이루어지고 있었다. 뿐만 아니라 강경의 고객지였던 全州가 육로를 이용하거나, 혹은 전주천 부근의 3·4리까지 약 300석 내외의 적재 선박을 이용하여 군산과 상거래를 하였다. 따라서 古來로부터 강경을 중심으로 굳게 형성되었던 상품 유통권이 군산항 개항 이후 군산을 중심으로 한 새로운 상품 유통권으로 재편되는 경향을 보인다.

군산 개항은 금강지역 유통망의 변동뿐만 아니라 이 지역 상인들 간의 상권경쟁에도 새로운 변화를 가져왔다. 청·일상 간의 상권 경쟁에서 일본 상인이 승리하게 되었으며, 한국 상인이 급격히 몰락하였던 것이다. 군산이 개항된 직후 금강지역에서 청국 상인 우위의 상황은 변화가 없었다. 그러나 점차 일본 행상이 증가하여 강경에서는 1902년 12월 말 현재 일상이 약 110명에 달하여 약 60명의 청상을 제압하고 있다고 한다.58) 이후 1906년에 이르면 금강지역에서 일상들이 완전히 청상을 누르고 상권을 장악하게 된다. 이것은 무엇보다도 러일전쟁 이후 일본의 정치 군사적 침략과 지원

---

57) 保高正記, 『群山開港史』, 6쪽.
58) 『通商彙纂』 제31호, 「群山 1903年 貿易年報」(1904년) ; 김경태, 「대한제국기의 상권자주성회복운동」, 『한국근대경제사연구』, 창비, 1994, 351쪽 재인용.

때문이었지만, 그 이외에도 일본과의 직통항로 개설, 일본 제일은행 출장소의 설치를 통한 금융상의 이점, 일본 대자본의 진출 등을 원인으로 들 수 있다.[59]

한편 군산 개항 직후 청·일상의 내지 침투가 가속화하면서 점차 상품유통에서 객주의 개입을 배제시켜 나갔다. 객주는 18세기 이후 지방의 鄕市와 포구를 중심으로 크게 성장한 개항기의 대표적 상인이었다. 이들은 본래 일반 상인들의 상품 거래를 주선하고 口錢을 받는 일종의 중간 상인이었으나, 당시에는 이러한 위탁 판매는 물론 도매업과 상품 거래를 독점하는 都賈 등의 방법을 통하여 자본을 축적하였다. 특히 개항 초기에는 외국상인들이 국내사정을 잘 알고 있지 못했을 뿐만 아니라 내지통상이 완전히 허용되지는 않았기 때문에 그들의 상업 활동은 일차적으로 객주에게 의존하지 않을 수 없었다. 그러나 객주의 성장도 곧 한계에 부딪치게 되었다. 점차 조선의 상거래 관행에 익숙해진 외국 상인들은 무역에서 객주의 간여를 가능한 한 배제하고, 내지의 상인들과 직접 거래함으로써 상업 이윤을 확대하고자 하였기 때문이었다.

> 本浦가 處在於群港江景 兩浦至近 來往之路ᄒ야 外國商船도 每見來泊隣各浦而物貨賣買를 任意爲之ᄒ오니 大抵不通商港口에 外人之無難貿遷이 本非章程뿐더러 有損於商民與各浦旅閣主人輩ᄒ야 本浦旅閣도 亦被損害ᄒ야 果難之保ᄒ오니 海倉旅閣을 特付於宮內付ᄒ시고 該旅閣主人 崔文範으로 差定ᄒ시고 本浦隣浦에 外商出入을 派員査檢케 ᄒ시믈 伏望 云云.[60]

위 사료에 의하면 군산과 강경 사이에 위치한 해창포의 여각주

---

59) 이헌주, 앞의 논문, 53~54쪽.
60) 『沃溝港案』, 訓令 제79호, 「咸悅郡海倉浦旅閣主人李載榮等請願書」.

인(객주)들이 외국 상인들이 빈번하게 출입하면서 임의로 자행하는 물자교역에 심각한 타격을 입어 궁내부에 투탁함으로써 국가권력의 힘을 배경으로 외상들의 상권 침탈에 대항하려 하였음을 알 수 있다. 그러나 이와 같이 밀려오는 외상의 상권 침탈에 대한 한국 상인의 대응은 지극히 제한적일 수밖에 없었다. 그것은 외국 상인에 비하여 자본이 열세였다는 점, 외국 상인들과는 달리 가혹한 봉건적 수탈에 시달려야 했다는 점, 그리고 대한제국 정부의 정책적 지원이 부재하였다는 점 등의 조건이 한국 상인의 대응을 기본적으로 제약하였기 때문이다.61)

그럼에도 불구하고 군산지역의 韓商들은 다음 사료에서 보는 바와 같이 外商들의 활동과 상권 침탈에 자발적으로 단체를 조직하여 대응하려 하고 있었다.

> 請願人等이 自來以本港의 客主名色으로 資業이웁더니 今當開港之際호야 外人之租畫과 富商之占居의 所居基址는 皆爲見奪이웁고 本人등은 寓歸邊隅호야 方在新接이온바 或以資本之窘紲로 所謂家役을 中途而弊者過半이오며 且於外人交接之道와 富商欺弄之際에 自有鉏鋙之歎이오며 前日所謂有文券等說과 都賈權利之弊와 府郡侵漁之端이 不無後慮이웁기 仁川之信商社와 東萊之同領社를 效호야 本港에도 特設一社로되 號를 順興社라 稱호고 社員이 合力鳩財호야 有無相資호야 凡於有事에 自社中으로 從公議安安호야 不欲讓利見侮於外商之意로 農商工部에 請願호와 (하략).62)

위 사료는 1899년 9월에 農商工部에 제출된 군산항 객주 金伊濟, 鄭寅植, 金恭濟, 郭奎榮, 趙重弼, 鄭文七 등의 청원서로서, 이를 통해 군산항의 객주들이 외상들에게 그들의 상업상의 이익을 모두 빼

---

61) 이헌주, 앞의 논문, 55~57쪽.
62) 「訴狀」(3) 請願書(奎 18001), 光武 3년 9월 일.

앗기고 있음을 한탄하여 그들의 상권을 옹호하고, 또 외상들에 대항하기 위하여 객주회사인 '順興社'를 설립하고 있음을 알 수 있다. 군산항에는 이외에도 1900년에 조직된 永興社와 1903년에 조직된 昌盛社 등의 객주회와 韓興社 등의 거간 조직, 그리고 1908년에 조직된 與紳商社 등이 있었다.63) 그러나 을사조약 이후 일제 통감부가 설치되어 한국 내정의 실권을 장악하였고, 특히 目賀田種太郞이 한국정부의 재정고문으로 취임하면서 한국 내의 재정금융활동을 통제하기 위한 각종 정책을 단행하였다. 그중 하나가 商業會議所의 설립이다. 당시 객주회를 위시한 전국의 한국 상인 단체를 장악하기 위하여 기존의 일본인 단체를 통합하면서 새로이 상업회의소가 설립되었던 것이다. 따라서 군산에서도 1907년에 군산 상업회의소가 설립되어 군산항에서의 일상들의 상권 장악에 힘을 기울였다.

셋째, 군산 개항 이후 군산지역은 일본인의 토지 침탈의 유리한 표적이 되었다. 이는 무엇보다 드넓은 평야 지대를 배후지로 하여 저렴한 가격으로 토지를 구입할 수 있었기 때문이었다. 또한 군산지역은 토지의 비옥도도 높아 다음 〈표 1〉과 같이 일본의 1/10도 안 되는 가격의 논이 4배가 넘는 높은 토지 이윤율을 보장해주었다.

〈표 1〉 군산지역과 일본의 畓 매매가격, 순이익, 토지이윤율 비교

	매매가격(圓)	순이익(圓)	토지이윤율(%)
조선	14.50	3.75	25.86
일본	194.00	10.16	6.27

자료: 淺田喬二, 『日本帝國主義と舊植民地地主制』 1968, 75쪽.
비고: ① 순수익은 소작료 환산금에서 公租公課 및 관리비를 공제한 것.
　　　② 조사 연도는 조선은 1903년, 일본은 1909년임.
　　　③ 일본은 북해도를 제외한 보통 畓의 평균.

---

63) 朴錦姬, 앞의 논문, 60~62쪽.

〈표 1〉에서 보는 바와 같이 저렴한 지가와 높은 토지이윤율로 인해 군산지역은 일본인의 토지 침탈이 집중되었다. 군산지역에서 일본인으로서 최초로 농업 경영을 목적으로 토지매수에 나선 것은 1903년경의 宮崎佳太郞이라고 알려져 있다.[64] 그러나 1901년경 이미 일본인이 매수한 토지가 4천여 町步였고, 매수토지의 대부분이 논이었다는 것으로 보아 더 이른 시기부터 토지 침탈이 이루어졌던 것으로 보인다.[65]

러일전쟁을 계기로 조선에 대한 일본의 지배권이 공고하게 되자 대규모의 일본 농업 이민자들은 군산일대 토지에 대한 침탈을 본격적으로 추진하였다. 당시 군산지역에서는 봉건적 토지제도의 모순과 봉건정부의 가혹한 조세 수탈, 잦은 한해와 수리시설의 황폐화 등으로 농민층이 몰락하고 경제적 궁핍화가 가중되고 있었다.[66] 이러한 농민들의 열악한 경제적 조건을 이용하여 일본인들은 상대적으로 좋은 조건을 제시하여 토지매각을 유혹하였으며, 정부나 지방의 수령들은 이것이 불법임에도 불구하고 금하지 못하는 형편이었다.[67] 이에 1904년 5월 沃溝監理 鄭恒朝는 외부대신 이하영에게

> 港之各國租界十里外地段을 不得讓賣於外人이 旣載定章이온바 本監理莅任以後에 隣境物議를 探探ᄒ온즉 駐港日人이 締結內地莠民ᄒ야 無論田畓ᄒ고 越境潛買가 愈往愈甚ᄒ와 另行痛禁之意로 訓飭附近各郡ᄒ옵고 且與該領事로 屢經詰辦이오되 其所飭禁이 苦

---

64) 三輪 規·松岡琢磨, 『富之群山』, 1907, 145쪽.
65) 이헌주, 「개항기 군산항의 유통권 변동과 무역구조」, 『史學硏究』 55·56 합집, 1998, 593쪽.
66) 金容燮, 「高宗朝王室의 均田收賭問題」, 『增補版 韓國近代農業史硏究』, 一潮閣, 1984.
67) 金允植, 『續陰晴史』, 光武 8년 4월 6일.
  近日日本人 往往買我國田土 此時價倍厚 民多賣之 政府不問 守令不能禁 甚可憂也.

無其效이온즉 若失今未戢이오면 買之無已에 地亦有盡이옵기 玆에
報告ᄒ오니 (중략).68)

라고 보고하고 있다. 개항장에서 10리 밖의 땅은 외국인에게 매도할 수 없는 데, 일본인들의 불법적인 潛買가 극심하여 有限한 땅이 모두 그들에게 넘어가게 되었으니 정부 차원에서 조치를 취해달라는 것이다.

개항장 10리 이내로 제한되어 있던 외국인의 토지거래는 1906년 '土地家屋證明規則' 및 그 '施行細則'의 반포로 사실상 전국 모든 지역에서 합법적으로 이루어질 수 있게 되었다. 이후 일본인의 토지투자와 농업경영자의 수는 급격히 확대되었다. 1909년 12월 말 일본인 농업경영자들의 각 지방별 토지소유현황과 그 성격을 살펴보면 〈표 2〉와 같다.

〈표 2〉에 의하면 1909년 12월 말 현재 일본인 농업경영자 총수 783명 가운데 750명을 대상으로 조사한 일본인 소유의 총 토지면적은 62,268.3정보, 이 가운데 기간지가 49,974.7정보(약 80.3%), 미간지가 12,293.6정보(약 19.7%)이다. 지방별로 보면 경영자 수에서는 부산지방이 225명(30%)으로 가장 많고, 군산지역은 66명(8.8%)을 차지하고 있다. 그러나 이들 일본인의 지방별 소유 토지 면적은 군산지방이 19,696.7정보(약 31.6%)로 가장 많고, 목포지방이 13,057.4 정보(약 21%)로 그 다음을 차지한다. 전국에 있는 일본인 소유의 토지 가운데 절반이 호남지역에 집중되어 있고, 특히 군산이 최대였던 것이다. 또 군산지역의 일본인 소유 토지는 기간지의 구성 비율이 약 93.4%에 달하여, 농민 소유의 良田이 대대적으로 침탈되었음을 짐작할 수 있다.

---

68) 『沃溝報牒』 4, 報告 제28호, 光武 8년 5월 20일.

〈표 2〉 일본인 농업경영자의 지방별 토지소유 현황(1909년 12월 말)

(단위: 町, 圓)

구분 지방	경영자 수	소유지면적			1인 평균 소유면적	투자액	생산품 가액
		기간지	미간지	계			
부산	225	6,597.7	4,226.7	10,824.4	48.1	2,938,643	212,898
마산	13	796.0	927.0	1,723.0	123.5	174,951	15,410
군산	66	18,398.5	1,298.2	19,696.7	298.4	2,249,389	213,130
목포	105	10,939.5	2,117.9	13,057.4	124.4	1,845,594	156,287
경성	112	2,924.8	1,284.6	4,209.4	37.6	1,018,229	191,685
인천	38	654.2	93.9	748.1	19.7	289,815	1,075
평양	17	7,528.9	1,580.1	9,109.0	535.8	673,590	93,547
진남포	19	1,209.8	498.0	1,707.8	89.9	131,711	12,298
원산	46	118.8	196.6	315.4	16.6	116,030	23,623
대구	87	768.7	59.2	827.9	9.5	219,098	45,419
신의주	9	19.8	1.4	21.2	2.4	1,590	850
청진	13	18.0	10.0	28.0	2.1	11,270	14,925
총계	750	49,974.7	12,293.6	62,268.3	83.0	9,669,910	981,149

자료: 『第四次統監府統計年報』, 509쪽(洪淳權, 『韓末 湖南地域 義兵運動史硏究』, 서울대출판부, 1994, 55쪽 재인용-).

한편 일본인 농업경영자의 1인 평균 소유면적을 보면, 군산지역은 298.4정보로 전국 평균 83.0정보를 훨씬 상회하며, 농업지대로서 유사한 조건을 지닌 부산지방의 48.1정보보다 압도적으로 많다. 이는 군산지역에서 일본인들의 토지구매가 집중적으로 이루어졌으며, 일본인 대지주의 농업경영이 일찍부터 정착되고 있음을 보여준다. 이상과 같이 개항 이후 군산지역에서의 일본인들의 토지침탈은 다른 어느 지역보다 일찍 시작되었고, 또 1910년 '합방' 직전에 이르기까지 다른 어느 지역과도 비교가 되지 않을 만큼 극심하게 진행되었다.

이상에서 살핀 바와 같이 군산 개항 이후 쌀의 대외 유출이 심화되었고, 금강 유역의 재래 유통 구조가 변동하였으며, 일본인의 토지 침탈이 본격화하였다. 군산 개항은 대한제국정부가 열강 간의 세력 균형을 통하여 국가의 독립을 유지하고, 자유 무역을 통하여 국가 경제 발달을 꾀하며, 관세 수입의 증진을 통하여 국가 재정을 충실히 하려고 단행한 것이지만, 그 결과는 대한제국 정부의 기대와는 정반대로 나타났다. 군산 개항 이후 국가의 독립을 상실하게 되었고, 국가 경제가 외세에 종속되었으며, 국가 재정에도 아무런 보탬이 되지 못하였다. 이것은 제국주의 세력에 대한 충분한 대비를 하지 않은 채 개방화 정책을 취한 결과였다.

V. 맺음말

지금까지 개항 이전 군산의 역사와 군산 개항의 경위, 그리고 군산 개항의 영향에 대하여 살펴보았다. 이것을 요약하면 다음과 같다. 군산지역은 일찍부터 농수산 자원이 풍부하여 원시 어로민과 농경민이 거주하면서, 선사문화를 발달시켰다. 삼국시대에 들어와서는 백제의 수도가 웅진과 사비로 옮겨지면서 정치적으로 중요한 비중을 차지하였다. 이에 660년 나당 연합군의 백제 침공 때 당나라 13만 대군이 백제의 사비성을 공격하기 위해 최초로 상륙하여 백제의 군민과 전투를 벌인 곳이 이곳이다. 백제멸망 이후 이 지역에서는 백제 부흥군과 일본의 구원병이 당군과 격전을 벌였으며, 676년 신라의 대당 전쟁 시에는 신라군이 당군을 섬멸하여 당의 세력을 완전히 축출하였다. 또한 군산은 고려 말 왜구의 침략 시 우리나라 최초로 화약무기를 사용하여 왜적을 소탕한 장소이기도 하였다.

　군산은 수륙교통의 편리함으로 인하여 고려와 조선시기에는 조운의 중심지였다. 고려시기 금강 하류에는 鎭城倉이 있었으며, 조선 초에는 德城倉(得城倉)이 설치되었고 중종 7년(1512)에는 群山倉이 설치되어 조운을 담당하였다. 군산은 이와 같이 조운의 중심지였을 뿐만 아니라 상업도 발달하였다. 16세기 무렵에 설치된 京場場市에서는 수많은 상선이 내왕하면서 활발한 상업 활동을 전개하였다. 그러나 군산은 조선 후기 이래 조세의 금납화 경향으로 인하여 조운의 기능이 축소되고, 1894년 갑오개혁의 지세의 금납화 조치로 인하여 조운의 기능이 정지되면서 그 勢가 급격히 쇠퇴하였다. 이에 개항 당시에는 군산의 옛 모습을 찾아보기 어렵게 되었다.
　1876년 강화도 조약 이후 일본은 자신들의 자본주의 발전에 필요한 값싼 식량과 원료를 안정적으로 확보하기 위하여 국내 최대의 쌀 생산지를 배후로 한 서해안지역의 개방에 관심을 집중시켰고, 이러한 가운데 군산의 개항도 거론되었다. 그러나 정작 군산의 개항은 대한제국 정부의 독자적 결정으로 이루어졌다. 대한제국 정부가 군산 개항을 결정하게 된 것은 대략 다음의 세 가지 이유에서였다. 첫째, 대한제국 성립 이후 고종의 생존 전략인 제국주의 열강 간의 세력 균형 정책의 일환으로 군산 개항이 이루어졌다. 고종은 이 당시 청국에서 전개되고 있는 제국주의 열강의 대규모 조차지 획득 움직임이 조선에 파급되는 것을 강하게 우려하였다. 그 때문에 고종은 선수를 쳐서 열강이 소망한다고 예상되는 항만을 개방하고, 그곳을 특정 1국의 독점적 조차지 내지 특별거류지로 하지 않고 각국 공동거류지로 함으로써 상호 견제의 메커니즘을 만들려고 한 곳이다. 이에 군산은 개항 후 각국 공동거류지가 설정되었다.
　둘째, 독립협회 계열 인사들의 자유무역주의 주장도 군산 개항의 배경이 되었다. 독립신문에서는 군산 개항의 이로움을 다섯 가지로 열거하였는데, 1) 외국 물건이 들어와도 강제로 파는 것이 아니고, 우리나라 사람들이 자기 이익을 고려하여 살터이니 우리에게 이익은 많고 해는 적으며, 2) 백성들이 쓰고 남은 물건을 수출하여 돈을 버는 것은 좋은 일이며, 3) 외국 자본이 들어오면 우리나라 사람들의 일자리가 생길 것이고, 4) 만일 국가가 잘못될 경우 스스로 개항하는 것이 청국처럼 강제로 개항 당하는 것보다 나으며, 5) 흉년이 들 경우 곡물 수입에 편리하다는 것이다. 이러한 인식하에 독립협회는 개항장을 확대할 것을 주장하였고, 당시 독립협회의 정국 영향력은 매우 강한 편이었다.

 셋째, 군산이 개항하게 된 데에는 대한제국 정부의 재정 문제와 해관 총세무사 브라운의 영향력도 크게 작용하였다. 당시 대한제국 정부는 재정적으로 많은 어려움을 겪고 있어서 개항장의 확대에 따른 관세 수입의 증가에 큰 관심이 있었다. 이러한 상황에서 브라운의 개항에 대한 권고는 개항장 확대에 일정한 영향을 끼쳤다. 브라운의 개항장 확대 권고는 해관세 수입의 증가와 러시아 세력의 저지라는 두 가지 목표에서 제기된 것이었다. 그러나 개항장 확대와 관세수입 증대를 통해 국가 재정을 충실히 하려는 정부의 목적은 거의 달성되지 못하였다. 당시 관세수입의 지출에서 가장 많은 비중을 점하는 부분이 대외차관의 원리금 상환이었다. 그런데 당시 차관들이 '舊借款 상환을 위한 新借款의 도입과 소모'라는 악순환의 연속이었으므로 개항장의 확대에 따라 증대된 관세 수입도 거의 차관 상환에 소모될 뿐이었다. 그리고 브라운의 러시아 세력 저지 노력은 고종의 세력 균형 정책에 차질을 가져와 일본 세력의 침투를 방치하는 결과를 가져왔다.

 이상과 같이 고종 황제의 세력 균형 정책, 독립협회의 자유무역주의에 따른 개항 정책 주장, 정부의 재정 문제와 총세무사 브라운의 권고 등이 어우러져 1898년 5월 26일 군산, 마산, 성진 3항의 개항이 대한제국 의정부에서 다수결로 결정되었고, 고종 황제는 즉시 이를 재가하였다. 그리고 1899년 3월 20일 의정부에서는 5월 1일을 개항 일자로 결정하였다. 1899년 5월 1일 군산은 의정부의 결정에 따라 개항되었고, 개항과 동시에 한국정부는 군산에 監理署, 警務署, 裁判所, 稅關, 郵遞司, 電信司 등을 설치하였다. 특히 5월 4일에는 군산항에 沃溝監理署를 두어 개항장에서 일어나는 모든 일에 대하여 권한을 위임받아 사무를 집행하도록 하였다. 그리고 각국 공동조계를 설정하고, 1905년에는 8만 6천 원을 투자하여 강안매축공사와 고정잔교시설 등 근대적 항만 시설을 갖추었다.

군산 개항은 대한제국 정부가 열강 간의 세력 균형을 통하여 국가의 독립을 유지하고, 자유 무역을 통하여 국가 경제 발달을 꾀하며, 관세 수입의 증진을 통하여 국가 재정을 충실히 하려고 단행한 것이지만, 개항 이후 나타난 결과는 대한제국 정부의 기대와는 정반대였다. 군산 개항 이후 쌀의 대외 유출이 심화되었고, 조선 상인이 몰락하였으며, 일본인의 토지 침탈이 대대적으로 전개되었던 것이다. 이것은 국내의 산업을 보호하는 조치를 취하지 않고, 제국주의 세력에 대한 대비를 하지 않은 채 개방화 정책을 선택한 결과였다.

올해로 군산은 개항 110주년을 맞게 되었다. 110년 전과 지금의 국제적 상황은 별반 달라진 것이 없다. 오히려 오늘날에는 WTO다, FTA다 하여 그 당시보다 더욱 치열한 무역 전쟁, 자본의 전쟁이 전개되고 있다. 그리고 국내외에서는 110년 전과 똑같이 자유무역주의와 개방화 주장이 강력히 제기되고 있다. 110년 전 군산 개항 이후에는 국권 상실이라는 민족적 비극을 겪었다. 오늘 우리는 세계화, 개방화 시대를 맞이하여 110년 전의 전철을 밟지 않기 위해서는 무엇을 어떻게 해야 할 것인가? 이것이 군산 개항 110주년을 기념하는 진정한 이유이다.

근대기 군산사람들의 삶과 도시공간의 이해

구 희 진*

 군산을 이해하는 데서 가장 일반적으로 퍼져있는 오해는 군산이 일본에 의해서 만들어진 도시라는 것이다. 근대군산의 역사를 옥구·군산의 유구한 역사전통 위에서 군산사람들의 삶을 중심으로 이해하면서 미래의 전망을 찾아가는 것이 시급한 과제라고 할 수 있다.[1]
 군산은 금강과 만경강 사이의 평야와 황해로 통하는 도서를 포

---

* 군산대학교 사학과 조교수
1) 군산역사에 대해 연구한 선학들은 이점을 누누이 강조하고 중시하여 왔다. 이에 대해서는 다음 글들이 있다. 군산시사 편찬위원회,『군산시사』, 1975 ; 이병훈·이세현·고헌·차칠선·박순호,『금강의 물 메아리』, 1983 ; 이세현,「금강 하류지역 문화재 정밀 지표조사」,『군산대학 논문집』 22, 1988 ; 군산문화원,『군산풍물지』, 1993 ; 이복웅,「군산시 고유지명에 관한 연구」, 1996 ; 김종수,「군산항 개항의 역사적 의의」,『군산개항 100주년 기념 학술세미나 논문집』, 1999 ; 김양규,『우리고장의 抗日運動史』, 군산문화원, 2001 ; 군산대학교박물관,『문화유적분포지도(전북 군산시)』, 2001 ; 김중규,『군산역사이야기』, 나인, 2001 ; 김민영·김중규,『금강하구의 나루터 포구와 군산 강경지역 근대상업의 변용』, 선인, 2006 ; 김수관·김민영·김태웅·김중규,『고군산군도 인근 서해안지역 수산업사 연구』, 선인, 2008.

함하여 선사시대부터 사람이 살기 좋은 곳이었으며, 역사시대 이후부터는 세계적 문명이 들어오는 관문으로서 번영을 누리기도 하였고, 또한 보편문명에 함몰되지 않고 주체를 지키기 위한 치열한 노력이 전개되기도 하였다.

군산의 유구한 역사 속에서 군산사람들의 삶의 역정을 대표적으로 보여주는 두 개의 전설이 있다. 오성인 전설과 천방사 전설이 그것이다. 삼국시대 말, 소정방이 이끄는 당군이 백제의 도성을 침공하고자 지금의 군산인근 금강어귀에 상륙하였는데 안개가 자욱히 끼어 지척을 분간할 수 없었다. 소정방은 군산사람들에게 협력을 요구했다. 오성인 전설은 오성인을 중심으로 하는 군산사람들이 사비도성으로 향해가려는 소정방군의 침략에 목숨을 걸고 저항했다는 의로운 이야기이다. 이에 반하여 천방사 전설은 소정방이 산신령께 천 채의 절을 지어 바치겠다고 기도를 올렸더니, 산신령으로 상징되는 일부 군산사람들이 여기에 호응했다는 것을 상징하여 하늘이 맑아졌다고 했는데, 결국 소정방은 한 채의 절만을 짓고 천방사라고 했다는 것이다. 군산사람들은 대부분 당나라라는 대제국에 맞서서 침략군이 지척을 분간할 수 없을 정도로 치열하게 항쟁하였고, 의연하게 순절하였다. 그러나 다른 한편으로 당나라 군대는 불교라는 보편문명을 앞세우며 회유하였고 군산사람들의 일부는 여기에 함몰되기도 했던 것이다.

이후의 역사에서도 군산은 세계적 문명과 문물이 교류하는 관문이었고, 신지식을 흡수하여 새로운 발전을 꾀할 수 있는 기회의 땅이었다. 군산사람들은 한편에서는 새로운 문명과 문물을 적극 흡수하였으며 또한 이를 위하여 군산에는 여러 지역의 사람들이 모여들었다. 그러나 세계적인 보편문명, 첨단문물을 앞세운 침략의 교두보가 되었을 때, 이로 인한 피해를 가장 직접적으로 받으면서 제국주의에 함몰되지 않고 주체성을 지키기 위한 치열한 모색이 있었던 곳이었다.

　근대군산역사의 이해는 근대기 군산사람들의 삶에 대한 이해가 중심이 되어야한다고 생각된다. 이를 위해서 먼저, 유구한 군산 역사문화 전통 위에서 근대문화를 이해해 보려고 하겠다. 그리고 여기에 기초하여 한말 군산 개항 이후 군산사람들의 대응을 살펴보는데, 군산은 신문명과 문물의 중심지였으므로 군산의 근대교육을 통해서 살펴보겠다. 다음으로 군산의 근대도시로의 성장에 대해서 공간과 그 공간에 서려있는 역사를 살펴보고, 공간과 역사가 어우러져 만들어낸 문화를 이해하면서 군산사람들의 삶에 다가가 보려고 하겠다. 끝으로 군산의 문화유산을 현재에 활용하는 데서 고려해야 할 점에 대해 생각해 보겠다.

I. 유구한 군산 역사문화 전통 위의 근대

　2001년 군산대학교박물관이 조사한 바에 따르면 군산지역에는 패총만 해도 77곳에서 발견되어 일찍부터 사람이 살기 좋은 풍요로운 곳이었음을 보여준다. 또한 151기의 고분이 발견되었는데 이 중에는 백제시기에 조성된 대형의 횡혈식 석실고분들이 포함되어 백제시기 군산의 역사를 말해주고 있다.

〈표 1〉 군산시 문화유적 시대별 통계표

시대	구석기	신석기	청동기	원삼국	삼국	신라	고려	조선	근대	현대	미상	합계
계	·	19	35	152	190	1	65	102	57	1	31	653

군산시, 군산대학교박물관,『문화유적분포지도(전북 군산시)』, 2001.

〈표 2〉 군산시 문화유적 지역 종류별 통계표

	군산	옥구	개정	나포	대야	서수	성산	옥도	옥산	옥서	임피	회현	합계
패총	26	4	·	8	1	·	6	24	2	5	·	1	77
고분	15	6	14	23	11	22	21	13	6	·	13	7	151
성	·	2	·	2	·	1	2	·	1	1	3	1	13
기타	56	39	29	44	19	53	46	23	24	3	45	31	412
합계	97	51	43	77	31	76	75	60	33	9	61	40	653

군산시, 군산대학교박물관, 『문화유적분포지도(전북 군산시)』, 2001.

백제가 해상왕국으로 융성하게 된 배경에는 금강하류에 위치하여 세계문명의 관문역할을 하였던 군산의 역할이 있었기 때문이었다. 이 시기의 군산역사는 군산대학교 박물관이 세 차례에 걸쳐서 학술발굴한 산월리 고분이 여실히 보여준다.[2] 군산은 세계문명과 교통하는 관문이었기에 백제의 마지막도 군산에서 있었다. 소정방이 이끄는 당나라군대는 군산으로 침략하였다. 군산사람들의 처절한 항쟁은 오성인 전설이 전하고 있으며 백제가 멸망한 이후에 당나라군대를 완전히 몰아내는 전투도 군산지역에서 있었다.[3]

고려시대에도 군산은 고려가 송나라와 교류하는 관문이었고 조운의 중심지였다. 사정이 그러했기에 송나라 사신으로 고려에 왔던 서긍은 자신의 경험을 담은 『고려도경(高麗圖經)』에서 군산도에 도착하니 비로소 고려 사람들이 의식을 갖추어서 송나라 사신을 맞이하였으며, 고려정부에서 파견된 김부식 등이 고려의 관문인 군산도

---

2) 산월리 고분발굴에서는 6점의 환두대도를 비롯한 다수의 유물들이 출토되어 백제시기 거대한 정치문화세력의 존재와 이 지역의 번영을 증명하는 중요한 발굴로 평가되며 학계의 주목을 받았으나 유물만을 수습한 후에, 문화재지역으로서의 정비조차도 이루어지지 못하고 아쉽게 다시 덮을 수밖에 없었다. 곽장근·조인진, 『군산 산월리 유적』, 군산대학교박물관, 2004.
3) 김중규, 『잊혀진 백제 사라진 강』, 신아출판사, 1998 ; 김종수, 「660년 백강전투와 오성산 전설」, 『전북사학』 33호, 2008.

에 와서 자신들을 영접하고 군산에서만 특별히 사용하는 송방(松舫)이라는 배를 이용하여 안내해 갔다는 기록을 남겼던 것이다. 그리고 동시에 군산은 조운의 중심지역으로 고려의 12조창의 하나였던 진성창이 위치해 있었다. 고려 말 왜구가 군산의 진포를 노략질 하려했던 것도 군산이 조운의 중심지였기 때문이었으며 고려는 이처럼 중요한 요충지였기에 당시 세계에서 가장 첨단의 무기인 화포를 사용하여 지키려 했던 것이었다. 이러한 사정은 진포대첩의 역사가 말해주고 있다.[4)]

조선시대에 들어서 군산은 국제적인 항구로서의 위치는 상실해 갔으나 조운의 중심지로서 경제적 군사적 중요성은 계속 유지하였으며, 또한 호남의 관문으로서의 역할을 다하였다. 군산의 포구는 경포 즉 서울로 연결되는 포구였고, 군산의 장은 서울의 문물이 들어오는 설애장이었다. 조선시대 군산은 한편에서는 발달한 해상교통로를 끼고 있어서 군사적 요충지이면서도 아울러 조운과 경제, 문물의 중심으로 포구들이 발달하고 객주들이 성장하며 유통경제가 발달하였다.[5)] 그리고 다른 한편에서 옥구지역의 비옥한 평야를 배경으로 농경문화, 유교문화가 뿌리내린 곳이었다.

대한제국은 군산의 이러한 경제적인 역량에 주목하고 1899년 자주적인 개항을 하였다. 군산은 일제에 의해서 개발된 도시가 아니라, 반대로 일제는 군산의 이러한 역량을 적극적으로 이용하려고 했던 것이다.

---

4) 金鍾洙, 「鎭浦大捷의 歷史的 意義」, 『全羅文化硏究』 12, 2000.
5) 김태웅, 「대한제국기 군산객주의 상회사 설립과 경제·사회운동」, 『지방사와 지방문화』 9-1, 2006.

II. 한말 군산사람들의 삶 —교육을 중심으로

군산항이 포함되어 있는 옥구지역은 조선시대에는 옥구현으로 불리었다. 옥구지역은 금강과 만경강 사이에 위치하여 드넓은 평야를 가지고 있는 농촌지역이라는 점과 금강이 바다와 만나는 해안가의 교역과 조운의 중심지라는 두 가지 사회경제적 특징을 지니고 있는데, 이는 이 지역의 문화와 교육에도 영향을 주었다. 군산 개항 이전 옥구읍은 옥구향교를 중심으로 유교문화가 뿌리내리고 있었다. 뚜렷한 학파가 주도하지는 않았으나 전주지역의 간재 전우나 임피지역의 연재 송병선의 영향을 받아서 위정척사적인 분위기가 형성되어 있었다. 그리고 신분제의 해체와 더불어 유학교육이 확산되어 가고 있었다. 이러한 옥구지역의 교육과 문화가 변화하는 결정적인 계기는 군산항 개항이었다.

대한제국정부는 1899년 군산항을 개항하였다. 군산항 개항은 대한제국의 부국강병책의 일환으로 추진된 자율개항이었다.[6] 정부는 개항에 따른 사회경제적 변화에 대응하는 일환으로 옥구항에 공립소학교를 세우도록 하였는데 이로부터 옥구지방에 본격적인 근대교육이 시작되었다.

대한제국정부가 옥구항에 공립소학교를 설립하도록 하자 옥구부윤은 공립소학교 설립위치를 옥구향교의 양사재로 결정하였다.[7] 대한제국의 광무개혁이 추진되고 있던 1899년에는 전국적으로 공립소학교가 활발하게 설립되었다. 옥구부와 같이 양사재를 활용하는 곳도 많았는데, 양사재를 활용하여 공립소학교를 설립하는 곳에서

---

[6] 김종수, 「군산항 개항의 역사적 의의」, 『군산개항 100주년 기념 학술세미나 논문집』, 1999.
[7] 『各司謄錄』 20 전라도편 3, 「沃溝港報牒」 제1책, 光武 3년 9월 26일, 보고 제24호.

는 전통교육의 역량에 기반하여 근대교육을 실시할 수 있었다. 특히 전통적인 향교의 재원을 공립소학교의 재원으로 이용하여 안정적으로 학교를 설립하고 유지할 수 있었다. 하지만 지역의 유림들이 신식학교 설립이나 향교에 학교를 설립하는 것을 반대할 경우에는 어려운 일이었다. 옥구향교에 공립소학교를 설립할 수 있었던 것은 지역유림들이 학교 설립에 동의했기 때문인 것으로 생각된다. 그러므로 옥구향교를 대표하여 齋長이였던 전준기가[8] 공립소학교의 부교원으로 임용되었다.[9]

옥구항공립소학교의 정확한 개교일자에 관한 기록은 아직 발견되지 않았다. 대한제국정부가 교원을 임용한 것이 1899년 9월 9일이었고,[10] 1899년 10월 5일자 황성신문에 옥구부윤 조성협이 학교를 설립하고 학부에 보고하였다는[11] 기사가 실려 있는 것으로 보아서 1899년 9월에서 10월 초 사이에 개교하였을 것으로 생각된다.

대한제국정부는 근대식교육을 실시하기 위하여 교사양성기관인 한성사범학교를 설립하였는데, 옥구항공립소학교에도 한성사범학교를 졸업한 한필수를 교원으로 임용하였다. 하지만 초기의 옥구항공립소학교의 교육은 전통적인 방식으로 이루어졌을 것으로 생각된다. 소학교 교원으로 임용된 한필수는 11월이 지나도록 부임하지 않다가 잠시 부임한 이후 1900년 2월 정평군 공립소학교로 전근되는 등 교원의 교체가 빈번하였다.[12] 부교원인 전준기는 1898년 10월 21일 임용되었다가 1901년 4월 3일에 해임되었으므로 실제의 교육은 전준기가 중심이 되었을 것으로 생각된다. 지역의 명망 있는 유림이

---

8) 『沃溝鄕校誌』, 313쪽.
9) 『舊韓國官報』, 光武 3년 10월 21일.
10) 『舊韓國官報』, 光武 3년 9월 12일.
11) 『皇城新聞』, 1899년 10월 5일.
12) 『各司謄錄』 20 전라도편 3, 「沃溝港報牒」 제1책, 光武 3년 11월 보고 ; 『舊韓國官報』, 光武 4년 3월 1일.

었으므로13) 옥구항 공립소학교의 초기교육은 주로 유학교육이 중심이 되었을 것으로 생각된다. 1900년 9월 28일 한성사범학교 출신 교원 심기섭이 파견된 다음부터는 교원의 임용과 전출이 안정적으로 이루어지는 것으로 보아 점차적으로 신교육이 실시되었을 것으로 생각된다. 이처럼 옥구항공립소학교를 통하여 신교육을 받은 학생들은 졸업 이후 인근지역의 사립학교 교사가 되는 등 지역의 교육활동에 종사하기도 하였다.14)

그런데 옥구항공립소학교는 개항장으로부터 너무 멀리 떨어져 있었으므로 개항장 부근의 한국인들을 대상으로 하는 신식교육기관이 필요했다. 이에 따라 1902년에 사립학교로 설립된 것이 진명의숙이었다. 진명의숙은 한성사범학교를 졸업한 전직교사 이강호가 중심이 되어서 설립하였다가 1903년 옥구항감리인 박승봉의 지원으로 학교를 확장하고 교육과정을 정비한 것으로 보인다.15) 옥구항감리 박승봉은 학교확장을 지원하고 군산항객주들로 하여금 재정을 부담하게 하였다.16) 군산항 객주들은 개항 이후 일본상인을 중심으로 하는 외국상인이 몰려들자 변화된 상업여건에 대응하기에 부심하였는데, 그 일환으로 신지식을 배울 수 있는 신교육에 관심을 가지게 되었다. 특히 진명의숙이 군산항의 감리가 숙장으로 있는 학교였으므로 감리의 협조가 필요했던 객주들은 정기적으로 구문을 거두어서 진명의숙의 재정을 부담하였던 것으로 보인다. 진명의숙

---

13) 田畯基(1843~1926). 호는 磨心齋, 옥구읍 양등에서 출생. 蘇仁山의 문인이다. 후에 艮齋선생에 종유하였다고 한다. 간재선생이 磨心齋라는 호를 주고 친애하였으며 사서오경에 정통하였다고 한다. 『沃溝鄕校誌』, 480쪽.
14) 「履歷書」, 『臨瀛校發 第四號 校長任免에 關한 件』(1910년 2월 28일, 임피초등학교자료).
15) 『各司謄錄』 20 전라도편 3, 「沃溝港報牒」 제4책, 光武 8년 9월 19일 보고 제47호.
16) 『皇城新聞』, 1903년 5월 28일, 30일.

은 감리인 박승봉과 교원인 이강호를 중심으로 운영되었는데, 1903년 5월 박승봉이 다른 지역으로 이임되어가는 시기를 전후하여 학교운영이 위기에 부닥치게 되었으며 진명의숙은 결국 폐교되었다. 진명의숙의 교사인 이강호는 여기서의 경험을 바탕으로 전국적인 교육개혁안을 만들어서 정부에 제출하였고, 이 안은 이후 국권회복운동기 한국인들의 근대 국민교육안의 토대가 되었다.

1905년 을사늑약 이후 국권회복운동의 일환으로 의병항쟁과 자강운동이 전개되었다. 군산항은 호남지방의 의병을 진압하는 군대가 상륙하는 주요거점이었으므로 직접적으로 의병항쟁이 일어나기는 어려운 조건이었다. 그러나 옥구, 임피를 중심으로 위정척사의 맥이 이어져오고 있었다. 한말 도학자 유인석은 처변 3사라고 해서 국가가 위기에 처했을 때 지조를 지키면서 살 수 있는 3가지 행동방식을 제안했다. 첫째는 의병투쟁을 하는 것이고, 둘째는 망명지를 택해서라도 고결하게 사는 것이고, 셋째는 자결을 통하여 의를 지키는 것이었다. 한말 노론산림의 정통을 이은 전우는 군산도로 은신하였다. 그리고 우암 송시열의 9대손으로 일찍이 임피사람들의 초빙을 받아서 산앙서원에서 강학활동을 했던 송병선은 국망의 현실에 대해 지식인으로서 책임감을 통감하고 자결하였다. 임피사람들은 그분의 시신을 임피의 명당에 모셔서 고결한 죽음을 기렸다. 옥구사람 임병찬은 한말의 거유 최익현을 의병장으로 하여 의병의 기치를 올렸으며 이것은 호남지방 의병항쟁의 기폭제가 되고 옥구지방의 유림들에게도 많은 영향을 주어 의병항쟁에 참여한 사람이 다수 있었다.

다른 한편으로 개항장인 군산항을 중심으로는 자강운동이 활발하게 전개되고 다양한 종류의 학교가 설립되었다. 군산항에서 자강운동의 모태가 된 것은 1907년에 설립된 옥구군산항 민단이었다. 1907년 자강운동의 일환으로 옥구부윤 이무영은 군산지방에 민단을 설립하였는데, 이후 전직 고위관료를 지낸 인사들과 지역의 객주상회사 대표, 대지주층이 참여하여 민단은 대한협회 군산지회를 설립하며 확대되어갔다.

옥구군산항 민단이 추진한 대표적인 일은 교육활동이었다. 1907년 봄 민단창립 초기에 학교를 설립하였는데, 이 학교는 '사립학교',[17] '군산항민단강습소' 등으로 불리다가 1908년 학부대신이 방문한 뒤에 이름을 금湖학교라고 하였다.[18]

금호학교는 호남의 대표적인 교육기관으로 유수한 인재를 양성하였다. 이후 한국사회의 부르주아 민족주의계열을 대표하는 김성수, 송진우, 백관수가 금호학교의 학생이었으며,[19] 조선공산당 서기장을 지낸 김철수도 금호학교 출신이었다. 금호학교는 자주적인 근대를 이룩할 수 있는 인재양성교육에 투철하였다. 1909년 일진회가 합방청원서를 제출하자 금호학교 교사와 학생 29명은 이에 반대하는 성명을 대한매일신보를 통해 발표하는[20] 등 애국적인 인재를 양성하려고 했다.

옥구군산항민단이나 대한협회 군산지회가 군산지역의 대표적인 자강운동단체이기는 하였으나 이들의 활동은 주로 자산인이 중심이 된 것이었다. 그러므로 객주들의 상회사나 항구노동자들의 군산노동회와 어상회사 등의 단체들에서는 노동층들이 중심이 되는 노동야학을 설립해갔다. 상인들을 대상으로 하는 야학교가 설립되었으며, 객주들의 상회사에서는 상업강습소를 설립하였으며, 어상회사에서도 노동야학을 설립하였다.[21] 그러나 군산노동회에서 야학

---

17) 『大韓每日申報』, 1908년 2월 20일.
18) 『大韓每日申報』, 1908년 10월 9일.
19) 김성수는 금호학교의 교사인 한승리가 대한협회의 연사로 하는 강연을 듣고 금호학교에 입학하게 되었고 한다.
20) 『大韓每日申報』, 1909년 12월 28일.
21) 『大韓每日申報』, 1910년 5월 14일.

을 설립하려 하자 군산경찰서에서 방해하는 것을 통해서 알 수 있 듯이 일제의 방해로 인하여 많은 어려움을 겪었다.22)

일제는 군산, 옥구지역민들의 이러한 교육활동을 식민지교육체제 속으로 왜곡 굴절시키려고 하였다. 먼저, 옥구항공립소학교를 폐쇄하고 1907년 개항장 부근에 군산보통학교를 설립하였다. 대한제국이 수립한 옥구항공립소학교는 유교적 전통에 기반하여 강직한 선비들의 기개를 토대로 국민의 의로운 기개를 함양하여 국권의 위기를 타개하려는 국민교육에 주력하였다. 일제 통감부는 교육을 한국지배에 활용하기 위하여 일본식 학교건물을 만들고 일본인 교사를 통하여 일본어에 능통하고 순량한 품성을 체득한 인재를 양성하는데 주력하였다.

일제에 의해서 한국교육이 왜곡되어가자 군산지방의 한국인들은 한국인 주도의 교육을 모색하였다. 1908년 옥구부윤 이무영은 옥구부에 진명학교를 설립하였다. 1907년 옥구항 공립소학교가 폐쇄되고 조계지 부근으로 이주해 가자 옥구부에는 근대교육기관이 없어지게 되었으므로 관아 부근에 새로이 소학교를 신설하여 한국인이 중심이 되어서 운영한 것으로 생각된다.23) 진명학교는 옥구부윤 이무영의 주도로 설립되어 옥구부 관리들의 의연으로 유지되었던 것

---

22) 『大韓每日申報』, 1910년 5월 3일.
23) 진명학교는 현재의 옥구초등학교의 전신인데, 학교의 역사는 좀더 연구가 필요하다. 학교 연혁지에는 1906년 옥구 군수 이교영 씨가 지방유지와 협력하여 사립진명학교를 설립하고 당시 군청부근 건물을 교사로 하여 개교하였다고 기록되어 있다(沃溝國民學校, 『沿革誌』). 이교영은 이무영의 오자인 듯한데, 당시 『大韓每日申報』, 1908년 11월 5일 기사에는 옥구부윤인 이무영이 1908년 진명의숙을 설립했다고 하는 것으로 보아서 학교 설립 시기는 좀더 규명이 필요하다. 또한 다른 지역의 사립학교의 경우 지역의 인사들이 적극적으로 학교의 설립과 운영에 참여하는 모습을 보여주는데 옥구부의 경우 유림들은 의병운동에 역점을 두었던 것으로 생각된다.

으로 보인다.[24] 진명학교는 1910년 국망 이후, 1911년에 들어서 군산공립보통학교 옥구분교가 되었다가 1914년 일제의 면리통합으로 군산부가 분리되고 옥구군과 임피군이 옥구군으로 통합되자 옥구공립보통학교로 인가되었다.[25]

한국인들은 오랜 교육전통 속에서 소학 이후의 대학교육을 받으려는 지향을 가지고 있었으므로 초등교육기관을 졸업한 이후의 진학을 모색하였다. 금호학교는 전북지역의 대표적인 중등교육기관으로서 많은 인재를 양성하였다. 일제는 한국의 인문교육이 일본의 지배에 대해 비판적인 인물을 양성할뿐만 아니라 일본의 경제적 이익에 도움이 되지 않는다고 인식하고 있었다. 그러므로 초등교육기관은 순량한 인물을 양성하는 훈련에 중점을 둠과 아울러 직접 농경과 연계하는 실업교육을 실시하고 완성교육기관이 되도록 하려고 했다. 그 이상의 진학을 모색하는 사람은 소수의 학생들에 한하여 실업학교에 진학하도록 하였는데 군산보통학교에 실업학교를 병설하였다.

일제 통감부는 실업중심의 교육정책을 추진하면서 종래 한국인이 설립한 사립학교에 대한 탄압정책을 취하였다. 금호학교가 가장 직접적인 대상이었다. 일제는 사립학교령을 만들어 학교를 새롭게 인가받도록 하고, 교육내용을 통제하였다. 그리고 기부금 취제규칙을 만들어 기부금을 통해서 유지되고 있는 사립학교의 운영을 어렵

---

[24] 교육자치의 전통을 가지고 있던 한국인들은 국권회복운동의 일환으로 더욱더 지역민이 중심이 되어서 한국인들을 교육할 수 있는 교육자치의 실현을 추구하였다. 실제로 교육구를 설립하여 자치를 실현해가고 있는 곳도 있었다. 일제는 한국인들의 교육자치를 저지하기 위하여 학무위원제도를 만들었는데 지역의 학무위원이 아닌 개별 보통학교에 국한된 학무위원을 선발하여 일본중심의 교육으로 외면되고 있는 보통학교의 취학률을 높이는 데 활용하였다. 군산지방의 경우에도 1908년 군산보통학교 학무위원회가 만들어졌다.
[25] 이후 1933년 옥구면 상평리에 위치했던 교사를 옥구면의 선제로 옮겼다.

게 만들어 결국 금호학교는 문을 닫고 금호학교의 재산은 군산보통학교에 흡수되었다. 대한제국이 근대국가로 발전하였으면 금호학교는 명문대학으로 성장할 수 있었을 것이나 1910년 국권이 상실되면서 금호학교는 폐쇄되고 학교의 재산은 군산공립보통학교에 흡수되었다. 금호학교의 역사가 바로 한국근대교육 굴절의 역사인 것이다.

결국 1910년 일제강점을 전후하여 일제는 군산보통학교를 중심으로 군산지역의 학제를 재편하였던 것이다. 조선인들이 설립한 중등교육기관인 금호학교를 폐쇄하여 군산보통학교의 재원으로 삼고, 대신 군산보통학교에 실업학교를 병설하였다. 저급한 실용교육을 중심으로 하려 했던 것이다. 그리고 옥구군 상평리의 조선인들이 운영하고 있는 진명의숙을 군산보통학교 병설학교로 하였다.

이처럼 군산은 문명과 문물이 교류하는 관문으로 근대기에도 군산사람들은 새로운 지식을 흡수하고 인재를 양성하기 위한 교육에 주력하였다. 1871년과 1898년에 설립되었던 서당 건물을 보존하고 있으며, 100년이 넘는 근대교육의 역사를 지닌 초등학교가 네 곳이나 된다. 그리고 금호학교와 같은 자랑스러운 중등교육의 역사를 가지고 있으며, 이러한 전통으로 인해서 일제강점기에는 가장 이른 시기에 정규의 근대수산교육이 실시된 곳이기도 하다.[26]

III. 근대군산도시의 이해 —공간과 삶과 역사

군산의 근대도시로의 성장에 대해서 공간과 그 공간에 서려있는 역사를 살펴보고, 공간과 역사가 어우러져 만들어낸 문화를 이해하

---

26) 김수관·이길래, 「전라북도의 수산교육에 관한 사적고찰」, 『군산대학교수산과학연구소 연구논문집』 2, 1994.

면서 군산사람들의 삶에 다가가 보려고 하겠다.27) 근대도시군산은 네 개의 권역으로 이해해 볼 수 있다.28)

〈그림 1〉 근대군산도시의 공간구성

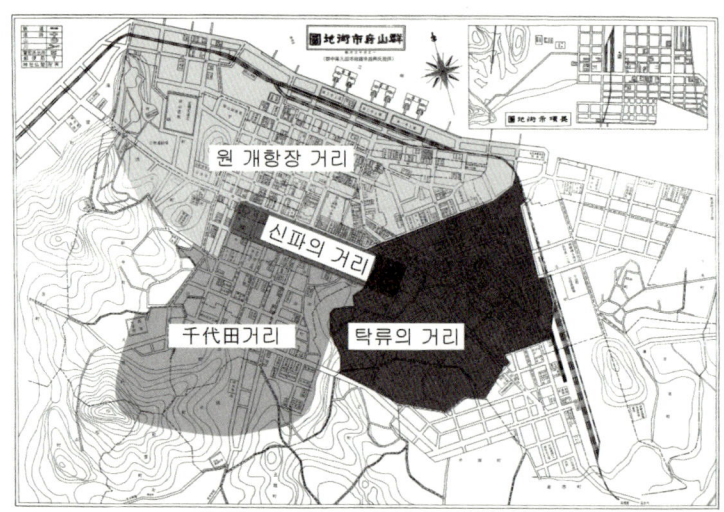

첫째는 개항장거리라고 부를 수 있는 공간으로 1899년 개항 당시의 조계지이다. 대한제국은 1899년 군산을 자주적으로 개항한 뒤에 외국인들의 거주와 통상을 위하여 조계지를 설정하였다. 군산조계지는 한 나라가 독점하지 않게 하기 위해서 여러 국가에서 이용할 수 있는 조계지로(공동조계) 하였으나 실제로는 일본인이 대부분을 차지하게 되었다.

---

27) 근대도시의 성장에서 공간과 삶과 역사의 관계에 주목한 것으로는 다음의 글이 참고 된다. 고석규, 『근대도시 목포의 역사 공간 문화』, 서울대학교 출판부, 2004.
28) 아래지도는 1934년 군산지도를 토대로 하여 근대군산 도시공간을 구분한 지도이다.

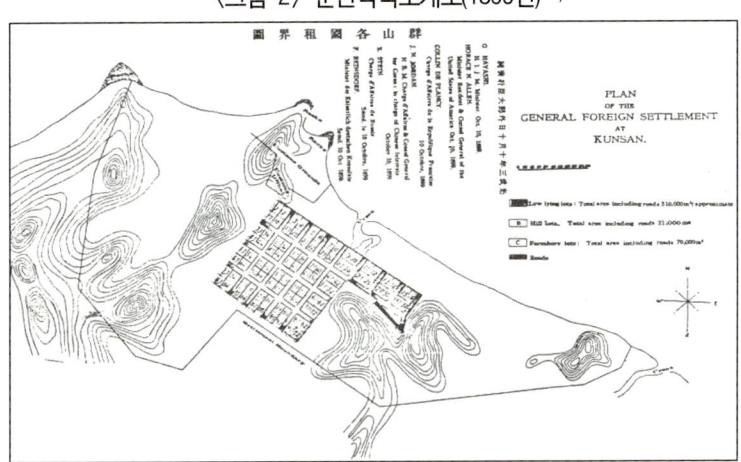

〈그림 2〉 군산각국조계도(1899년)[29]

　군산조계지는 해안가 지역에 격자형의 도로망을 중심으로 구획 정리되어 조선인을 제외한 외국인들에게 필지별로 경매되었다. 조계지의 대부분을 차지한 일인들은 이곳을 자신들의 생활 터전이자 근대물질문명을 과시하는 전시장으로 꾸몄다.[30] 일인들의 조계지 도시계획은 발달된 도로망을 통하여 물자의 유통을 중심으로 하는 근대물질문명의 공간으로서의 효율성을 중시함과 아울러 고도의 정치성을 내포하고 있었다. 군산조계지의 중심은 군산영사관이었다. 영사관 앞의 세로도로망을 기준도로인 1조통으로 하고 전부 9개의 세로도로를 만들었고 영사관 앞의 해안가에서 가장 가까운 가로도

---

29) 손정목, 『한국개항기 도시 변화 과정연구』, 일지사, 1982.
30) 군산조계지의 형성과 변화에 대해서는 다음의 글들이 참고가 된다. 윤정숙, 「개항장과 근대도시 형성과정에 관한연구 - 군산항을 중심으로」, 『지리학』 10, 1985 ; 송석기, 「군산지역 근대건축물의 현황 및 변천에 관한 기초연구」, 『대한건축학회논문집』 192, 2004 ; 김영정 외, 『근대항구도시 군산의 형성과 변화』, 한울아카데미, 2006 ; 군산시, 『근대문화의 도시 군산 - 근대건축물로 바라본 군산의 모습』, 2007.

로를 본정통이라고 하였다. 영사관은 군산진이 있었던 수덕산 중턱에 근대문명의 상징으로 흰색 고딕양식의 2층 건물로 지어서 군산시를 굽어보았으며, 그 주변에 경찰서, 우체국, 병원 등을 두었다. 그리고 그 옆의 산자락에 일인들의 정신적인 구심인 군산신사를 두고 또한 자연을 극복한 근대문명의 총아인 공원을 두었다. 그리고 본정통은 관공서와 아울러 주요은행이 밀집한 경제활동의 중심지이기도 하였는데 현재 조선은행건물, 나가사키18은행 등이 남아있다. 이러한 건물들은 경제적 효용성 이외에 일본근대문명의 표상으로서 고도의 정치성을 내포한 건물이었다. 군산조계지는 일제강점 이후 1914년 해체되어 군산부로 행정구역이 바뀐 이후에도 일인들의 주요 거점지역으로 군산을 정치적 경제적으로 지배하는 공간이었다.

둘째는 千代田거리를 들 수 있는데, 지금의 신창동을 중심으로 하는 지역이다. 千代田은 일제강점기 일인들이 붙였던 행정구역의 명칭이었는데, 명치 이후에 일본 황실이 거주하는 곳의 명칭을 자신들의 대 저택이 있는 지역에 사용한 것이었다. 히로쓰가옥을 비롯한 일본인 부호들의 집들이 집중적으로 위치하고 있다.

셋째는 탁류의 거리라고 부를 수 있는 공간으로 조선인들의 생활공간이다. 객주들과 개항 이후 신지식과 부를 추구하는 조선인들이 모여들어 죽성로 일대에서 거주하였으며, 영정 일대에서 영업하였다. 그리고 조계지의 도로를 닦거나 부두의 하역작업을 하는 조선인 노무자들은 개복동이나 둔율동일대의 달동네에서 토막집을 짓고 거주하였다. 일제강점기 이곳에서의 조선인들의 삶을 채만식 선생의 탁류가 잘 드러내고 있으므로 탁류의 거리라고 할 수 있으며 문학과도 관련하여 소중한 문화자원으로 활용하여 다양하게 개발할 수 있는 곳으로 생각된다.[31]

넷째는 신파의 거리라고 할 수 있는 소비문화의 중심지이다. 일 일제강점기 군산도시의 실상은 개항장을 중심으로 하는 근대물질문명의 공간과 탁류 거리의 조선인 달동네의 이중구조였다. 그리고 이러한 수탈적인 이중구조를 유지하기 위하여 그 접점지대에는 일본인 보위시설인 경찰서와 소방조가 있었다. 그리고 특히 일본인 대저택과의 접점지대에는 헌병대분소가 배치되어 있다. 이러한 억압성을 은폐하기 위하여 경찰서와 소방서 옆의 일본인 거리 쪽으로는 미나카이 백화점, 양복점, 사진관 등과 같은 물질문명의 풍요를 동경하게 하는 소비시설이 즐비하였다. 그리고 조선인들의 거주지로 들어가는 입구에는 군산좌(구 시네마 우일)나 희소관(구 국도극장)과 같은 극장이 설립되어 "사랑을 따르자니 돈이 울고 돈을 따르자니 사랑이 운다"는 류의 신파극이 "조국을 구하자니 생활이 울고 생활을 따르자니 조국이 우는" 조선인의 양심과 생활의 고달픔을 달래며 조선인들이 식민지 백성으로서의 생활을 유지하게 하였다.32) 그러므로 이 거리는 신파의 거리라고 부를 수 있겠다.

조선인 거류지역에 대한 이해, 일본인 거류지역에 대한 이해 그리고 이 양자의 이중구조에 대한 이해 위에서 근대군산도시에 대한 이해의 기초가 마련될 수 있다. 그리고 이 네 구역을 연계하여 근대문화유산으로 활용하는 것이 필요하다고 생각된다.

IV. 군산 근대문화유산의 활용

군산은 현재 근대문화유산을 활용하여 도시를 재정비해가면서

---

31) 변화영, 「소설 탁류에 나타난 군산의 식민지 근대성」, 『지방사와 지방문화』 7권 1호.
32) 일제강점기 대중문화의 역할에 대해서는 다음 글이 참고 된다. 고석규, 『근대도시 목포의 역사 공간 문화』, 서울대학교출판부, 2004.

도시의 모습을 일신할 전기를 맞이하고 있다. 군산의 유구한 역사 전통 위에서 근대문화유산이 이해되고 군산시민의 정체성과 자긍심을 높이며 새만금의 중심으로서 문화적 역량과 전망을 제시하기 위해 지혜를 모아야할 때로 생각된다.

　근대문화유산을 활용하여 도시를 재정비하기 위해서는 기본적으로 두 가지 점에 유의해야한다고 생각된다. 첫째로, 문화유산은 그것이 만들어지고 이용되었던 역사 속에서 그 의미와 성격을 이해할 수 있다는 점이다. 역사성에 대한 이해가 깊을수록 더욱 풍부하고 창조적으로 활용할 수 있다. 둘째로 근대문화도시를 조성한다고 하여도 근대시기를 그대로 재현한다는 것은 불가능하며 바람직하지도 않다. 남아있는 문화유산을 보수하거나 사라진 것을 복원하는 여부를 선별하고 활용의 방향을 정하기 위해서는 근대도시에 대한 전반적인 이해와 전망이 매우 중요하다고 생각된다. 이러한 점을 고려하면서 근대문화도시조성을 위해서 배려해야 할 것에 대해서 살펴보겠다.

1. 군산의 유구한 역사 전통 위에서 근대문화유산을 이해

　근대문화유산의 보존과 활용은 구 도심지역에 남아있는 건축물들을 복원하는 것이라고 생각하기 쉽다. 그런데, 이 문화유산들을 현재 시가지의 재정비에 활용하기 위해서는 먼저, 군산근대문화를 보는 시각을 그것이 지닌 역사성에 맞게 정립할 필요가 있다. 군산은 일본에 의해서 새롭게 개발된 곳이 아니었다. 옥구, 군산은 우리 역사상 세계문명과 교류하는 관문의 역할을 하면서 발달한 곳이었는데, 근대기에는 일제가 이러한 군산의 역량에 주목하고 적극적으로 이용했다. 특히 일본은 근대 문명의 시혜자로 자임하면서 그러한 정치성을 극대화시키기 위해서 도시를 계획하고 건물을 설립해

갔다. 그러므로 이를 활용해 근대문화도시를 재정비하기 위해서는 이러한 역사성이 잘 드러날 수 있도록 유의해야한다. 첫째로, 군산의 유구한 역사성 속에서 근대의 군산을 이해하도록 하고, 둘째로 각 각의 근대문화유산이 가지고 있는 시대적 성격을 소상히 이해할 수 있도록 치밀하게 배려해야한다. 각 건축물에 대한 이해가 가능한 안내표지와 군산역사를 체계적으로 이해할 수 있는 박물관 등이 기본적으로 갖추어져야 할 뿐만 아니라 상징적인 문화유산에 대해서는 그것이 지닌 역사적 성격에 연관되고 상응하는 공간의 활용이 필요하다고 생각된다. 그리고 셋째로 근대성을 극복하고 군산의 역사적인 역량에 바탕하여 미래로 지향해가는 안목을 제시하는 것도 중요하겠다.

예를 들어 내항의 부잔교는 일제의 수탈을 상징하는 대표적인 표상으로서 이것의 역할과 의미는 충분히 이해되어야 한다. 그러나 여기에 머물러서는 수탈의 군산에 대한 역사상만을 가지기 쉽다. 이러한 배려에서 그 옆에 진포해상테마공원이 조성된 것으로 생각된다. 하지만 보다 역사적 사실에 근거한 문화유산의 활용이 필요하며 또한 군산역사를 보는 시야를 더욱 확장시키는 것도 필요할 것으로 생각된다. 군산은 고려시대 문물교류의 관문으로서의 군산에서만 사용되었던 송방(松舫)이라는 외국사신을 태우기 위한 전용배가 있었다. 이것을 재현하거나 관광자원으로 운영해 보는 것도 생각해 볼 일이다. 고려가 진포대첩에서 승리할 수 있었던 중요한 이유는 화포의 사용과 아울러 화포의 진동을 견딜 수 있는 견고한 배를 만들 수 있었기 때문이다. 송방은 국제교역의 관문으로서 군산의 중요성과 아울러 조선기술의 우수성을 상징하는 것이므로, 현재 군산이 지향하는 물류 중심지로의 성장, 조선업의 육성과 자연스럽게 연결시키면 좋을 것으로 생각된다.

덧붙여서 군산의 역사와 문화가 제대로 조명되기 위해서는 군산 근대사에 대한 조명도 필요하지만 전근대 군산역사와 문화에 대한 연구와 발굴이 보다 체계적으로 이루어질 필요가 있다. 백제의 역사를 이해하기 위해서 공주나 부여를 가는 것도 필요하지만, 어느 측면에서는 군산에서 해상왕국으로서의 백제의 융성과 멸망을 더욱 풍부하게 이해할 수 있다. 이러한 역사적 보고가 군산의 고분들에 남아있으나 체계적인 발굴이 이루어지지 못하고 있는 실정이다. 군산의 전시기의 역사가 보다 체계적으로 연구되고 이해되어 문화자원으로 활용할 수 있기를 기대해 본다.

2. 근대도시에 대한 종합적 이해 위에서 문화자원개발방안 수립

군산이 가지고 있는 근대문화자원을 폭넓게 이용하여 근대문화도시를 정비하기 위해서는 군산근대도시에 대한 종합적인 이해가 필요할 것으로 생각된다. 군산조계지를 모태로 수립된 구도심은 조선에 이주한 일본인들이 식민지지배자로서 생활하고 활동한 공간이었으며, 동시에 일본의 문명적 지배와 시혜를 선전하는 공간이었다. 그러므로 이것만을 활용하여 도시를 재정비하게 될 경우에는, 일제가 근대문명을 선전하기 위해서 만들었던 것을 그대로 재현하면서 왜곡된 근대 도시상을 심어준다는 비판을 면하기 어려우며, 또한 근대기의 군산이 가지고 있는 여러 가지 다른 중요한 문화자원에 대해서는 간과하게 되기 쉽다. 그러므로 군산의 근대문화자원을 활용하기 위하여서는 두 가지 작업이 선행되어야 하겠다. 첫째로는 근대군산의 도시공간에 대한 종합적 이해 위에서 무엇을 보수하고 무엇을 새롭게 복원할 것인지 결정해야 한다는 점이다. 둘째로는 공간은 사람들의 삶이 이루어지는 곳이므로 그곳에서 활동했던 사람들의 삶과 문화가 고려되어야 하는데, 특히 식민지 억압하에서 말살되고 은폐된 조선인들의 주체적인 활동과 그 공간을 복원하여 근대군산사람들의 노력과 희망을 드러낼 수 있도록 해야 한다는 점이다.

첫째로, 근대기 군산도시에 대한 종합적인 이해 위에서 문화자원을 보다 풍부히 활용할 수 있다. 구도심의 근대문화자원을 제대로 조명하기 위해서는 도시전체를 폭넓게 보아야 한다. 이것은 앞 절에서 네 개의 권역으로 근대군산의 공간과 그 속에서 한국인들의 삶을 살펴보았던 것이 참고 될 수 있겠다. 구 개항장 지역만이 아니라 네 구역을 모두 근대문화자원으로 활용할 필요가 있다고 생각된다.

하지만 이것만으로 근대군산에서 한국인들의 삶을 이해할 수는 없다. 옥구와 임피의 군산을 이해해야 한다. 군산은 원래 옥구부에 속한 항구로 출발하였으므로 전통적인 중심지역은 옥구와 임피였다. 그러므로 이곳의 변화를 이해해야 근대군산에서 한국인들의 삶을 알 수 있다. 또한 일인들은 옥구와 임피지역에 대단위 농장을 설립하여 자본주의적 경영을 하며 조선인 소작농들에게 자본주의적 방식으로 노동력수탈을 극대화하며 쌀을 수탈해 갔다. 그러므로 근대군산문화에 대한 이해를 위해서는 도시 내의 이중구조와 도시와 농촌의 이중구조를 파악하는 것이 중요하리라고 생각된다.

둘째로는 식민지 억압하에서 말살되고 은폐된 한국인들의 주체적인 활동과 그 공간의 복원이 필요하다. 오성산전설과 오성인들의 묘가 없다면 백제 멸망 당시 군산인들의 정의로운 항쟁을 알 수 없었을 것이며, 오성인들의 항쟁에 대한 기억이 없다면 군산인들의 군산에 대한 자부심은 지금과는 다를 것이다. 근대기에도 근대적인 발전을 꾀하면서 일본제국주의에 항거했던 군산인들의 활동은 대부분 잊혀지거나 사상과 운동으로 편린으로만 남아있다. 이러한 근대군산사람들의 사상과 운동을 적극적으로 찾아내고 복원하는 것은 근대문화도시를 만드는 데 있어서 반드시 해야 할 일로 생각된다.

3. 한국근대사와 일제식민지배의 특징이 잘 밝혀질 수 있도록 배려

　한국은 근대개혁의 과정에서 일제에 의해 강점되어 근대의 방향이 굴절되었고 식민통치의 영향은 한국사회의 모든 부분에 영향을 미치고 있다. 그러나 일제의 식민지배의 본질이 무엇이었고 이를 통해 한국사회가 어떠한 영향을 받은 것인지를 체계적으로 보여주는 박물관이나 정리된 답사장소가 없다. 군산은 이러한 특징을 전형적으로 보여주는 곳이므로 이러한 박물관과 체험학습코스가 마련된다면 소중한 문화자원이 될 것이다. 이는 우리나라의 청소년을 위해서뿐만 아니라 일본을 비롯한 외국의 관광객을 위해서도 필요하며, 특히 일본 청소년을 대상으로 해서는 한일 간의 진정한 이해를 위한 평화교육의 체험학습코스로서 관광수요를 창출할 수도 있을 것으로 생각된다. 이를 고려하여 군산에 일제지배를 상징하는 대표적인 건물로 남아있는 조선은행건물을 활용하는 것도 유용한 방법으로 생각된다.

　일제의 조선지배 특징은 두 가지로 대표된다고 할 수 있다. 첫째로 일제는 조선을 단순히 식민지로 지배하려기보다는 일본화 하려 했다는 점이다. 둘째로 일제는 조선지배에 문명의 시혜를 표방하였는데, 이는 한편에서는 한국인들에게 주체성이 몰각되는 근대문명에의 함몰을 낳았고 다른 한편에서는 한국사회가 식민지자본주의화의 과정을 거치면서 고도의 수탈적 성격을 경험하였다는 것이다.

　첫째로, 일제가 한국을 일본화하려 했다는 것은 군산지배에서 특히 잘 드러난다. 이는 흔히 황민화정책을 통해서 주로 이야기되지만, 군산에서는 더 나아가서 일본인이 이주하여 영구 정착하는 그 야말로 '植民'정책이 실행되었다. 불이흥업주식회사의 옥구농장은 조선인 소작농들에게 바닷가의 거대한 농토를 개간하게 한 다음에 일본 전국에서 일본농민들을 선발하여 영구정착시키며 이상적인 신일본건설을 표방했다.33) 이러한 의미와 군산의 지형을 바꾸면서 군산역사에 커다란 영향을 주었던 옥구농장의 중요성을 생각해 볼 때, 이 지역을 역사문화자원으로 보존하고 개발하는 것도 중요한 과제로 생각된다.

둘째로 일제는 문명의 시혜를 통한 지배를 표방했는데, 이는 군산의 농장지배에서 전형적으로 드러난다. 그러므로 지금까지 한국근대경제사 연구에서는 군산지역의 농업경영을 중시하였다.34) 농업사회인 조선의 식민지적 자본주의화과정을 군산의 농장지배는 여실히 보여준다. 구마모토 농장을 비롯한 일본인 농장에서는 근대산업에서의 컨베이어 시스템을 농장경영에 적용하여 소작농에 대한 철저한 노무관리를 통해서 고도의 노동력 수탈로 생산을 극대화하는 자본주의적인 농장경영방식을 취하였다.35) 이를 위해서는 풍부한 물을 제공할 수 있는 저수지와 정비된 수로, 노동력 수탈을 극대화 시킬 수 있는 철저한 노무관리시스템, 마을 배치가 필요했다. 현재 군산시민들의 휴식공간인 은파호수는 1908년 우리나라에서 최초로 수리조합법에 의해서 만들어진 저수지(옥구서부수리조합)라는 역사성을 가지고 있으며, 군산 들판에서 특징적으로 볼 수 있는 논 가운데에 위치한 주택들은 이러한 노무관리시스템을 반영

---

33) 최원규, 「일제의 초기 한국식민책과 일본인 농업이민」, 『동방학지』 ; 최원규, 「1920・30년대 일제의 한국농업식민책과 일본인 자작농촌 건설사업-불이농촌사례」, 『동방학지』.
34) 김용섭, 「고종조의 균전수도문제」, 『동아문화』 8 ; 이경란, 「일제하 수리조합과 농장지주제-옥구 익산지역의 사례」, 『학림』 12・13 ; 최원규, 「일제시기 일본인 지주의 토지확대와 소유변동의 추이-전북 옥구군 서수면 사례」, 『동방학지』, 2005 ; 최원규, 「일본인 주주의 농장경영과 농외투자-전북 옥구군 서수면 사례」, 『지역과 역사』 17, 2005 ; 홍성찬 외, 『일제하 만경강유역의 사회사』, 혜안, 2006.
35) 홍성찬, 「일제하 전북지역 일본인 농장의 농업경영-1930, 40년대 熊本農場 地境支場의 사례를 중심으로」, 『일제하 만경강유역의 사회사』, 혜안, 2006.

하고 있다.

　이러한 역사적 의미와 자료들을 잘 정리하여 군산근대역사를 중심으로 한국근대사와 일본식민지배의 성격을 보여주는 것은 한국역사에서 군산지역이 담당해야할 일로 요청되고 있다.

4. 군산시민으로서의 정체성과 자긍심을 가질 수 있도록 배려

　군산지역의 시민들은 대부분 일제강점기나 해방 이후 타지에서 이주해왔으므로 군산시민으로서의 정체성을 갖는데 어려움이 있다. 특히 군산시의 성장과 더불어 유입인구가 꾸준히 증가할 것인데 시민들의 자긍심과 정체성을 만들어가는 것은 중요한 문제로 생각된다. 근대문화도시 정비에는 이러한 점을 배려하는 것이 필요하겠다. 그 방법의 하나로 한국의 자주적인 근대를 상징하는 건물을 지정하여 그 내부를 이러한 내용에 초점을 두어서 꾸미고 교육공간으로 활용하는 것도 유용한 방법으로 생각된다.
　현재 군산시민들은 유구한 군산역사 속에서 주체성을 지키기 위해 활동한 선현들의 삶을 해마다 기억하며 추모하고 있다. 오성인들을 기리는 오성제, 최호장군을 기리는 제전, 임병찬 의병장을 기리는 제사, 3·1운동 기념행사, 옥구농민항쟁기념행사 등이 해마다 군산시민들에 의해서 개최되고 있다. 이러한 군산문화의 주체성을 상징하는 인물들과 근대시기 군산시민들의 치열한 삶을 추가하여 군산시민으로서의 정체성과 자긍심을 가지고 되돌아 볼 수 있도록 하는 공간으로 조성하고 문화공간으로 활용하는 것도 필요한 것으로 생각된다.

보존 및 활용의 측면에서 본 군산 근대건축유산

송 석 기[*]

I. 근대도시 군산의 형성

서해안의 대표적인 항구 도시 중 하나인 군산은 1899년 5월 1일 대한제국 정부의 속령에 의해 개항[1]되었다. 개항과 함께 군산에는 조계지가 설정되어 일본인을 중심으로 한 외국인 거류지가 형성되기 시작하였다. 또한 근대적인 항만시설과 철도, 도로 등의 건설로 군산의 도시 공간은 급격히 확장되어 갔다. 이러한 과정에서 관공서, 상가, 주거시설 등의 근대건축물이 건설되면서 군산은 근대 도시로서의 면모를 갖추어 나갔다. 1945년 해방까지 약 반세기 동안 진행된 군산의 근대 도시로서의 변화과정[2]은 각종 기반시설과 도

---
[*] 군산대학교 건축공학과 부교수
[1] 군산은 1876년 강화도조약에 따라 개항된 부산(1876년), 원산(1880년), 인천(1883년)의 3개 항과 그 이후의 목포(1897), 진남포(1897)에 이어 6번째로 개항된 항구 도시였다.
[2] 근대 도시로서 군산의 변화과정에서 1945년이 기점으로 설정된 것은 해방과 함께 근대건축의 형성 배경과 수출항으로서의 근대도시 군산의 위상과 성격이 급격하게 변화하기 때문이다.

시 공간의 확장 과정에 따라 〈표 1〉과 같이 몇 시기로 구분될 수 있다.[3]

〈표 1〉 군산지역 근대도시 형성과정의 시기 구분

구분	시기	주요 변화
개항기	1899~1905	각국 거류지 설정, 도시공간 계획, 행정기관 설치
군산항 및 도시 기반시설 건설기	1906~1915	철도, 도로 등의 건설, 1차 축항공사, 군산 시가지 형성
	1916~1925	2차 축항공사, 군산 시가지 확장
군산항 및 도시 확장기	1926~1945	3차 및 4차 축항공사, 도시 중심 영역 변화

개항기인 1899년 개항으로부터 1905년 을사늑약까지의 시기 동안 군산에는 각국 거류지가 설정되었고, 격자형의 도시 공간이 형성되었다. 이때 형성된 기본적인 도시 공간 계획에 따라 군산시가지가 형성되었고 근대도시로서의 기반시설이 확립되어 갔다. 1911년을 전후하여 개항 초에 설정되었던 거류지의 거의 전부가 매각 완료되었고, 전주~군산 간 도로[4]와 함께 호남선을 비롯한 군산선 철도가 개통되었다. 군산항의 본격적인 건설[5]이 시작된 것도 이 시기였다. 군산항은 2차 축항공사(1918~1921년)를 통하여 지속적으로

---

3) 송석기, 「군산지역 근대건축물의 현황 및 변천에 관한 기초연구」, 『대한건축학회논문집』, 2004년 10월호, 237~246쪽 참조.
4) 과거 전주가도를 기본으로 1907년에 공사를 시작하였다. 도로 길이 총 46.4km, 도로 폭 7m의 아스팔트 도로였으며 1년 6개월만에 완공되었다.
5) 군산항의 건설은 1905년 대한제국 정부로부터 시작되었다. 이때 세관용지 일부와 고정잔교(固定棧橋) 1기 및 육상 소설비(小設備)가 설치되었다. 그러나 군산항의 건설이 본격화 된 것은 1909~1915년에 일제에 의해 잔교 3기가 축조되고 화물전용 철도 인입선이 강안까지 연장되면서부터였다.

확장되었고, 3차 축항공사(1926~1932년) 이전인 1925년까지 미곡의 가공 및 저장, 유통 등을 위한 시설이 건설되면서 개항당시 설정된 거류지 외곽으로 군산시가지가 확장되어 갔다. 거류지와 군산역 사이의 지역이 시가지로 개발되고 있었으며 거류지 남쪽으로 현재의 명산동 지역까지 시가지가 점차로 확장되는 과정 중에 있었다.

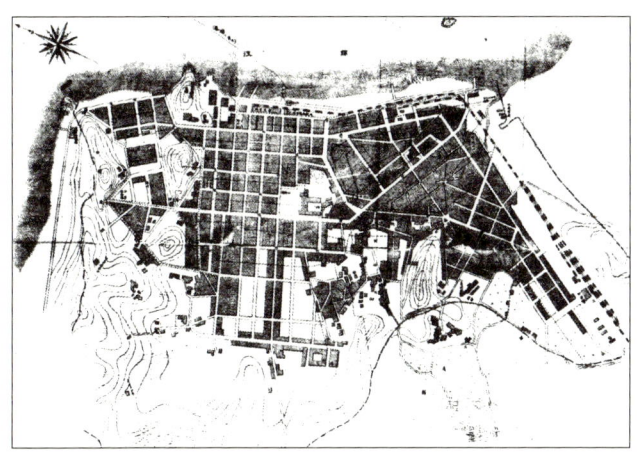

〈그림 1〉 군산시가도(1923년)

3차 축항공사가 시작된 1926년부터 1945년까지 군산시가지는 더욱 확장되어 현재의 신창동, 월명동 지역을 포함하여 군산역과 구 거류지 사이의 지역이 모두 시가지로 개발되었다. 1926년 10월 16일에는 해망굴이 개통되어 군산의 시가지 중심부와 서쪽의 현재 해망동 지역이 직접 연결되었고 이러한 도시의 확장에 따라 군산부청이 현재의 중앙로 1가로 이전하고 전주지법군산지청이 현재의 신창동으로 이전하여 도시 중심 영역이 이동하였다. 이 기간 동안 군산항은 부산항 다음 가는 미곡 수출항으로 성장하여 군산항에서 일본으로 수출된 미곡의 양은 전국 미곡 수출량의 25%에 달하였다.

〈그림 2〉 군산시가도(1934년)

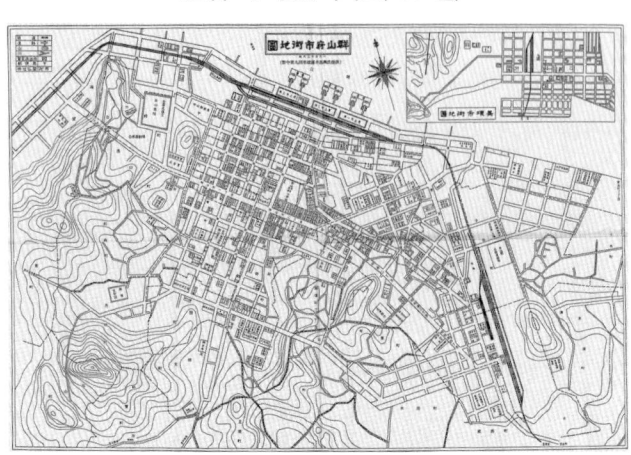

　기반시설의 건설과 도시 공간의 지속적인 확장 과정에서 수많은 근대건축물이 세워졌다. 개항 초기에는 감리서와 경무서, 재판소, 세관, 우체사 등의 행정기관이 대한제국 정부에 의해 설치되었고, 목포일본영사관 군산분관과 우편국, 일본민회 사무소 정도의 건물이 조계지 북쪽 지역을 중심으로 초기의 행정적인 목적을 위해 세워졌다.
　1906년 이후에는 거류지를 중심으로 주요 건축물이 세워졌다. 군산이사청을 비롯한 주요 관공서는 항구 북쪽의 북정구를 중심으로 분포하였고, 재판소와 감옥, 군산역은 거류지 외곽에 건립되었다. 대다수의 민간 업무 및 상업건축물은 현재의 해망로에 해당하는 본정통(本町通)과 중앙로에 해당하는 명치정(明治町) 대로를 따라 분포하고 있었다. 상공회의소와 신사 등은 거류지 중심가로의 서쪽 편에 위치하고 있었고, 격자형 중심가로 안쪽으로 일본인 주거지역이 형성되어 있었다. 조선은행 군산지점을 비롯한 금융시설이 주로 신축된 현재의 중앙로와 죽성동, 영동에는 상업지역이 형성되었고, 그 우측으로 현재 장미동의 동쪽 지역에는 정미소들이 들어서고 있었다.

군산부청이 이전된 1920년대 후반 이후 구 거류지 중심영역에는 상업시설과 주거시설이 혼재되어 있었으며 그 남서쪽에는 농장이나 정미소 등을 경영하는 일본인의 중규모 이상의 주택이 지어졌다. 중앙로에 형성되었던 민간 업무 및 상업지역이 이 시기 동안 급격히 확장되었다. 이전 시기에 금융시설이 신축되었던 이 지역에서는 주로 순수하게 상업적인 용도로 지어진 점포와 업무시설이 지어졌다. 또한 군산역 사이의 철로 양옆으로는 중소규모의 공장들이 들어서 별도의 영역을 형성하고 있었다.

개항으로부터 20세기 전반기까지 군산 도시 공간의 지속적인 확장과 변화 과정에서 수많은 근대건축물이 지어졌다. 그러나 이미 많은 건축물이 최소한의 기록도 없이 멸실되었고, 일부는 심하게 훼손되거나 변형되어 그 원형을 확인하기 어려운 실정에 있다. 물론 군산에는 당시의 근대건축유산 일부가 현존하고 있다. 문화재로 보호되고 있는 건축유산도 있으나 여전히 많은 근대건축유산이 지속적인 도시화 과정에서 멸실될 위기에 놓여 있다.

군산의 근대건축유산에 대한 최소한의 기록 보존을 위한 노력이 문화재청과 군산시 등에서 진행되어 왔다.[6] 또한 근대건축유산을 포함한 지역 문화유산의 활용을 위한 다양한 논의가 지속되어 왔다. 근래에 와서 형성되기 시작한 근대문화유산에 대한 의식 변화와 관심을 기반으로 2008년 군산시는 '지역근대산업유산을 활용한 문화예술창작벨트 조성'사업에 선정되었다, 이 사업과 개항 110주

---

6) 군산 근대건축유산에 대한 목록화 및 기록화와 관련된 기존 출판물로는 전라북도,『근대문화유산 목록화 및 조사보고서』, 문화재청, 2004 ; 이경찬,『군산 도심권 근대역사문화경관정비 기본계획 수립』, 군산시, 2005 ; 홍승재,『군산 동국사 대웅전 기록화 조사 보고서』, 문화재청, 2005 ; 군산시,『근대 문화의 도시 군산』, 군산시, 2007 ; 송석기,『구 나가사키18은행 군산지점 기록화 조사 보고서』, 문화재청, 2008 등이 있다.

년을 계기로 군산지역에서는 근대건축유산을 보존하고 활용하기 위한 다양한 사업이 시작되고 있다.

이 글은 근대건축유산의 보존 및 활용에 대한 국내외 사례와 군산의 근대건축유산 현황에 대한 이해를 통해 군산 근대건축유산의 보존 및 활용을 위해 고려해야할 사항들을 검토해보는 것을 목적으로 하였다. 연구의 목적을 달성하기 위하여 2장에서는 군산 근대건축유산의 현황과 성격을 서술하였다. 2장에서의 성격 구분을 중심으로 3장에서는 점 단위 건축물의 보존 및 활용 사례와 고려 사항을 검토하였고, 4장에서는 선·면 단위 건축물의 보존 및 활용 사례와 고려 사항을 검토하였다. 5장에서는 결론으로 군산 근대건축유산의 보존과 활용을 위한 고려 사항을 종합하여 서술하였다.

II. 군산 근대건축유산의 현황과 성격

군산에 현존하는 근대건축유산은 군산시의 행정구역상 장미동, 영화동, 금동, 해망동, 신흥동, 신창동, 월명동, 금광동, 금암동, 죽성동, 영동, 신영동, 중앙로 1가동, 중앙로 2가동, 명산동, 개복동 등 일제시기동안 시가지가 주로 형성된 지역을 중심으로 산재되어 있다. 용도에 따라서는 현재 사용되지 않고 방치되어 있는 건축물을 비롯하여 주거와 상업 용도로 가장 많이 사용되고 있고 일부 건축물이 관공서와 전시관 등의 용도로 사용되고 있다. 소유주는 국가와 지자체를 비롯하여 민간단체와 개인에 이르기까지 다양하다. 현존하는 근대건축유산 중에서 문화재로서 국가나 지자체에 의해 보호되고 있는 근대건축유산은 〈표 2〉와 같다. 총 11건으로 국가지정문화재 2건과 등록문화재 9건으로 구성되어 있다.

〈표 2〉 문화재로 지정·등록된 근대건축유산 현황

문화재 구분	관리번호	건축물명
시도유형문화재	제200호	이영춘 가옥
시도기념물	제87호	구 군산세관본관
등록문화재	제64호	군산 동국사 대웅전
등록문화재	제182호	군산 구 시마타니 농장 귀중품 창고
등록문화재	제183호	군산 신흥동 구 히로쓰 가옥
등록문화재	제184호	군산 해망굴
등록문화재	제207호	군산 구 제1수원지 제방
등록문화재	제208호	군산 임피역사
등록문화재	제372호	구 나가사키18은행 군산지점
등록문화재	제374호	구 조선은행 군산지점
등록문화재	제378호	군산 어청도 등대

〈그림 3〉 문화재로 지정·등록된 군산의 근대건축유산

이영춘 가옥

군산세관본관

동국사 대웅전

시마타니 농장 귀중품 창고

문화재로 지정 또는 등록되지 않았으나 문화재와 동등한 정도의 상대적으로 높은 건축적 가치를 갖고 있는 건축물 역시 산재해 있다. 〈표 3〉은 비지정 근대건축유산의 현황을 정리한 것이다.

〈표 3〉 비지정 근대건축유산 현황[7]

건축물명	건축시기	위치
송원액자	1940년 경	장미동
대야합동주조장	1937년	대야면
군일유리	일제강점기	중앙로 1가
군산시청 3청사	일제강점기	영화동
구 군산부윤관사	일제강점기	월명동
김○○ 가옥	1930년	월명동
강○○ 가옥	1930년	월명동
엄○○ 가옥	일제강점기	월명동
고○○ 가옥	일제강점기	월명동
김○○ 가옥	1935년	신흥동
윤○○ 가옥	1930년	영화동
여○○ 가옥	일제강점기	영화동
정○○ 가옥	1935년	장미동
이○○ 가옥	일제강점기	옥산면
노○○ 가옥	일제강점기	평화동
김○○ 가옥	일제강점기	대야면

---

[7] 군산 근대건축유산에 대한 기존 출판물의 내용을 정리하여 표로 작성하였다.

〈그림 4〉 군산의 비지정 근대건축유산

송원액자

대야합동주조장

군일유리

군산시청 3청사

〈표 3〉과 같이 군산에는 비지정 근대건축유산이 약 10여 동 이상 현존하고 있다. 소수의 건축물이 공공건축물과 상업건축물이고 나머지 대다수의 건축물은 중규모 정도의 주택 건축이다. 공공건축물을 제외한 모든 근대건축유산이 개인 소유의 건축물로서 문화재 지정이나 등록에 현실적인 어려움을 갖고 있다. 일부 건축물은 그 부분적인 변형이 많아 문화재로 지정, 등록되기에는 건축적 가치가 낮은 경우도 있다. 이들 주택들은 교외에 별동으로 위치하고 있기도 하고 도심에 다른 근대건축유산과 군집을 형성하고 있는 경우도 있다.

군산 구도심에는 상대적으로 건축적 가치를 높게 평가할 수 있는 비지정 근대건축유산 이외에도 주거 및 상업 용도로 사용되는 다수의 근대건축유산이 현존하고 있다. 이러한 건축물은 대부분 개별 건축물로서의 건축적 가치는 높지 않으나 가로 경관이나 도시

공간 조직의 측면에서 가치를 갖고 있는 건축물이다. 최근에는 이러한 건축물군을 개별 건축물과 구별하여 선 단위 또는 면 단위의 문화재로 보호해야 한다는 논의가 활발해지고 있다. 서구의 경우 20세기 후반부터 문화유산의 개념과 보존 대상의 확대와 관련된 다양한 원칙이 강조되어 왔다.

베니스 헌장(The Venice Charter, 1964)에서는 역사적 기념물(historic monument)을 역사적이며 예술적 가치가 높은 고급 문화재나 개별적인 건축물만이 아닌 해당 문명의 특징을 보여주는 도시나 지역 환경을 포함하는 것으로 정의하였고, 건축유산에 관한 유럽헌장(European Charter of the Architectural Heritage, 1975)과 암스테르담선언(The Declaration of Amsterdam, 1975)에서는 건축유산이 기념비적 건축물뿐만 아니라 도시 지역이나 마을, 민간의 건축물군을 포함하는 것으로 정의하였다. 워싱턴 헌장(Washington Charter, 1987)에서는 보존 범위를 마을과 도시지역까지 확대하였다.[8]

우리나라에서도 역사문화유산의 보존대상과 범위가 점차 확대되어왔던 세계적 추세에 맞추어 문화유산의 개념과 범위가 확대되어 왔다. 1970년대부터 서울, 전주, 경주 등의 도시지역 내 한옥밀집지역이 고도지구나 보존지구 또는 미관지구로 지정되었고, 하회, 낙안, 성읍, 외암리, 왕곡마을 등이 민속자료 보호구역 또는 전통건조물보존지구 등으로 지정되었다. 2004년의 고도보존에 관한 특별법 제정도 문화유산 보존의 범위를 지구차원, 도시차원으로 확대시키는 계기를 마련한 것으로 볼 수 있다.

또한, 국토의 계획 및 이용에 관한 법률의 체계하에서 운영되고

---

8) The Venice Charter, www.icomos.org/venice_charter.html ; European Charter of the Architectural Heritage, www.icomos.org/docs/euroch_e.html ; The Declaration of Amsterdam, www.icomos.org/docs/amsterdam.html ; Washington Charter, www.international.icomos.org/charters/towns_e.htm.

있는 다양한 용도지구나 지방자치단체 조례상의 용도지구가 있으며, 도시계획의 한 유형이라 할 수 있는 지구단위계획제도를 활용하는 것도 가능하다. 군산에서도 지난 2007년 '군산시 원도심 활성화 지원 조례'를 제정한 바 있다. 그러나 이러한 제도적 수단들은 상위법령이 마련되지 않은 근본적인 한계가 뒤따르고 있고, 자체 재원에 근거한 보조 및 융자 등의 재정지원에도 어려움이 드러나고 있어 문화재보호법의 개정 등을 통해 새로운 제도적 근거 마련을 위한 연구9)가 진행되어 왔다.

군산 구도심의 금동, 월명동, 영화동, 신창동, 신흥동, 장미동, 중앙로 등에는 개별 건축물보다는 선 또는 면 단위로 파악될 수 있는 근대건축유산이 현존하고 있다. 대부분 소규모 주거와 상업 건축물로 사용되고 있는 이 근대건축유산은 그 용도의 특성상 변형이 매우 심한 경우가 많아 개별 건축물로서의 건축적 가치는 높지 않고 선이나 면 단위의 군집으로서의 가치를 가질 수 있다. 그리고 앞에서 언급한 비지정 근대건축유산의 일부가 이곳에 포함되어 있다. 도코모모코리아의 연구에서는 문화재와 비지정 근대건축유산이 포함된 일부 원도심 지역이 면 단위의 문화재로 검토될 수 있음을 밝힌 바 있다.

군산의 근대건축유산은 그 성격에 따라 개별 건축물의 건축적 또는 역사적 가치가 높은 근대건축유산과 개별 건축물의 가치는 높지 않으나 다수의 건축물에 의해 형성된 가로 경관이나 도시 공간 조직의 측면에서 가치를 갖는 근대건축유산으로 구별될 수 있다. 이러한 성격의 구분은 현재 우리나라 문화재 관리 제도와도 깊은 관련을 맺고 있을 뿐만 아니라 해당 근대건축유산의 보존 및 활용 방

---

9) 도코모모코리아,『근대 건축문화유산 보존 활성화를 위한 등록문화재 제도개선 연구』, 문화재청, 2007.

〈그림 5〉 군산 원도심의 선, 면단위 근대건축유산

〈그림 6〉 군산 원도심 문화재 분포 현황 및 후보지 경계10)

향과도 밀접하게 관련되어 있다. 이 글에서는 군산 근대건축유산을 점 단위와 선·면단위로 구분하여 각각의 보존 및 활용 방향을 검토하였다.

---

10) 위의 책, 200쪽.

III. 점 단위 근대건축유산의 보존 및 활용

역사적, 건축적 가치가 높은 개별 건축물이 보존되고 활용되는 사례는 국·내외에서 쉽게 찾아볼 수 있다. 문화재로 지정 또는 등록된 근대건축유산이 전통건축유산에 비하여 상대적으로 지속적으로 활용되는 사례가 많기 때문이다. 국내 사례 중 2009년 5월에 문을 연 동아대학교 박물관은 가장 최근의 사례이다. 이 건축물은 1925년 경상남도 도청 건물로 지어져 일제강점기 동안 경남도청으로 사용되다가 한국전쟁 중 부산 임시수도의 정부청사로 사용되었다. 한국전쟁 이후 다시 경남도청으로 사용되다가 부산지방법원 및 부산지방검찰청 본관으로 사용되었다. 2002년 9월 부산 임시수도 정부청사로 사용되었던 역사성을 인정받아 등록문화재 제41호로 등록되었다. 현재는 동아대학교 소유의 건축물로 복원과 내부 리노베이션을 거쳐 동아대학교 박물관으로 사용되고 있다.

현재 이 건물에는 동아대학교 박물관에서 소장하고 있던 다양한 문화재가 전시되어 있는데 이 사례에서 확인할 수 있는 중요한 특징 중 하나는 원래의 건축물 자체가 갖고 있었던 건축적 특징이 보존되어 전시물의 일부로서 기능하고 있다는 점이다. 물론 박물관으로 사용하기 위하여 건축물 내부의 구조와 공간 구성 등은 새롭게 계획되었고, 새로운 기술과 공법으로 처리되었다. 그러나 1925년 최초 신축된 이후 현재까지의 증축 과정을 비롯한 건축물 자체의 역사를 전시하고 있으며, 건축물의 주된 특징을 형성하였던 붉은 벽돌 벽체의 원형이 건축물의 일부분으로서 명확히 드러나도록 하고 있다.

〈그림 7〉 동아대학교 박물관

동아대학교 박물관 외관

동아대학교 박물관 내부

붉은 벽돌 벽체 원형

지붕구조체

동아대학교 박물관은 건축물의 복원 및 수리 과정에서 축조된 새로운 벽체와 원형 벽체를 대조시켜 원래의 건축물이 갖고 있었던 건축적 특징을 드러내고 있다. 또한 목조 트러스 구조의 일부를 노출시켜 지붕 구조체의 모습이 전시물의 일부가 되도록 계획하였다. 눈에 보이는 외형적인 측면에서뿐만 아니라 복원 과정에서 사용된 벽돌, 창호 등의 재료 역시 최초의 형식에 가깝게 복원되어 당시의 건축기술을 복원하여 보존하고 있다. 건축물 내부에 전시되고 있는 문화재뿐만 아니라 건축물 자체가 문화재라는 점을 고려할 때 건축물 자체의 건축적 특성을 명확히 드러내고 전시될 수 있도록 계획하였다는 점에서 높은 평가를 받을 수 있는 사례이다.

국외의 사례로서 〈그림 8〉은 일본 교토에 있는 구 교토중앙전화국 건물[11]이다. 이 건물은 1920년대 중반에 건설된 전화국 건물로서 1990년 폐쇄될 때까지 원래의 용도로 사용되었다. 건축물이 갖고 있는 역사성을 인정받아 교토의 등록문화재 제1호로 등록되었다. 전화국 폐쇄 이후에는 리노베이션을 거쳐 현재 신풍관(新風館)이라는 이름의 상업시설로 활용되고 있다. 이 사례에서 확인할 수 있는 중요한 특징 중 하나는 기존 건물의 중정을 과감하게 활용하여 상업건축물로서의 기능을 충족시키고 있다는 점이다.

〈그림 8〉 구 교토중앙전화국

구 교토중앙전화국 외관

구 교토중앙전화국 중정

중정 복도 및 상가 출입문

중정의 야경

우리나라의 경우 문화재로 지정 또는 등록된 근대건축유산이 상업시설로 활용되는 사례가 극히 적은 반면, 일본을 비롯한 국외의 경우 상업시설로서의 활용 사례가 많은 비중을 차지하고 있다. 상업시설로서의 활용은 해당 문화재의 소유자가 가질 수 있는 사유재산권에 대한 침해를 최소화하고 소유자의 근대건축유산에 대한 자

---

11) 한국건축역사학회, 근대문화유산 보존 및 활용 사례, 문화재청, 2006, 120~121쪽 참조.

발적인 보존 및 활용 의지를 이끌어낼 수 있다는 점에서 중요한 의미를 갖는다.

구 교토중앙전화국은 기존 ㅁ자형 건물의 일부를 철거하여 가로에 면한 L자형 건물과 붉은 벽돌의 외관을 보존하면서 안쪽의 중정을 증축하여 상업공간을 형성하였다. 중정에 새롭게 계단과 복도를 만들어 각 층으로의 진입이 가능하도록 하였고, 기존의 건축물에서 창문으로 사용되던 중정 쪽의 개구부를 단위 상가의 출입문으로 사용할 수 있도록 변형시켰다. 중정 쪽에 설치된 새로운 복도를 이용하여 각각의 상가로 접근할 수 있으며 중정 쪽에 설치된 출입문을 통하여 각 상가로 진입할 수 있도록 처리하였다. 이를 통하여 역사적인 외관과는 전혀 다른 현대적인 감각의 상업 공간을 구현할 수 있었다는 점에서 높은 평가를 받을 수 있는 사례이다.

동아대학교 박물관과 구 교통중앙전화국의 사례가 리노베이션을 통해 건립 당시의 용도와는 다른 용도로 근대건축유산을 활용하는 사례라면 미국 플로리다 마이애미 아르데코 역사지구(Art Deco Historic District)의 사례는 건립 당시의 용도와 동일한 용도로 현재까지 다수의 건축물을 활용하고 있는 사례이다. 이곳에는 1930년대와 1940년대에 아르데코 풍으로 지어진 약 800여 동의 건축물이 현존하고 있다. 유사한 건축양식으로 지어진 3~4층 정도 규모의 크지 않은 건축물이 밀집되어 있으며 원래의 양식에 따라 수리와 복원을 거쳐 대부분 호텔과 식당 등으로 활용되고 있다.

아르데코 역사지구의 건축물에 대한 보존 활동은 MDPL(Miami Design Preservation League)[12]이라는 비영리 단체에 의해 주도되고 있다. 1976년에 설립된 이 단체는 개별 건축물과 지역 전체의 역사적이며 건축적인 통합성을 지키고 보존하기 위해 활동하고 있으며

---

12) www.mdpl.org 참조.

〈그림 9〉 미국 플로리다 마이애미 아르데코 역사지구

Peter Miller Hotel, 1936

Greystone Hotel, 1939

Marlin Hotel, 1939

Abbey Hotel, 1940

지역 내의 역사적 보존 활동에 대한 지원, 주정부와 시의 역사적 보존 정책에 대한 제안, 주변 지역의 역사적, 건축적 유산에 대한 보존 지원, 지역 내 거주자 및 소유자 등에 대한 지원을 목적으로 하고 있다. 이러한 목적하에 지난 30년 이상의 기간 동안 지역 내의 건축물 보존을 위한 각종 행사와 출판, 교육 활동, 관련 법령의 제정 등은 물론 소유주에 의한 건축유산의 멸실을 저지하기 위한 적극적인 활동을 계속해 왔다.

군산의 근대건축유산 중에서 점 단위 근대건축유산으로서 보존 및 활용 방향이 검토되어야 할 대상은 주로 문화재로 지정 또는 등록된 근대건축유산과 일부 비지정 근대건축유산이다. 이 글에서는 대표적인 근대건축유산을 대상으로 그 보존 및 활용 방향을 검토하였다.

〈그림 10〉 구 조선은행 군산지점

건립 당시 전경

정면 현황

정면 및 우측면 현황

우측면 및 배면 현황

　구 조선은행 군산지점은 군산의 근대건축유산을 대표하는 상징적인 건축물이다. 군산에 현존하는 근대건축유산 중 건립 당시 건축물의 질적 수준이 가장 우수한 건축물이며 그 규모도 가장 크다. 또한 동시대 서구에서 유행하였던 건축양식의 특징을 매우 가깝게 구현하고 있다는 점에서도 우수한 건축물로 평가할 수 있다. 그러한 양식적 특징에서 이 건축물을 인질로 잡혀온 독일인이 설계하였다는 등의 증언이 있으나, 이 건축물은 일제강점기 한국에서 활동했던 대표적인 일본인 건축가 나까무라 요시헤이(中村與資平)가 설계[13]한 것이다. 물론 그의 설계사무소에 오스트리아인 건축가 안톤 펠러(Anton Fehler)가 근무하였던 것으로 알려져 있어 안톤 펠러의 영향을 추측해 볼 수는 있다.

---

13) 朝鮮建築會, 『朝鮮と建築』, 1923년 8월, 화보 참조.

보존 및 활용 논의 이전에 근대건축유산 자체에 대한 기록화와 원형 추적이 선행되어야 한다. 비록 흉물스러운 형태였지만 이러한 건축물이 현존하고 있다는 사실 그 자체에서부터 모든 논의가 출발되어야 한다. 건축유산을 구성하는 각 부재의 형태 및 구조, 재료, 구법 등의 현재 상태가 있는 그대로 기록되어야 하며 그 원형이 다양한 측면에서 추적되어야 한다. 다음 단계로서는 보존 대상과 복원 대상이 명확하게 정의되어야 한다. 현재 남아있는 구조물의 안전에 대한 진단 결과에 따라 변화가 있을 수 있으나 현재 남아있는 외벽과 지붕 구조는 부분적인 보강을 통해 보존되어야 한다. 그리고 향후 이 건축물이 어떠한 용도로 활용되는지와 관계없이 원형이 보존된 부분은 그 자체로서 전시되고 공개될 수 있어야 한다.

해방 이후 상업시설로서 사용되면서 증축되었던 부분은 해체하고 원형 추적의 결과에 따라 구조체와 장식 등이 복원되어야 한다. 구체적인 재료와 구법, 상세 등도 과거의 원형에 충실하게 복원되어야 한다. 부분적인 해체와 복원 공사의 과정 역시 상세하게 기록되어야 한다. 특히 해체 과정에서 눈에 보이지 않는 과거의 건축기술이 최소한의 기록도 없이 멸실되었을 가능성이 매우 높다. 따라서 각각의 부재와 재료의 가공 방법, 접합 등의 구법이 해체 과정에서 기록되어 복원 과정에서 적용될 수 있도록 하여야 하며, 이러한 기록 역시 전시되고 공개될 수 있어야 한다. 안전 진단 결과에 따라 판단하여야 하겠지만 내부 공간은 새로운 용도에 적합하도록 구성될 필요가 있으며 새로 형성된 구조체를 통해 건축물 전체의 구조적 안정성이 확보되어야 한다.

구 나가사키18은행 군산지점 역시 군산의 근대건축유산을 대표할 만한 건축물이다. 나가사키18은행이 군산에 최초로 지점을 개설한 것은 1907년이었으나 현존하는 구 나가사키18은행 군산지점 건물이 언제 건립되었는지는 명확하지 않다. 1907년 군산지점 설립

〈그림 11〉 구 나가사키18은행 군산지점

전경 현황

우측면 현황

좌측면 현황

배면 및 좌측면 현황

당시 지어졌을 수도 있으나 현존 건물이 최초의 나가사키18은행 군산지점 건물 사진과 많은 차이가 있는 것으로 보아 별도로 신축된 건축물인 것으로 판단된다. 현존 건축물에 대한 최초의 기록은 1914년의 등기 기록14)으로서 이 기록을 근거로 한다면 현재의 구 나가사키18은행 군산지점은 최소한 1914년 이전에 건립된 건물이다. 1936년 한국 내의 모든 나가사키18은행 지점이 폐지15)되면서 군산지점도 폐지된다. 이후 이 건물은 조선식산은행, 조선미곡창고주식회사에 차례로 매각된다. 최근까지 이 건물은 대한통운주식회사의 소유로 상업시설로 임대되어 사용되었다.

구 나가사키18은행 군산지점의 경우 본관의 좌측 벽체와 지붕틀 구조, 부속창고, 부속건물 2층 부분의 보존 상태는 매우 양호하다. 수

---

14) 전주지방법원 군산지원, 『폐쇄등기부 등본』, 1914년 10월 13일 등기.
15) 『朝鮮總督府官報』, 1936년 3월 7일.

리가 필요한 부분은 본관의 배면과 부속창고의 외벽, 부속건물의 1층 외벽 일부 및 2층 천정이다. 수리를 위해서는 부분적인 해체가 불가피할 것으로 판단되며, 이 경우 부분적인 해체와 복원 과정을 상세하게 기록하여 복원 과정에서 적용될 수 있도록 하여야 한다. 변형이 가장 심한 곳은 본관의 정면 부분이며 우측 창호에서도 변형이 확인된다. 부속건물은 1층 부분에서의 변형이 많다. 그러나 구 나가사키18은행 군산지점의 경우 변형된 곳의 원형을 충분히 추정할 수 있어 원형 복원 가능성이 높다. 최초 건립 당시의 형태 및 건축기술, 구법 등에 따라 복원이 진행되도록 하여야 한다.

본관 정면과 우측면의 창호는 좌측면과 동일한 형태로 복원하는 것이 바람직하며 부속건물의 경우 1층 부분은 외벽을 원형인 비늘판벽으로 바꾸어 복원하여야 한다. 본관 정면 현관의 경우 현재까지 그 원형을 확인할 만한 자료가 없다. 따라서 원형이 확인되기 이전까지는 현재 상태를 유지하거나 새로운 용도에 적합한 형태로 복원할 수 있을 것이다. 향후 새로운 용도로 활용될 경우 현재 3동으로 구성된 전체적인 연계성을 보존하면서 구체적인 활용 방안이 작성되어야 할 것으로 판단된다. 구 조선은행 군산지점에 비해 원형을 잘 남아있으므로 건물의 구성 및 개별 건축물의 현재 상태를 그대로 보존하는 것이 바람직하다.

구 조선은행 군산지점과 구 나가사키18은행 군산지점 이외에도 구 군산세관 본관 등 많은 점 단위 근대건축유산의 경우에도 보존 및 활용에 있어서 가장 우선시 되어야할 것은 기록의 보존과 원형의 추적이다. 수리를 위한 해체 및 복원 과정에서도 세부적인 기록의 작성이 필요하며 복원이 가능한 부분은 원형에 충실하게 그 형태를 복원하되 당시의 건축기술을 적용하여 외형적인 복원에 그치지 않도록 하여야 한다. 또한 건축물 자체의 역사와 건축물에 남아있는 형태적, 공간적, 구조적, 기술적 원형이 전시되고 공개될 수 있도록 하여야 한다. 또한 공공기관에서 소유하고 있는 근대문화유산과 달리 민간에서 소유하고 있는 근대문화유산의 경우에는 소유주의 자발성을 유도할 수 있는 범위 내에서 상업시설로의 활용을 우선적으로 고려하여야 한다.

IV. 선·면단위 근대건축유산의 보존 및 활용

우리나라에서 건축유산이 선 단위 또는 면 단위로 보존 및 활용되고 있는 사례는 서울의 북촌이나 전주의 한옥마을 등이 있다. 그러나 근대건축유산이 계획적으로 선 또는 면 단위로 보존 및 활용되고 있는 사례는 거의 없다. 반면 국외의 경우 선 또는 면 단위 근대건축유산 보존 및 활용 사례가 적지 않다.

국외의 대표적인 사례 중 하나는 미국 플로리다 템파의 이보시티(Ybor City)이다. 이보시티는 1880년대 시가 제조업자에 의하여 도시가 형성되기 시작하였고, 스페인과 쿠바, 이탈리아 등의 이민자에 의해 도시 인구가 구성되었다. 1930년대까지 수많은 시가 제조공장에 의해 도시는 급격히 성장하였다. 그러나 제2차 세계대전 이후 값싼 기계식 시가 제조 방식에 밀려 이보시티는 점차 쇠퇴의 길로 들어섰다. 1970년대까지 인구 감소와 도심 황폐화가 계속되었다. 1970년대에 일부 건축물이 역사적 기념물로 지정되었고, 1974년 이보시티 전체 지역이 역사지구로 지정되었다. 1980년대에 들어 값싼 작업실을 원하는 예술가들에 의해 점진적으로 도시가 회복되기 시작하였고, 1990년대에는 7번가(7th Avenue)의 버려진 벽돌 건물을 중심으로 식당과 바, 나이트클럽 등이 유입되면서 점차 상업적으로 활기를 띠기 시작하였다.[16]

리가 필요한 부분은 본관의 배면과 부속창고의 외벽, 부속건물의 1층 외벽 일부 및 2층 천정이다. 수리를 위해서는 부분적인 해체가 불가피할 것으로 판단되며, 이 경우 부분적인 해체와 복원 과정을 상세하게 기록하여 복원 과정에서 적용될 수 있도록 하여야 한다. 변형이 가장 심한 곳은 본관의 정면 부분이며 우측 창호에서도 변형이 확인된다. 부속건물은 1층 부분에서의 변형이 많다. 그러나 구 나가사키18은행 군산지점의 경우 변형된 곳의 원형을 충분히 추정할 수 있어 원형 복원 가능성이 높다. 최초 건립 당시의 형태 및 건축기술, 구법 등에 따라 복원이 진행되도록 하여야 한다.

본관 정면과 우측면의 창호는 좌측면과 동일한 형태로 복원하는 것이 바람직하며 부속건물의 경우 1층 부분은 외벽을 원형인 비늘판벽으로 바꾸어 복원하여야 한다. 본관 정면 현관의 경우 현재까지 그 원형을 확인할 만한 자료가 없다. 따라서 원형이 확인되기 이전까지는 현재 상태를 유지하거나 새로운 용도에 적합한 형태로 복원할 수 있을 것이다. 향후 새로운 용도로 활용될 경우 현재 3동으로 구성된 전체적인 연계성을 보존하면서 구체적인 활용 방안이 작성되어야 할 것으로 판단된다. 구 조선은행 군산지점에 비해 원형을 잘 남아있으므로 건물의 구성 및 개별 건축물의 현재 상태를 그대로 보존하는 것이 바람직하다.

구 조선은행 군산지점과 구 나가사키18은행 군산지점 이외에도 구 군산세관 본관 등 많은 점 단위 근대건축유산의 경우에도 보존 및 활용에 있어서 가장 우선시 되어야할 것은 기록의 보존과 원형의 추적이다. 수리를 위한 해체 및 복원 과정에서도 세부적인 기록의 작성이 필요하며 복원이 가능한 부분은 원형에 충실하게 그 형태를 복원하되 당시의 건축기술을 적용하여 외형적인 복원에 그치지 않도록 하여야 한다. 또한 건축물 자체의 역사와 건축물에 남아있는 형태적, 공간적, 구조적, 기술적 원형이 전시되고 공개될 수 있도록 하여야 한다. 또한 공공기관에서 소유하고 있는 근대문화유산과 달리 민간에서 소유하고 있는 근대문화유산의 경우에는 소유주의 자발성을 유도할 수 있는 범위 내에서 상업시설로의 활용을 우선적으로 고려하여야 한다.

IV. 선·면단위 근대건축유산의 보존 및 활용

우리나라에서 건축유산이 선 단위 또는 면 단위로 보존 및 활용되고 있는 사례는 서울의 북촌이나 전주의 한옥마을 등이 있다. 그러나 근대건축유산이 계획적으로 선 또는 면 단위로 보존 및 활용되고 있는 사례는 거의 없다. 반면 국외의 경우 선 또는 면 단위 근대건축유산 보존 및 활용 사례가 적지 않다.

국외의 대표적인 사례 중 하나는 미국 플로리다 템파의 이보시티(Ybor City)이다. 이보시티는 1880년대 시가 제조업자에 의하여 도시가 형성되기 시작하였고, 스페인과 쿠바, 이탈리아 등의 이민자에 의해 도시 인구가 구성되었다. 1930년대까지 수많은 시가 제조 공장에 의해 도시는 급격히 성장하였다. 그러나 제2차 세계대전 이후 값싼 기계식 시가 제조 방식에 밀려 이보시티는 점차 쇠퇴의 길로 들어섰다. 1970년대까지 인구 감소와 도심 황폐화가 계속되었다. 1970년대에 일부 건축물이 역사적 기념물로 지정되었고, 1974년 이보시티 전체 지역이 역사지구로 지정되었다. 1980년대에 들어 값싼 작업실을 원하는 예술가들에 의해 점진적으로 도시가 회복되기 시작하였고, 1990년대에는 7번가(7th Avenue)의 버려진 벽돌 건물을 중심으로 식당과 바, 나이트클럽 등이 유입되면서 점차 상업적으로 활기를 띠기 시작하였다.[16]

〈그림 12〉 20세기 초반의 이보시티

가로 경관

시가 공장

〈그림 13〉 이보시티 역사지구 경계

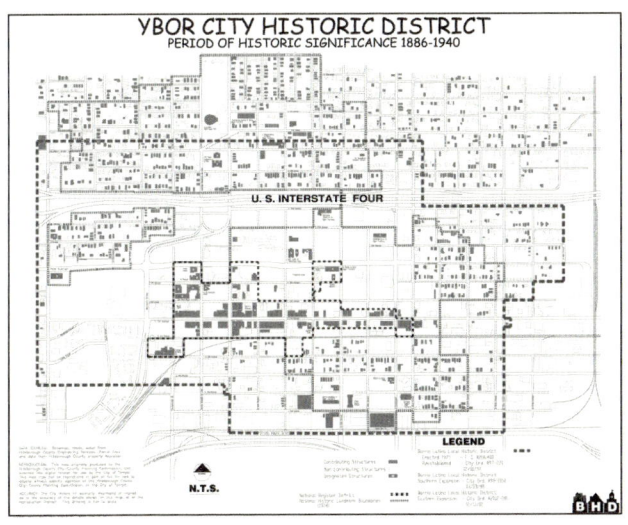

 2000년대에 들어 템파시와 이보시티 상공회의소를 중심으로 재활성화를 위한 지원이 확대되었다. 센트로 이보(Centro Ybor)라는 이름의 중심 상업 건축물을 새롭게 건축하여 가족 단위 쇼핑 및 극장으로 활용될 수 있도록 하여 전체적인 상업 가로의 구심점을 부여

---

16) www.ybor.org 참조.

하였다. 그리고 오래된 나대지를 중심으로 아파트와 콘도미니엄, 호텔 등이 새로 들어서면서 인구가 유입되고 있다. 7번가와 그 주변 지역은 중심 상업 가로로 자리 잡았다. 2008년 이보시티의 중심 상업 가로인 7번가는 미국 도시계획 협회(American Planning Association)에 의해 미국 10대 가로(10 Great Streets in America) 중 하나로 선정되었다.

　이보시티의 가로 경관을 구성하고 있는 건축물은 대부분 1~3층 정도의 벽돌조 건축물이다. 일부 건축물을 제외하고는 건축물의 질적 수준은 높지 않다. 그러나 동질성을 갖는 건축물이 군집을 형성하여 연속된 가로 경관을 형성하고 있다. 각각의 건축물에 사용된 세부적인 장식이나 색채 등은 유사하여 통일성을 나타내고 있다. 이것은 개별적인 건축물의 수리와 복원 과정에서 과거의 건축적 형식에 대한 세부적인 조사를 바탕으로 전체적인 디자인이 계획되었기 때문이다. 또한 역사적 기념물로 지정된 몇 동의 건축물이 전체적인 경관에 랜드마크를 형성하고 있다. 이보시티의 사례에서 확인할 수 있는 중요한 점 중의 하나는 상업적 성공이다. 7번가를 중심으로 다양한 종류의 상업시설이 활성화되어 있어 역사적인 경관을 보존하면서 과거의 건축물을 재활용하는 것이 가능하다는 것을 보여주고 있다.

〈그림 14〉 현재의 이보시티

　　중심 상업 건물 센트로 이보　　　　　관광용 시내 전차

7번가 전경

7번가 전경

쿠바인 클럽

이탈리아인 클럽

　선 단위 또는 면 단위 근대건축유산의 보존 및 활용에 있어서 주목할 필요가 있는 또 다른 사례는 미국 내셔널트러스트의 메인스트리트 프로젝트(Main Street Project)17)이다. 메인스트리트 프로젝트는 도심의 경제적 쇠락과 함께 역사적인 상업 건축물이 멸실의 위험에 직면하게 되면서 1977년 미국 내셔널 트러스트에서 시작되었다. 최초 3년간의 시범 사업을 통해 도심의 쇠락 원인과 그 영향 요인을 밝혀내고, 역사적인 상업 건축물을 보존할 수 있는 포괄적인 재생 전략을 수립하고자 하였다. 최초에 인구 5,000~38,000명 범위의 3개 지역을 대상으로 시범 사업을 실시하였다. 내셔널 트러스트는 각 지역을 지원하면서, 각각의 도심이 갖고 있는 가치와 요구 사항을 분석하여 도심의 역사적인 건축물을 재생시키고 재활용할 수 있도록 디자인 측면에서의 개선책과 경제적인 재활성화 전략을 수립하는 기초 자료를 제공하였다.

---

17) www.mainstreet.org 참조.

내셔널 트러스트는 메인스트리트 프로그램 관리자를 통하여 상인과 건축물 소유주, 시의 공무원을 설득하여 메인스트리트 프로젝트가 장기적인 측면에서 이익을 가져다 줄 수 있다는 점을 확신시키는 적극적인 활동가로서 역할을 하였다. 결과적으로 3명의 프로그램 관리자는 변화를 위한 촉매제로서의 역할을 하는 것이었다. 시범 사업의 성공을 통하여 내셔널 트러스트는 1980년 두 번째 시범 사업을 실시하였고 이를 계기로 1990년까지 미국 전체에서 총 31개 주, 600여 개 이상의 지역 공동체가 이 프로젝트에 참여하게 되었다. 현재에는 총 41개 주에서 1,600개 이상의 지역 공동체가 이 프로그램에 참여하고 있다.

미국 내셔널 트러스트는 상업지역 재활성화를 위한 메인스트리트 프로젝트의 4가지 접근법과 8가지 원칙을 소개하고 있다. 지역 공동체의 재활성화를 위해 동시에 적용되어야 할 메인스트리트 프로젝트의 4가지 접근법은 다음과 같다.

- Organization: 자원봉사자 중심의 기본적인 조직 구조를 형성하며 프로그램 관리자의 지원을 받도록 한다. 이를 통해 작업량을 분배하고 책임을 명확히 한다.
- Promotion: 다양한 활동을 통해 상업지역의 긍정적인 이미지를 판매하여야 한다. 해당 지역의 독특한 특성을 판매하고 광고와 판매 활동, 이벤트 등을 통하여 긍정적인 이미지를 갖도록 한다.
- Design: 역사적인 건축물을 재활성화하여 상업지역의 물리적인 외관을 향상시키며 적절한 재건축을 유도하고 감각적인 디자인 관리 시스템을 정비하고 장기적 계획을 수립한다. 매력적인 창문 배열과 주차장, 건물의 보수, 가로 시설물, 각종 간판 및 안내판, 보행자 가로, 가로등, 조경 등을 통해 매력적인 분위기를 만들어 상품에 대한 긍정적인 시각적 의미를 전달한다.
- Economic Restructuring: 지역 공동체의 경제적 기초를 확장하고

다양화하여 기존 경제적 자산을 강화하는 것이다. 기존 사업주의 경쟁력 강화를 지원하며 현재 소비자들의 요구에 부응하는 상업지역을 형성할 수 있는 적합한 새로운 사업과 새로운 경제적 이익을 보충할 수 있도록 돕는다.

메인스트리트 프로젝트의 4가지 접근법을 성공적으로 달성하도록 하는 8가지 원칙은 다음과 같다.
① 포괄성(Comprehensive): 지속가능하고, 오랜 기간 동안의 재활성화와 포괄적인 접근이 필수적이다.
② 점진성(Incremental): 성공적인 재활성화 프로그램은 상업지역에서 '새로운 일이 일어나고 있다'라는 것을 보여주는 기초적이며 단순한 활동에서 시작된다.
③ 자조성(Self-help): 지역의 지도자는 지역의 자원과 능력을 유연하게 동원할 수 있는 의지와 열정을 가져야만 한다.
④ 협력(Partnerships): 공공 부문과 민간 부분 모두 적극적인 관심으로 메인스트리트의 재활성화라는 공동의 목표를 성취하기 위하여 공동으로 노력해야만 한다.
⑤ 기존 자산에 대한 확인과 자본화(Identifying and capitalizing on existing assets): 다른 지역과 구별되는 건물이나 소속감을 줄 수 있는 독특한 특성과 같은 지역적 자산이 기초가 되어야 한다.
⑥ 품질(Quality): 모든 측면에서 품질을 강조하여야 한다. 양적 측면을 극복하는 질적 프로젝트에 대한 집중이 필요하다.
⑦ 변화(Change): 세심하게 계획된 메인 스트리트 프로그램은 회의적인 일반 대중의 인식과 행동을 변화시켜 재활성화 과정을 지원하고 지지할 수 있도록 만든다.
⑧ 성취(Implementation): 메인스트리트 프로그램이 성공하기 위해서 하나, 하나의 프로젝트를 완성시키는 것을 통해 눈에 보이는

결과를 보여주어야만 한다.

<그림 15> 기존 상업시설 재활용 사례[18]

재활용 이전　　　　　　　　　재활용 이후

　이보시티의 사례와 미국 메인스트리트 프로젝트의 사례는 선 또는 면 단위 군산 근대건축유산의 보존 및 활용에 대해 많은 시사점을 주고 있다. 위의 사례에서 확인할 수 있는 가장 중요한 사실은 지역 주민의 자발성에 근거한 상업적 활성화라는 점이다. 이를 위해 해당 지역 사회에 기반을 둔 전문가에 의해 지역의 활용 가능한 독특한 자산에 대한 명확한 평가가 선행되어야 하며 점진적이며 가시적인 개선을 통해 지역 주민에 대한 설득과 참여의 확대가 지속되어야 한다. 또한 지자체는 이보시티의 사례에서 확인되는 것처럼 전체적인 구심점이 될 수 있는 계획을 실행하여야 한다. 특히 지역의 역사적 건축물은 그 지역의 독특한 특성을 가시적으로 보여줄 수 있는 중요한 자산이 된다.

　군산 근대건축유산의 경우 지역 주민의 자발성과 상업적 활성화라는 측면에서 많은 취약성을 갖고 있는 것이 사실이다. 그러나 다른 지역과 구별되는 근대건축유산이 산재해 있고, 지자체에 의한 지원 의지가 강력하며, 지역 대학인 군산대학교가 지역에 기반을

---

18) www.myclearwater.com 참조.

둔 전문가 집단을 보유하고 있다는 점에서 충분한 가능성을 갖고 있다. 따라서 지자체를 통해 원도심에 구심점 역할을 할 수 있는 중심을 형성하고 이를 중심으로 그 주변 지역의 근대건축유산을 동질적 분위기를 형성할 수 있도록 수리, 복원하여 상업시설로 활용할 수 있도록 하여야 한다. 이를 위해서는 원도심의 근대건축유산에 대한 조사를 통하여 근대건축유산의 구조, 재료, 형태, 세부 장식 등의 원형에 대한 충분한 조사와 연구가 선행되어야 한다. 이를 통해 전체적인 디자인 가이드라인을 확립하고 이를 근거로 수리 및 복원이 진행될 수 있도록 하여 양적인 측면 보다는 질적으로 우수한 디자인이 창출될 수 있도록 포괄적이며 점진적인 접근이 이루어져야 한다.

V. 군산 근대건축유산의 보존 및 활용

군산의 근대건축유산에 대한 보존 및 활용에 대한 논의는 오랫동안 지속되어 왔다. 그러나 실질적인 보존 및 활용 계획이 실행에 옮겨지고 있는 것은 최근의 상황이다. 이 글은 이러한 최근의 상황에서 국내외의 사례를 고려하여 군산 근대건축유산의 보존 및 활용 방향을 다시 한 번 검토하기 위한 시도이다.

현존하는 군산의 근대건축유산은 개별 건축물의 건축적 수준이 상대적으로 높은 문화재와 비지정 근대문화유산과 같은 점 단위 근대건축유산과 개별 건축물의 건축적 가치는 높지 않으나 가로 경관과 도시 공간 구성의 측면에서 가치가 있는 선 또는 면 단위 근대건축유산으로 구분될 수 있다. 일부 점 단위 근대건축유산은 선 또는 면 단위 근대건축유산에 포함되어 있기도 하다. 이 글은 이러한 구분에 따라 각각의 경우에서 보존 및 활용 방향을 검토하였다. 그러나 이러한 구분은 논의의 편의를 위한 것일 뿐이다. 검토된 많은 보존 및 활용 방향은 근대건축유산에 공통적으로 적용된다. 결론적으로 보존 및 활용 방향을 다음과 같이 구분하여 정리하였다.

근대건축유산의 건축적 가치의 측면에서 보존 및 활용 방향은 다음과 같다.

첫째, 보존 및 활용 이전에 근대건축유산의 현재 상태가 세부적으로 기록되어야 하고 그 원형이 추적되어야 한다는 점이다. 그리고 이러한 기록의 원칙은 보존 및 활용을 위한 부분적인 수리나 해체 과정에서도 동일하게 적용된다. 어떠한 형태로든 해당 근대건축유산이 현존하고 있다는 사실로부터 모든 논의가 출발되어야 한다.

둘째, 보존 및 활용 계획의 수립 과정에서 해당 근대문화유산의 원형 즉, 진정성(authenticity)을 갖는 부분이 명시되어야 한다. 진정성을 갖는 부분에는 유형, 무형의 원형이 모두 포함된다. 근대건축유산의 특정한 구성 부분이나 요소, 부재, 공간 구성 등이 모두 포함되며 구조 및 재료, 가공 방법 및 결합 방법 등을 포함한 모든 기술적 공법 및 구법이 모두 포함된다.

셋째, 유형, 무형의 진정성을 갖는 부분은 반드시 보존되어야 한다. 또한 이 부분은 건축물 자체의 역사와 더불어 일반에게 전시되고 공개되어야 한다. 보존 및 활용 계획에 있어서 이러한 전시와 공개의 구체적이며 효과적인 디자인이 해당 계획을 수립하는 실무자의 전문성과 독창성을 평가할 수 있는 부분이다.

넷째, 수리 또는 복원이 결정되어 이를 실행할 경우에는 앞서 밝혀진 원형에 충실하게 수리 또는 복원되어야 한다. 수리 또는 복원이 해당 근대건축유산의 진정성을 손상시키지 않도록 하여야 한다. 새롭게 수리 또는 복원된 부분은 원형과 비교가 가능하도록 하여 쉽게 인식될 수 있도록 하여야 한다.

근대건축유산의 현실적 실행의 측면에서 보존 및 활용 방향은 다음과 같다.

첫째, 근대건축유산 보존 및 활용의 성공 여부는 민간의 자발적 참여와 상업적 성공에 있다. 근대건축유산의 보존 및 활용은 상업적 성공을 위한 독특한 자산인 동시에 그 결과가 될 수 있다. 양적으로 크지 않지만 가시적이며 점진적인 성공이 민간의 참여를 확대시키고 자발성을 진작시키는 방법이다.

둘째, 앞의 건축적 가치의 측면에서 언급한 방향에 근거하여 근대문화유산을 활용하기 위한 전체적인 디자인 가이드라인을 확립하여 양적인 측면보다는 질적으로 우수한 디자인이 실행될 수 있는 기초가 형성되어야 한다. 그리고 이러한 디자인이 장기적으로 경제적 자신이 될 수 있음이 설득되어야 한다.

셋째, 지역에 기반을 둔 보존 및 활용 프로그램 전문가의 지속적인 활동 조직이 형성되어야 한다. 이 전문가를 통해 다양한 집단 간의 이해관계가 조정될 수 있어야 하고 상업적 성공을 위한 다양한 실행 방안이 지속적으로 추진되어야 한다. 민간의 자발성을 유도하도록 프로그램을 운영하는 것이 전문가의 중요한 임무 중 하나이다.

넷째, 지자체는 보존 및 활용 계획이 추진되기 위한 초기 단계의 구심점을 형성하여야 하며 전문가를 지속적으로 지원해야 한다. 충분한 지자체의 지원이 필요하나 성과 중심의 과도한 개입은 보존 및 활용에서 가장 중요한 민간의 자발성을 유도하는 데 부정적 영향을 줄 수 있다는 점이 인식되어야 한다.

〈참고문헌〉

『朝鮮總督府官報』, 1936년 3월 7일.
군산시, 『군산시사』(상), (하), 군산시, 2000.
_____, 『근대 문화의 도시 군산』, 군산시, 2007.
도코모모코리아, 『근대 건축문화유산 보존 활성화를 위한 등록문화재 제도개선 연구』, 문화재청, 2007.
송석기, 『구 나가사키18은행 군산지점 기록화 조사 보고서』, 문화재청, 2008.
_____, 『군산지역 근대건축물의 현황 및 변천에 관한 기초연구』, 대한건축학회논문집, 2004년 10월호.
이경찬, 『군산 도심권 근대역사문화경관정비 기본계획 수립』, 군산시, 2005.
전라문화연구소, 『전북학연구』 Ⅰ, Ⅱ, Ⅲ, 전라북도, 1997.
전라북도, 『근대문화유산 목록화 및 조사보고서』, 문화재청, 2004.
전라북도 건설행정과, 『전북도시계획 100년사』, 전라북도, 2003.
전주지방법원 군산지원, 『폐쇄등기부 등본』, 1914년 10월 13일 등기.
朝鮮建築會, 『朝鮮と建築』, 1923년 8월.
한국건축역사학회, 『근대문화유산 보존 및 활용 사례』, 문화재청, 2006.
홍승재, 『군산 동국사 대웅전 기록화 조사 보고서』, 문화재청, 2005.

The Venice Charter, www.icomos.org/venice_charter.html.
European Charter of the Architectural Heritage, www.icomos.org/docs/euroch_e.html.
The Declaration of Amsterdam, www.icomos.org/docs/amsterdam.html.
Washington Charter, www.international.icomos.org/charters/towns_e.htm.

www.mdpl.org.
www.ybor.org.
www.mainstreet.org.
www.myclearwater.com.

近現代 群山을 둘러싼 記憶과 歷史의 衝突

김 태 웅*

I. 머리말

 1999년 군산 개항 100주년 기념 학술 심포지엄을 앞두고 군산과 전주 사이에서는 묘한 분위기가 감돌았다. 초점은 1899년 군산 개항이 타율적 개항이냐 자율적 개항이냐에 맞추어 있었다. 군산시 주도의 심포지엄에서는 자율적 개항을 강조함으로써 일본인의 도시라는 과거의 굴레를 걷어치우고 군산 시민의 자긍심을 심으려 하였다.[1] 그리하여 '제2개항 선언문'이 제정되기에 이르렀으며[2] 심지어는 시민의 날을 開港日인 5월 1일로 옮기자는 의견들이 나왔다. 이에 반해 전북일보가 주도한 군산 개항 100년 기획특집에서는 일제의 수탈과 군산 조선인의 저항에 초점을 두면서도 자율적 개항에는 관심을 두지 않았다.[3]
 한편, 군산 내 여론 주도층 사이에서도 개항의 의의에 관해서는

---

 * 서울대학교 역사교육과 부교수
 1) 군산시 편,『군산 개항 100주년 기념 학술세미나 논문집』, 1999.
 2) 군산시,『군산개항 100주년 기념 공식보고서』, 2000.
 3)『全北日報』, 1998년 1월 1일~1998년 12월 28일.

논란이 그치지 않았다. 과연 개항일을 시민의 날로 정할 정도로 의미가 있느냐 하는 비판이 만만치 않았기 때문이다. 오히려 崔茂宣이 왜구를 물리친 鎭浦大捷을 기념하여 제정된 시민의 날을 고수하자는 의견이었다. 이러한 논란은 표상의 문제요 기억의 투쟁인 동시에 지역의 정치·사회적 관계를 반영하는 것이었다.

여기서 군산을 어떻게 표상할 것인가라는 문제가 대두된다. 이는 궁극적으로 地域 正體性의 문제에 와 닿는다. 당시 군산시가 제2개항 선언문을 통해 표상하려고 했던 이미지는 무엇이었을까. 그것은 '애국과 충절의 고장', '정답고 아름다운 고장', '호남의 거점', '서해의 관문', '만나고 떠나는 고장', '21세기의 선봉' 등이다.4) 그러나 여기에서는 과거의 기억들과 연결되어 있지 못하다. 단지 진포대첩, 五聖의 충의, 3·1운동만이 남아 숨쉴 뿐 조선 후기 군산의 기억, 일제 통치의 그늘, 분단과 6·25전쟁의 기억과 고통은 배제되어 있다. 물론 이러한 선언문이 화려한 문구로 수식된 기념사라는 점을 감안할 필요가 있다. 그러나 이를 받쳐주는 공적 기록에서 기억의 저편들은 좀처럼 드러나지 않는다. 특히 군산 시민이 살아온 궤적과 여러 기억들은 고리없는 파편으로 그치고 만다. 오히려 미래를 위해 이런 기억들은 묻히거나 방치되고 있다.

군산은 어느 날 갑자기 생겨난 지역이 아니다. 진포싸움 때만 있었던 곳도 아니고 개항 때 태어난 도시도 아니다. 그리고 오로지 일제의 수탈 거점인 동시에 조선인의 반일 투쟁지로만 기억될 수는 없다. 이 땅에 사람들이 살면서 농사를 지었고 강과 바다를 통해 장사를 하고 물고기를 잡았으며 땅과 물이 만나는 海陸文化를 창조해 간 곳이다. 그리하여 조선 후기 농업생산력이 발달하고 교환경제가 발전하면서 군산은 大浦口로 성장하기 시작하였다. 그리고 일제 강

---

4) 군산시, 『군산개항100주년 기념 공식보고서』, 2000.

점기에는 제국주의 침략과 근대 문명의 유혹 앞에 일본인과 대립하면서도 공존해야 했다. 또 외세가 물러간 뒤에는 이념을 둘러싸고 동족 간에 서로 다투고 심지어 죽이기까지 한 곳이다. 따라서 이런 기억들이 제대로 복원될 때 군산의 정체성 문제를 좀 더 역사적인 시각과 주민의 처지에서 제대로 볼 수 있다. 한편의 기억만으로 정체성을 수립하는 것, 역사와 연계되지 않고 미래만을 위한 기억의 조작은 기억의 충돌만을 재생산할뿐더러 정체성의 아노미 현상을 가중시킬 뿐이다.

 이 글은 이런 점들을 염두에 두면서 군산의 기억을 역사화하는 과정에서 어떤 기억들은 공적 기록으로 포섭하고, 어떤 기억들은 망각의 늪으로 몰아갔는가를 살피려는 시론이다. 따라서 공적 기록에서 배제된 기억의 실마리를 찾기 위해 일본인들의 기념비성 기록이라든가 한국인의 공적 기록뿐만 아니라 문학 작품, 구술기록 등 일반 민중의 사적 기억들을 분석하였다. 그리하여 오늘날 군산의 정체성 수립과 관련하여 근현대 군산의 역사를 왜 제대로 복원해야 하는가를 논하고자 한다.

II. 문명과 차별의 충돌

 군산·옥구는 금강 하구에 위치한 수륙 교통의 요충지이며, 전라도와 충청도의 곡창 지대를 배후지로 하고 있어 漕運의 중심지였다. 아울러 지리적 여건상 외적의 상륙지가 되었기 때문에 이 지역은 일찍부터 외적을 방어하는 거점으로 중시되었다. 그래서『高麗史』에서는 최무선이 화포로써 왜구를 물리친 진포싸움을 기록하고 있으며[5] 조선시기 연대기 자료에서는 전라도 7읍의 海倉으로서 군산창을 자주 언급하였다.[6] 뿐만 아니라『擇里志』를 비롯한 여러 글에서는 군산포와 밀접하게 관련되어 있는 江景浦를 우리나라 대표 浦市로 묘사하고 있다.7) 그리하여 군산은 군사 지역이기도 하거니와 금강 하구를 중심으로 충청도, 전라도 온갖 물화가 유통되는 상업 도시의 하나로 부각되고 있었다.

그러나 일제가 이 땅에 들어오면서 이러한 기억은 사라졌다. 즉 개항 이전의 군산은 역사에서 아예 지워 버렸으니 '한적한 어촌',8) '갈대의 군산', '풀의 군산'으로 불렀다.9) 이에 반해 개항 이후의 군산을, 1913년 이 곳을 방문한 조선총독 데라우치의 말을 받아 쌀의 군산 즉 '고메노 군산'으로 부르기 시작하였다.10) 이러한 이미지 작업은 산미증식계획 이전에 이미 진행되었던 일제의 미곡 유출 사업을 장려한다는 의미가 담겨 있었다. 더욱이 일본인 스스로가 불렀던 '富의 군산'을11) 접고 '쌀의 군산'으로 바꾸어 불렀음은 호남을 쌀의 單作地帶로 만들려는 의도를 노골적으로 드러내는 것이라 하겠다. 물론 산미증식계획이 중지되었던 1930년대 중반에 군산의 일본인들은 米穀 위주의 산업에서 벗어나 工業化에 열을 올리면서 종래에 불렀던 '쌀의 군산'을 대신하여 '南鮮의 雄都', '湖南唯一의 經濟都市'로 불렀다.12) 그러나 오늘날 이러한 이미지보다는 '쌀의 군

---

5) 고려 말 왜구토벌의 대표적인 승리로서 최무선이 1360년에 곡식을 약탈하기 위해 금강 하구를 따라 오르려 했던 왜구선단을 화약 무기로써 소탕하였던 鎭浦大捷은 군산이 수륙의 요충지이며 방어 거점이었음을 잘 말해준다. 이에 관해서는 金鍾洙,「鎭浦大捷의 歷史的 意義」,『全羅文化研究』, 2000, 12쪽 참조.
6) 이에 관해서는 崔完基,『朝鮮後期船運業史研究』, 一潮閣, 1989, 91쪽 ; 金點容,「朝鮮時代 全羅道 租倉의 運營과 그 實態」, 全北大學校 大學院 碩士學位論文, 2001, 8~10쪽 참조.
7) 李重煥,『擇里志』, 生利.
8) 群山府,『群山府史』, 1933, 1쪽.
9) 保高正記,『群山開港史』, 1925, 13쪽.
10) 위와 같음.
11) 三輪規・松岡琢磨,『富之群山』, 1907.

산'이라는 이미지가 훨씬 강하게 다가오고 있다. 나아가 이는 新天地와 文明의 상징이었다. 그리고 이러한 상징은 군산에서 태어나 성장함으로써 군산을 고향으로 여기는 일본인들에게 그대로 각인되어 있다.

그렇다면 조선인들은 이러한 이미지를 어떻게 받아들였을까. 그리고 이를 어떻게 묘사하였을까. 근현대 대표적인 국학자이자 시조시인인 가람 李秉岐는 1931년 7월 군산을 방문하면서 이때의 감상을 일기에서 드러내었다. 먼저 그때 동아일보사 지국장이 살고 있는 개복동을 가면서 그의 일기에서 다음과 같이 묘사하였다.[13]

> 오후 6시 반에 일어났다. 오후 3시발(전주) 4시 도착. 인력거를 타고 지국장 방한형군을 찾다. 한 10분 동안 오다가 큰길에서 내려 개복동 고갯길로 요리조리 얼마를 올라갔다. 여기는 조선인 빈민굴이다. 조그마한 집들이 산비탈을 담뿍 덮어 있다. 겨우 사람 하나 다닐 만한 길이 꽤 가파로운 데다가 진 황토 흙이 미끌미끌하여 좀처럼 발붙이기도 어렵다.

이병기가 들린 곳은 동아일보 지국장이 살고 있었던 조선인 거주지였다. 이곳은 빈민굴이기도 하거니와 조선인의 대표 주거지로 조선인의 삶을 단적으로 보여주는 곳이었다. 즉 겨우 사람 하나 다닐 만한 길로 가파롭고 발붙이기도 어려울 정도로 주거 공간이 매우 열악했던 것이다.

이런 기억은 蔡萬植의 『濁流』에서도 그대로 드러난다. 즉 채만식은 개복동과 함께 조선인이 살고 있던 구복동, 둔뱀이, 경포리 여러

---

12) 群山府, 『群山府史』, 1933, 1쪽. 이와 관련하여 이준식, 「일제하 군산의 '유력자' 집단과 지역 정치」, 홍성찬 외 공저, 『일제하 만경강 유역의 사회사』, 혜안, 2006 참조.
13) 『가람日記』, 1931년 7월 30일.

곳도 노골적으로 정밀하게 묘사하였다.14)

　　예서부터가 조선 사람들이 모여 사는 곳이다. 지금은 개복동과 연접된 구복동을 한데 버무려 가지고, 산정정이니 개운정이니 하는 하이칼라 이름을 지었지만, 예나 시방이나 동네의 모양다리는 그냥 그 대중이고 조금도 開運은 되질 않았다. 그저 복판에 鋪道粧置도 안 한 십오 간짜리 토막길이 있고, 길 좌우로 연달아 평지가 있는 둥 마는 둥하다가 그대로 사뭇 언덕비탈이다. 그러나 언덕비탈의 언덕은 눈으로는 보이지를 않는다. 급하게 경사진 언덕비탈에 게딱지같은 초가집이며 낡은 생철집 오막살이들이, 손바닥만한 빈틈도 남기지 않고 콩나물 길 듯 다닥다닥 주어 박혀, 언덕이거니 짐작이나 할 뿐인 것이다. 그집들이 콩나물 길 듯 주어 박힌 동내 모양새에서 생긴 이름인지, 이 개복동서 그 너머 둔뱀이[屯栗里]로 넘어가는 고개를 콩나물고개라고 하는데, 실없이 제격에 맞는 이름이다. 개복동, 구복동, 둔뱀이 그리고 이편으로 뚝 떨어져 정거장 뒤에 있는 '스레[京浦里], 이러한 몇 곳이 군산의 인구 칠만 명 가운데 육만도 넘는 조선 사람들의 거의 대부분이 어깨를 비비면서 옴닥옴닥 모여 사는 곳이다. 면적으로 치면 군산부의 몇십분지 일도 못되는 땅이다. 그 뿐 아니라 정리된 市區라든지, 근대식 건물로든지, 사회시설이나 위생시설로든지, 제법 문화도시의 모습을 차리고 있는 본정통이나, 전주통이나, 공원 밑 일대나, 또 넌지시 월명산 아래로 자리를 잡고 있는 주택지대나, 이런 데다가 빗대면 개복동이니 둔뱀이니 하는 곳은 한 세기나 뒤떨어져 보인다. 한 세기라니, 인제 한 세기가 지난 뒤라도 이 사람들이 제법 고만큼이나 문화다운 살림을 하게 되리라 싶질 않다.

　　채만식에게도 군산은 '토막길', '콩나무길', '콩나무고개'로 상징되

---

14) 『濁流』(두산동아), 1995, 26~27쪽.

듯 문명의 도시가 아니라 고단한 삶을 연명하는 공간에 지나지 않았다. 나아가 조선인의 삶을, 정리된 市區와 근대식 건물에 살면서 온갖 사회시설과 위생시설의 혜택을 받는 일본인의 삶과 대조함으로써 문명 뒤에 드리워 있는 차별의 그늘을 끌어내고 있는 것이다. 군산은 빛 즉 문명으로 대표되는 일본인의 삶과 어둠 즉 미개로 대표되는 조선인의 삶이 충돌하고 공존하는 동시에 민족 간의 차별을 극대화한 공간이었던 셈이다.

이러한 기억은 이 시기 1933년에 군산에 태어나 어린 시절을 보낸 시인 高銀을 통해서 오늘날에 전해지고 있다.[15] 그는 이웃에 살았던 민중들의 말을 받아 다음과 같이 묘사하고 있다.[16]

> 군산에는 홍남동 개복동 신흥동
> 오룡동 명산동에
> 그 언덕바지 따라
> 일본사람들한테 밀려난 가난뱅이들
> 올라가 이룬 산동네
> 식민지 달동네
> 초가집 빼곡이 덮인 언덕 동네 있다

이런 이야기는 고은 자신이 목격하거나 할아버지, 할머니, 아버지, 어머니 그리고 이웃 주민들이 그들의 삶을 고스란히 고은에게 전하면서 남겨진 이야기들로 조선인의 눈에 군산의 삶이 어떻게 비쳤는가를 잘 보여주고 있다.

---

15) 高銀의 『만인보』에서 군산을 소재로 한 시들은 단지 설화성 내지 설화적 정신에 국한되지 않고 유년체험을 역사적 체험으로 승화함으로써 설화성을 역사성으로 대체하였다. 이에 관해서는 남기혁, 『한국 현대시와 침묵의 언어』, 도서출판 월인, 2003, 58쪽 참조.
16) 高銀, 「신흥동 껄렁패」, 『만인보』 6, 창작과비평사, 1988.

또한 이러한 이미지는 작가들의 주관적 감상에만 남아 있지 않았다. 당시 이곳을 탐방하여 목격한 기자들의 눈에도 군산 土幕民의 참상이 이루 말할 수가 없었다.

> 엇지나 지내엿슬가? 나무도 없을 것이며 양식조차 잇을 이가 잇나! 그러면 어제 저녁도 못먹을 것이니 아침인들 온전 하엿으랴? 젓달나는 어린아이의 철모르는 우름! 힐숙한 머리털이 후줄군한 어깨우로 느러저 이는 젊은 안해의 한숨! 누기찬 방국석에 곱파 누어잇는 늘근부모의 고민![17]

군산 오룡동에 거주하는 土幕民의 삶이 하루끼니도 연명하지 못할 정도로 나락의 구렁텅이로 빠졌음을 보여주고 있다. 그리고 '쌀의 군산', '湖南의 雄都' 군산에는 토막민이 경성 다음으로 많으며 전라북도 토막민의 80%를 차지하였다.[18]

또한 군산 주민의 이러한 삶은 조선인 소작농 아내의 삶에도 그대로 나타났다. 어느 일본인 농장에서 노동하는 소작인과 그의 아낙네를 보자.[19]

> 선제리 일본농장 별채에 들어 사는
> 권달수 마누라
> 왜놈 주인이 부르면
> 조또
> 소리나자마자
> 하이하이하이 하고 달려가는
> 아낙네

---

17) 『東亞日報』, 1933년 7월 5일.
18) 『東亞日報』, 1935년 6월 4일.
19) 高銀, 「하이하이 아낙네」, 『만인보』 6, 창작과비평사, 1988.

여름밤 참외 한 도막 베어먹는 맛이구나
하이하이 하고 달려가는
아낙네
(중략)

별채 비워주고 떠나야 했다
다른 농장 찾아 떠나야 했다
내 나라
내 집 없는 사람의 아낙네
하이하이 아낙네
치맛자락 하나 단정히 지켜낼 길 없음이여

경제적 수탈은 조선인 일반의 차별로 반영되었고 다시 이것은 일제하 조선 여성이 감내해야 할 性의 왜곡으로 나타난 것이다. 심지어 戰時動員體制 속에서 조선 여성의 삶을 공식적으로 욕망의 대상으로 포획하기 시작하였다. 쌀의 군산도 여기서는 예외가 아니었다.[20]

일제 말기 아주가리 열매 따다 바치다가
머리에 히노마루 띠 매고
정신대 되어 떠났다

종군위안부로 대표되는 일제하 조선 여성의 강제 연행이 신천지와 문명으로 상징되는 군산에서도 가차없이 휘몰아쳤던 것이다. 물론 시인 고은은 활동사진으로 상징되는 근대 문명이 가부장제 잔재가 남아 있던 틈새를 노려 일제하 조선 여성을 유혹하는 모습을 잊

---

20) 高銀,「만순이」,『만인보』 2, 창작과비평사, 1986.

지 않는다.21)

> 어여쁜 낭자 지어
> 분냄새에 대낮에 모기 운다
> 바깥 방앗간 영감과 15년 차이라
> 저 혼자 나선 길에
> 군산 희소관 가서
> 일본 활동사진 보고 오는 길

활동사진은 일제하 조선 여성을 유혹하여 그의 욕망을 풀어주는 이기였던 셈이다. 그러나 이는 군산에서 극히 일부인 부유한 조선인에게만 해당되는 일이었다. 대다수 조선인들은 채만식의 말대로 "어깨를 비비면서 옴닥옴닥 모여" 살아야 했다.

따라서 조선 지식인들은 '군산의 쌀'을 다른 각도에서 보지 않을 수 없었다. 쌀은 조선인들에게는 결코 부의 상징이 아닐뿐더러 문명의 상징은 더더욱 아니었다. 이병기가 동아일보 군산 지국장을 방문하고 나오면서 쓴 '군산항'이라는 시조에서 貧富의 明暗을 표현하고 있다.22)

> 정조(正租)는 백만석이 부두에 쌓였더니
> 여름도 나기 전에 다 어디로 가았느뇨
> 산머리 움막집에선 배고프다 울어라
>
> 앞엔 큰 강이요 뒤에는 바다라도
> 조개를 캐느냐 자사리를 뜯느냐
> 한종일 돌이나 쪼겨 벌이한다 하더라

---

21) 高銀, 「나운리 방앗간집 마누라」, 『만인보』 6, 창작과비평사, 1988.
22) 『東亞日報』, 1931년 9월 24일.

가람의 이러한 묘사는 일제강점기 남한 3대 항구의 하나인 군산의 그늘을 여지없이 보여주고 있다. 즉 쌀은 오로지 일본의 부를 증식시키기 위한 수단인 동시에 조선인의 고통을 가중시키는 물화인 셈이다. 더 나아가 수산물 역시 조선인과는 상관없는 물화에 지나지 않았다.

채만식도 군산 수탈의 매커니즘을 읽고 있었다. 그것은 米豆場으로 일본인들은 조선총독부를 뒤에 업고 일확천금을 얻는 곳이지만 조선인들은 문전옥답 팔아 미두에 손댔다가 파산해버린 곳이었다. 그리하여 쌀을 매개로 일본 금융기관이 줄지어 있고 군산 경제의 대동맥을 쥐었다 폈다 하였다. 그래서 채만식은 『濁流』에서 다음과 같이 이를 묘사하고 있다.[23]

　　미두장은 군산의 심장이요, 전주통(全州通)이니 본정통(本町通)이니 해안통(海岸通)이니 하는 폭넓은 길들은 대동맥이다. 이 대동맥 군데군데는 심장 가까이, 여러 은행들이 서로 호응하듯 옹위하고 있고, 심장 바로 전후에는 중매점(仲買店)들이 전화 줄로 거미줄을 쳐놓고 앉아 있다.

채만식의 말대로 미두장은 군산의 심장으로 군산의 경제를 움직이는 원동력이었다. 그러나 그 피는 오로지 전주통, 본정통, 해안통 등 일본인이 경제 활동을 영위하는 공간에만 흐르고 조선인의 경제 공간에는 제대로 흐르지 않았다. 그리고 중심에 쌀이 있었다.

그러면 조선 지식인이 아닌 일반 아낙의 눈에 비친 군산은 어떠했나. 군산의 어느 아낙은 "일제 강점기에 일본인들이 땅을 빼앗아 가긴 했어도 밥은 먹었다지만 곧 이어 항만 건설, 비행장 건설을 이유로 땅을 빼앗은 일본인들을" 기억하고 있다.[24] 또 이때 총칼을

---
23) 채만식, 앞의 책, 13쪽.

들이대며 선산마저 빼앗는 일본인들을 분명하게 기억하고 있다.

군산에 관한 기억은 이처럼 민족별로 처지별로 매우 달랐다. 일본인들에게는 쌀의 군산에서 잘 나타나고 있듯이 쌀을 통해 富를 쌓고 근대 문명의 시설을 즐기는 공간이었던 데 반해 조선인에게는 빈민굴로 상징되고 있듯이 수탈과 차별 속에서 고통을 견뎌야 했던 공간이었던 것이다.

III. 기억과 역사의 투쟁

해방 이전의 기억은 일본인과 조선인의 대립·갈등을 반영하여 문명과 차별의 충돌로 표상되었다면, 해방 이후의 기억은 좌익과 우익의 대립·갈등을 반영하여 기억과 역사의 충돌로 표상되었다. 따라서 전자의 경우는 어떤 형태로든 둘 다 시차를 두고 공식 기록으로 살아남았던 데 반해 후자의 경우는 하나는 역사화되었지만 또 다른 하나는 유령으로 떠돌아야 했다. 특히 군산은 더욱 그러하였다. 이곳은 일제강점기에 사회주의운동이 활발하였던 곳일뿐더러 6·25전쟁 때 민간인 학살이 매우 컸기 때문이다. 이는 공식적인 기록인 『群山市史』에서 잘 드러난다.[25]

> 군옥지방은 일제 때부터 항구도시로 노동자의 노동과정과 저항 의식 그리고 일인 지주와의 대결이었던 소작쟁의 등의 전통과 뿌리가 있어 비교적 타지방보다 사회주의자가 많았다. 우리가 여기서 분별할 것은 일제시대의 항일운동 지사들 중에 사상적으로 일

---

24) 문세진, 「역사 속의 평범한 사람, 엄복선」, 『함께 보는 우리역사』 61, 역사학연구소, 2002.
25) 군산시사편찬위원회, 『群山市史』(上), 2000, 467~468쪽.

제에 대항하기 위하여 사회주의자가 된 당시의 사상과 6·25 전후의 좌익사상과는 구분하여야 한다는 관점이다. 이런 영향으로 해방 후 6·25 전후 몇몇 사상가에 따라 무비판적으로 동조하여 인민위원회의 구성 등도 빨랐고 좌익과 우익의 갈등이 타지방보다 심했다. 그러기에 공산치하가 되자 잠복했던 세력이 일시에 나와 공산당에 협력하는 자가 적지 않았다. 이런 사정으로 다른 지방보다 잔인한 충성과 보복의 만행들도 많았다. …… 완전히 전세가 불리해지자 9월 28일부터는 자신들이 범한 죄에 겁을 먹고 우익 인사의 집안 전체의 무차별 집단학살로 보복을 면하려 하였다. …… 군옥지방의 참사는 미리 점찍어둔 명단에 의하여 실시되었다. 대원을 보내어 회의가 있으니 집안 식구는 모두 나와야 한다고 지켜 서서 데리고 가 집단학살을 감행하였다. …… 사상적 대결보다 감정적 증오의 행동이었다. …… 무지가 범한 무서운 죄악 우리는 다시는 이런 비극이 있어서는 아니된다고 필자는 호소하며 참사의 극히 일부를 덧붙이었다.

이에 반해 군산에 관한 또 다른 기억은 전혀 복원하지 않았을 뿐더러 철저하게 망각의 경지로 밀어 넣었다. 이 점에서 시인 고은이 『만인보』를 통해 재현하려 했던 기억은 망각의 굴레로 들어갔던 군산의 또 다른 기억을 재생하는 원천이다.

우선 그는 좌우익 대립과 갈등을 역사적으로 끌어올린다. 그는 군산의 어느 마을을 통해 그 비극을 재현하면서 그 연원을 1894년 농민전쟁에서 찾았다. 바로 계급의 첨예한 대립이 한 마을에서 살육으로 폭발하였던 곳이다.[26]

　　우리 동네 용둔마을 꼭꼭 숨은 두메마을

---

26) 高銀, 「달밤」, 『만인보』 2, 창작과비평사, 1986.

하늘에서나 보아야 보이는 마을
이런 마을에
큰 재앙이 두 번

한번은 증조할아버지 때
갑오년 난리로
이 마을 장정들
전주감영까지 잡혀가 죽었던 일
기웅이 고조할아버지 거기 가 맞아죽고
(중략)

한번은 아버지 때
육이오 난리로
우익 경찰이 보도연맹 잡아다 죽였던 일
좌익이 우익을 잡아죽였던 일
구이팔 직후
우익이 좌익을 잡아죽였던 일
어린 내 몸에서
송장 파내고
송장 냄새 열흘 가도 보름 가도
지워지지 않던 일
미제 뒷산
우리 동네 할미산
아이 밴 아낙네 송장
허파 튀어나온 송장
(하략)

군산에서 두 개의 재앙은 양반과 농민의 싸움, 그리고 좌익과 우익의 싸움으로 빚어진 것이었다. 특히 6·25전쟁은 더욱 심하여 피비린내 나는 학살 그 자체였다.
 그러면 고은은 이러한 전쟁의 가까운 뿌리를 어디서 찾고 있는가. 여기서도 자신의 어린 시절을 회고하며 복원하고 있다.27)

> 해방 뒤 학도대 자치대 지나서
> 미 군정 경찰이 들어왔더니
> 우리 마을에도 지서장 나으리 나타났다
> 마을사람 뱌슬거리는 것
> 강제로 모아놓고
> 이렇고 저렇고
> 한바탕 훈시를 늘어놓았다
> (중략)
> 이승만 박사를 중심으로 일치 단결해야
> 어쩌고 저쩌고 늘어놓았다
> 마을사람들은 마을사람대로
> 속으로는
> 벌써 반나절 일하면
> 저만치나 풀 맬 수 있는데
> 하고 딴 생각하며 있다가
> 일장연설 끝나기가 무섭게 흩어졌다
> 지서장 화났다
> 저런 것들
> 저런 한심한 것들
>
> 그 지서장이 누구냐 하면
> 회현지서에서
> 일본 순사보로

---

27) 高銀, 「지서장 김충호」, 『만인보』 6, 창작과비평사, 1988.

갖은 악행 비행 저지른 자라 한다
해방 되자마자
숨어 있다 나왔다

이제 그에게도 권세가 주어졌다

일제 강점기에 순사보를 지냈던 친일파가 어떻게 독립 국가의 지서장으로 변신하였는가를 복원하고 있다. 이에 반해 군산중학교의 역사에서 영원히 잊혀졌던 어느 학생의 활동을 망각의 늪에서 끌어내고 있다.28)

남한단독정부 수립 반대

1948년 남조선 단독정부 결사반대 선언할 때
그 단정반대 동맹휴학 선언할 때
군산중학교 1학년부터 6학년 전교생
조회 직전 정렬한 뒤
교감 최익현보다 먼저 뛰쳐나온
서재열

공식 기록에서는 좌익 학생들이 일부 문제 학생들로 언급되었을 뿐 전혀 그 내막을 들여다볼 수 없는 상황에서 사적 기억의 형태로나마 또 하나의 기억을 생생하게 복원하고 있는 것이다.
　그러면 학살의 광경을 어떻게 기억하고 있을까. 우선 고은은 다음과 같이 기억하고 있다.29)

---

28) 高銀,「서재열」,『만인보』 7, 창작과비평사, 1989.
29) 高銀,「판섭이 오촌」,『만인보』 2, 창작과비평사, 1986.

6·25 때 새파란 인민군 들어와
판섭이 오촌이 마을 인민위원장으로 추대되었다
(중략)
9·28 수복으로 도망갔다가
서수면에선가
익산 오산에선가 잡혀와
할미산 굴 속으로 끌려가 총맞아 죽었다
(하략)

이는 고은뿐 아니라 김경남도 기억해 내고 있다.[30] 그는 해방되던 날 청년단 부단장으로 피선되었고 얼마 후 건국준비위원회에 가담하였고 다시 신민당에 입당했던 사람이다. 물론 그도 좌우익의 갈등 속에서 숱한 고뇌로 생사의 고빗길을 건너면서 반동분자로 몰리기도 하고 회색분자로 간주되었던 사람이다. 그리하여 훗날 그는 1947년 미군정의 본격적인 좌익탄압에 맞서 남로당이 반대 투쟁을 전개하면서 그 대립 양상이 치열해지는 때를 떠올렸다. 그리고 군산역 앞 아세아병원 2층에 서북청년단이 주둔하여 군산의 부두노조와 남선신문사를 비롯한 모든 좌익조직과 단체를 뿌리뽑기 위해 한 달 이상 가혹행위를 하고 있었음을 기억해 내었다. 또 6·25전쟁이 터지자 保導聯盟에 가입한 사람들이 학살된 광경을 목격하기에 이르렀다.[31]

드디어 군산경찰서 앞에 도착했을 때 나는 차마 눈뜨고 못 볼 광경을 목격하였다. 유치장 속에 난사한 총알을 맞고 몸이 벌집처럼 된 시체가 몇 줄로 뉘어져 있었다. 70여 명 중에서 천운으로

---

30) 김경남, 『홀로 걸어온 길, 함께 가야할 길』, 서해문집, 2004.
31) 위의 책, 87쪽.

유일하게 살아남은 김재규라는 사람은, 먼저 쓰러진 시체를 방패
삼아 창살 사이로 쏘아대는 총탄을 피할 수 있었다고 했다.

여기서 보도연맹과 관련하여 집단학살이 자행되었음을 확인할
수 있다. 특히 공식기록에는 보이지 않는 西北靑年團의 활동을 엿
볼 수 있다. 서북청년단은 주지하다시피 1948년 제주4·3사건의 원
인을 제공한 대표적인 우익 단체였다.[32]

한편, 그는 좌익이 우익을 학살한 광경도 기억의 공간으로 불러
냈다.[33]

> [9월] 28일 새벽부터 인공에 적극적으로 협력한 사람들이 운동
> 화를 신고 쌀 반 말씩을 자루에 담아 어깨에 메고 삼삼오오 입산
> 길을 떠나는데, 간밤에 동리사무소 앞으로 나간 우익 사람들이 돌
> 아오지 않으니 가족과 친척들이 찾아나섰다. 아무리 찾아도 없던
> 사람들이 동네 한 가운데 우물 속에 차곡차곡 젓 담그는 식으로
> 쌓여서 죽어 있거나, 야산 기슭 구덩이에 총살당해 묻혀 있거나
> 생매장을 당해 죽어 있었다. 그 중에는 노인, 여자, 어린아이 할
> 것 없이 똑똑치도 못했던 우익인사들이 가족들과 같이 몰사를 당
> 한 경우도 많았다. 군산 근처에서 제일 심했던 곳은 옥구군 미면
> 축동마을과 내가 첫 장가를 갔던 미면 신관리였고, 나의 첫 번째
> 처가도 죽었다고 들었다.
> 우리 민족이 언제부터 이렇게 잔인해졌는지 모르지만 좌익이든
> 우익이든 불쌍한 약소 민족으로 태어난 동포끼리 이게 무슨 바보
> 같은 짓인지!

---

32) 제주4·3사건에서 벌인 서북청년단의 활동에 관해서는 김종민, 「제주
4·3항쟁 – 대규모 민중학살의 진상 – 」, 『역사비평』 42, 1998 참조.
33) 김경남, 앞의 책, 97~98쪽.

전쟁은 좌·우익 모두에게 악마성과 광기를 불러내는 주술이었다. 그의 말대로 약소 민족이 왜 서로 죽여야 했는가에 대한 회한으로 치닫고 있다.
  나아가 6·25전쟁이 한 여성의 삶을 어떻게 파산시켰는가를 보여주고 있다.[34] 고은은 이를 시로 형상화하고 있다.

> 미제 용둔 원당에서
> 제일 아름답던 똑똑한 영자
> 열 살 때부터 출무성하여
> 처녀였던 영자
> 원당리에서 독점 나운리 산길 넘어가면
> 잔솔밭 새들도 찍소리 없고
> 지나가던 사람들 얼결에 걸음 멈추고
> 그 자리 서서
> 무슨 말이라도 한마디 듣고 가는 영자
> 인민군 들어와
> 반강제로 여맹 간부 노릇 하며
> 찢어진 치마 입고 다니고
> 여맹 간부 노릇한 죄목으로
> 이 사내
> 저 사내
> 치안대한테 욕보고 나서
> 혓바닥 깨물고 죽어버릴 줄이야
> (하략)

  어디서든지 들을 수 있는 흔한 이름의 영자라는 여성은 원치 않았건만 역사의 수레바퀴에 밀려 여맹 간부를 맡게 되었고 드디어 좌

---
34) 高銀, 「임영자」, 『만인보』 5, 창작과비평사, 1988.

익으로 몰려 처참하게 살해되었던 것이다.

또 다른 민중은 좌익이 우익 가족인 여교사를 학살하는 장면을 다음과 같이 기억하고 있다.[35]

> 내가 아는 여교사가 있었어. 사람 죽일 때는 자기들끼리만 안 하고 동네 사람들을 다 들로 나오라고 해. 나가 보니 몇 사람은 묶여 있고 한 쪽에서 그 여선생을 데리고 오더니 사람들이 달라들어 팔다리를 잡고 여자 가랑이 사이에 말뚝을 넣고 망치로 박아 죽이는 거야. 사람들이 보려고 안간 것이 아니라 넋이 나가서 발을 뗄 수가 없었어.

좌익이 우익 가족이라는 핑계로 광기의 학살을 자행하였던 것이다. 물론 그 역시 우익의 좌익 학살을 구체적으로 그리고 있지 않지만 이 역시 짤막하나마 언급하고 있다.

민중의 사적 기억은 이처럼 불완전하지만 공적 기록에서 배제된 여러 기억들을 살리는 실마리를 제공하고 있다. 물론 거기에는 처지에 따라 달리 기억될 수 있다. 그러나 사회 주도 계층에 비해 정치·사회적 요구를 덜 담고 있다. 이 점에서 그 지역에 살고 있는 주민들의 사적 기억에 관심을 가지고 복원할 필요가 있다. 특히 지역의 정체성이 대다수 사람들의 기억에 기반하여 수립되어야 한다는 점에서 그 작업의 의미가 결코 적지 않다.

IV. 맺음말

근현대 군산은 지방이라는 원천적 제약과 함께 일제의 통치를

---

35) 문세진, 앞의 글.

받은 경험과 분단 현실의 굴레에서 결코 벗어나 있지 않다. 그래서 이른바 공적 기록들은 매우 적을뿐더러 그 내용도 오로지 한편의 기억으로만 채워 있었다. 즉 해방 이전에는 일본인의 공적 기록만이 전부였고 해방 이후에는 분단 현실로 말미암아 한쪽의 기억만이 역사화되었다. 그러나 이러한 기억은 온전한 기억일 수 없다. 만일 한편만의 기억을 가지고 역사화하는 논리를 받아들인다면 일제가 내세우는 문명과 개발의 논리를 받아들이는 꼴이 될 것이다. 여기에는 조선인들이 삶의 터전을 앗아간 일제의 수탈과 차별, 그리고 자주적 삶을 지키기 위해 힘껏 싸운 저항의 기억은 좀처럼 남아 있지 않을 것이다.

따라서 공적 기록에서 배제된 사적 기억들을 적극 복원할 필요가 있다. 문학 작품과 구술 기록은 이러한 복원의 실마리를 제공한다. 그러나 여기까지 오는 과정에는 기억과 역사의 오래고도 지난한 투쟁이 반복되었다. '화해와 교류'라는 명제가 상징하고 있듯이 지역의 정체성도 이러한 새로운 변화에 맞추어야 한다. 그것은 유령으로 떠돌아다니며 분열과 혼돈을 야기했던 기억들을 統合과 穩宿으로 이끌어 내는 길이다.

이제 역사는 記憶의 專有에서 벗어나서 記憶의 共有를 향해 나아가야 한다. 그것은 한편의 사적 기억이 곧바로 공적 기록으로 대치해서도 안되지만, 공적 기록이라는 이름 아래 또 다른 사적 기억을 망각의 늪으로 몰아서도 안되기 때문이다. 특히 중앙의 기억만이 역사화되는 현실을 비판하면서 지역의 역사화 작업을 새롭게 추진하는 오늘날에 들어와서도 지역의 또 다른 기억을 지워나가는 작업은 자기 모순을 드러내는 행위이기 때문이다.

군산지역경제 110년, 전개·성격·전망
(1899~2009년)

김 민 영*

I. 문제제기

　금강, 만경강의 수운과 그 사이에 펼쳐진 비옥한 평야 등에 힘입어 일찍부터 경제사회의 발전을 이루어 온 군산지역은 특히 1899년 개항 이후 식민지시대를 거치며 전북지역 산업발전의 중심임을 자인해 왔다. 이후 지역산업경제의 전개 가운데 개항 110년, 이른바 '새만금시대'를 맞이하며 지난 변천과정을 회고하고 그 새로운 발전방향을 탐색하는 것은 매우 의미 있는 것이라 생각된다.
　특히 해방 전후의 격동기를 뒤로 하여 1960년대부터 본격화된 군산지역의 산업발전은 외항, 군산-익산-전주를 연결하는 산업단지, 간척사업 등으로부터 시작되었다 해도 과언이 아닐 것이다. 이로써 농업과 경공업에 눌려 늦어졌던 지역발전에 하나의 전기를 마련했다. 그러나 당시 기업들은 전근대적인 노동집약적 업체들로 구성되어 있었음을 부인하기 어려울 것이다.
　이후 1970년대에 들어 군산지역은 항구도시로서 원자재의 수입

---

* 군산대학교 경제학과 교수

과 제품의 대외수출에 유리한 입지조건을 토대로 전북지역의 경제발전을 견인한다. 하지만 이러한 입지조건 속에서도 지역의 산업단지는 뒤늦게 조성되어 낙후원인의 하나가 되었다. 군산임해산업단지가 1978년에 착공돼 유수 기업들이 입주하기 시작한다. 물론 이 시기까지 지역의 기업체는 대부분 섬유, 음식료품, 제지, 목재 및 가구제품 등으로 기술의 유발이나 부품생산개발의 연관효과가 적은 업종들이었기 때문이다. 이후 1980년대에 들어 군산지역의 공업이 양적인 성장을 거듭하지만, 전국에서 차지하는 비중은 여전히 매우 낮았다.

그렇게 본다면 군산공업계에 기계, 자동차공업 등 조립기계공업의 비중이 급성장한 것은 1990년대 이후인 셈이다. 군산지역을 중심으로 시작된 자동차산업이 현재까지도 전라북도의 핵심전략산업이라는 위치를 차지하고 있는 것처럼 그 비중은 절대적이라 해도 과언이 아닐 것이다. 대규모 자동차 생산공장이 건설, 가동되면서 이와 전후방적으로 연관된 기계, 전기, 전자, 소재 등 기반기술산업의 전반에 영향을 미쳐 전북지역 산업발전의 핵으로 자리 잡아 지역발전의 미래를 이끌 클러스터화의 유망자원으로 기대되고 있는 현실이기 때문이다.

군산지역의 1세기가 넘는 경제발전의 전개과정을 시기별로 나누는 데 있어서는 여러 가지 기준에 따른 다양한 시대구분이 있을 수 있다. 여기에서는 개항 110년을 염두에 두며 군산지역경제의 흐름을 그 형성과 역사적 전개과정을 중심으로 다섯 시기로 나누어 살펴보고자 한다. 즉 개발과 수탈의 시대(1899~1945년), 단절과 연속의 시대(1945~1960년), 정체와 모색의 시대(1961~1985년), 전환과 굴절의 시대(1986~1999년), 비전과 성숙의 시대(2000년~)가 바로 그것이다.[1]

II. 군산지역경제의 전개과정과 성격

1. 개발과 수탈의 시대(1899~1945년)

개항에서 해방에 이르는 시기, 군산지역은 독특한 역사적 경험을 하였다. 즉 1899년의 개항과 이후 식민지시대에 있어서 이 지역이 경험했던 '수탈과 개발'이라는 이율배반의 역사는 지역사회경제사의 전개에 있어서 가장 중요한 특징이라 할 수 있겠다.

1) 개항과 지역사회경제구조의 변화

주지하듯이 군산항은 천혜의 입지조건과 그 배후에 국내 유수의 곡창지대라 불리우는 호남평야가 광활하게 전개되고 있으며, 기타 서남해안에 이에 버금갈 양항이 없고, 또 중국대륙과의 교역에서 전초기지의 역할을 할 수 있다는 점 등에서 1899년 5월 1일 일본에 의해 개항되었다.

개항 당시 군산은 5, 6개의 구릉 기슭에 약 150여 채의 한옥이 산재하고 있었고, 저지대에는 조수가 드나들며 갈대가 무성한 습지였다고 알려지고 있다.[2] 다만 경장시장을 중심으로 충남의 서천방면과 강경 등지에 이르는 금강연안교역이 이루어지고 있었다.[3]

---

1) 개항 100년 군산의 도시성장과 지역경제의 전개에 대해서는 김민영, 「개항 이후 군산지역의 도시성장 과정과 전망」, 『개항100주년 기념학술세미나 발표집』, 1999 참조.
2) 개항 당시의 상황에 대해서는 群山府, 『府勢の概要』, 1935를 참조.
3) 특히 개항 전후 강경지역 상권의 변화와 군산지역과의 상관관계 등에 대한 것은 매우 중요한 연구테마라 생각된다. 이에 대해서는 김민영 외, 『금강 하구의 나루터 포구와 군산 강경지역 근대 상업의 변용』, 선인, 2006 참조.

개항과 동시에 이 지역에는 감리서, 경무서, 세관 및 우체사, 전보사가 설치되고, 1901년부터 일인의 자유도항이 시작되자, 일인들이 모여들게 된다. 또한 '각국거류지회'라는 기관도 생겨난다.
　아무튼 일제는 이 지역을 기본적으로 곡창지대의 미곡을 비롯한 농산물을 수집·반출하는 최적지로 판단하였다. 특히 1904년 러일전쟁에서 승리하자 일제의 침략은 가속화되어갔다. 즉 1906년 2월 통감부의 설치에 따라 군산이사청이 개설되고, 10월에는 기존의 군산민회가 군산일본거류민단으로 바꾸어진다. 또한 감리서도 폐지되고 이후 옥구부가 설치된다.
　1907년 10월 경무서는 일본의 이사청 경찰서에 병합되어 군산경찰서로 개칭되었다. 또한 우편사무도 우편국에 병합된다. 이후 1909년 11월 이사청의 사법, 감옥사무가 폐지되고, 독립적인 재판소와 감옥이 설치된다. 그리고 한일합방 이후인 1910년 10월에 조선총독부가 설치되자, 군산이사청은 폐지되고 전라북도 관할하의 군산부청이 생겨난다.
　결국 1914년 3월 부군통폐합의 결과, 각국거류지제도와 일본거류민단제도가 철폐되어 부제가 시행되고, 군산부는 시가지 행정만을 도맡아 이른바 근대적 도시로서의 기능을 수행하기에 이른다.[4]
　이렇게 볼 때 이 지역과 일제와의 관계는, 개항과 더불어 1914년 거류지제도가 철폐되기까지 15년간은 일제의 전관지역으로 '무간섭의 별천지'나 다름없었고, 이후 1945년 해방을 맞이하기까지 30여 년간 군산은 일제의 토지점탈과 식민지 경영의 교두보로서 특히 쌀의 집산과 유출을 방조했던 '식민지도시'로 설정할 수 있겠다.[5]

---

[4] 이러한 측면에서 군산지역은 도시 발전사의 측면에서도 매우 중요한 연구 대상지라 할 수 있다. 하지만 도시계획사 등 공간에 대한 연구를 포함하여 아직 미진한 실정이다. 따라서 향후 이에 대한 학제적인 연구가 필요하다고 생각된다.

2) 식민지시대, 지역경제의 전개과정

(1) 식민지적 농업구조와 쌀 수탈의 기지

식민지시대 일제가 수행한 정책은 기존의 한국사회를 유지시키고 있었던 봉건적 질서체계를 어떻게 하면 식민지적 착취에 적합한 사회구조로 재편할 것인가에 초점을 둔 것이었다. 따라서 이러한 일제의 정책기조는 크게 두 가지 방향에서 진행되었다. 그 하나는 근대적인 토지소유체계를 수립하고자 하는 토지조사사업을 필두로 한 농업정책이었고, 또 다른 하나는 이를 기반으로 추진하였던 식민지공업화정책이다. 하지만 이 모두가 우리사회의 내재적 발전의 역동성에 발맞추어 진행되었던 것이 아니고, 조선에 대한 일제의 식민지적 침탈을 위한 목적에서 비롯되었다는 점에서 식민지적 성격을 가진다 함은 의심의 여지가 없다. 군산은 바로 이 같은 배경하에서 우선 농업수탈의 기지로서의 기능을 담당하면서 일제의 통치기간 동안 개발과 수탈의 이중적 길을 걷게 되었던 것이다.[6]

1899년 개항 이래 군산지역에는 많은 일인들이 진출하여 1913년에는 거의 조선인의 수와 버금갈 정도였다. 또한 전주에서 군산을 잇는 호남평야지대는 일제의 광범한 토지수탈과 집중적인 미곡수탈의 직접적 대상이었다. 이들 지역에는 이미 일제침략 초기인 1900년대 초기부터 대규모의 일인들 농장과 대단위 간척농장이 만들어져 있었다. 이렇듯 당시 일인들은 이 지역 평야부의 토지들을 대부분 차지하며 지역지배를 강화하고 있었고, 나아가 쌀 수탈 전위의

---

5) 군산 개항 이후 군산지역의 사회경제상태에 대해서는 保高正記, 『群山開港史』, 1925 및 群山府, 앞의 책 ; 秋山忠三郎, 『群山府史』, 1935를 참조.
6) 1920, 30년대 군산 옥구지역의 식민지적 농업생산구조에 대해서는 김민영 외, 『철도, 지역의 근대성 수용과 사회경제적 변용-군산선과 장항선』, 2005를 참조.

역할을 수행하였다.

한편 이와 같은 조건 속에서 이들 지역에는 원활한 농업수탈의 길을 확보하기 위한 도로확충과 수리관개시설 및 철도건설이 이어졌고, 나아가 군산항을 중심으로 항만시설이 새롭게 조성되고 정비되어 나갔다. 당시 군산항은 전북지역에서 생산된 미곡뿐만 아니라 충남북지역에서 생산된 미곡의 대일 수출항으로서 목포, 원산과 함께 대표적인 식량공급기지의 역할을 수행하였다.

쌀의 수이출량은 지속적으로 증가하여 1933년에 이르러서는 전국 쌀 생산량의 53.4%에 달하는 엄청난 양이 일본으로 반출되었다(〈표 1〉 참조). 이로써 군산항은 쌀 수이출항으로서의 면모를 과시하면서 상대적으로 붐을 이루고 있었던 것이다. 그러나 이 시기 군산의 '붐'은 조선 민중의 것이 아닌 바로 일인들의 것이었으며, 따라서 지역민들에게는 상대적 박탈감과 굴욕의 역사를 강요하고 있었던 특징이 강하다.

〈표 1〉 1920, 30년대 군산항의 쌀 수이출고

(단위: 만 석)

년도	전국		군산항
	생산량	수출량	수출량
1926	1,497	544(36.3)	137(25.2)
1928	1,730	742(42.9)	161(21.7)
1930	1,370	540(39.4)	106(19.5)
1932	1,590	760(47.8)	163(21.4)
1933	1,630	870(53.4)	179(20.5)

주: 1) ( )안의 수치는 비율을 표시한 것.
　　　군산항의 수출비율은 전국수출대비임.
　　2) 1934년 군산항의 수출량은 200만 석을 돌파함.
자료: 군산시, 『군산시사』, 2000에서 재인용.

(2) 식민지공업화정책과 군산지역의 공업

 이 시기 식민지정책의 또 다른 측면에서는 식민지공업화정책이 추진되었다. 당시 일제는 원활한 전쟁수행을 위해 조선의 공업화 방향을 군수공업에 집중시키고자 했다. 이러한 일제의 공업화정책은 조선에 대한 고려로부터 출발한 것이 아니라 식민지 조선을 식량이나 원료의 공급기지로 삼아 자국의 내적 모순을 식민지 조선에 전가시키고자 하는 데에 그 목적을 두고 있었다. 따라서 공업화와 함께 추진되어온 식민지도시의 성장은 그야말로 일제의 필요에 따라 구성되고 개발되면서, 착취의 전진기지 혹은 대륙침략의 발판으로서의 역할을 수행함으로써 가능했던 것이라 할 수 있다. 바꾸어 말하면, 일제시대의 도시화는 식민지 경영을 위한 보다 적합한 도시공간을 창출하고자 하는 데 있었던 것이다.
 이러한 일제하 도시들의 역할수행은 군산항에도 예외 없이 적용되었다. 즉 1920년대에 이르러 군산에도 일제의 자본축적을 위한 근대적 공장이 신설되고 일인 경영의 기업들이 설립되기 시작한다. 이 시기 군산의 제조업은 정미와 양조를 중심으로 발달하였는데, 이것은 이 지역이 바로 전국 최대의 곡창지대였음을 반영하고 있는 것이다.
 당시 군산의 제조업체는 18개에 달했으며 이들은 정미와 양조를 중심으로 발달했고, 그 밖에 철공소, 농구제작, 고무공장, 연와공장 등이 있었으나 그 규모는 비교적 영세한 형태를 띠고 있었다.
 이후 1930년대 들어서면서 조선은 일본 독점자본의 본격적인 진출과 함께 극단적인 수탈경제체제로 들어서게 된다. 이 시기 세계경제는 대공황기에 접어들고 있었으며, 일본경제 역시 심각한 경제적 위기를 맞이하고 있었다. 일제는 이러한 경제적 위기를 극복하고 나아가 새로운 이윤획득을 위한 방편으로, 1931년「주요산업통

제법」을 공포하면서 자유경제에서 통제경제로의 전환을 시도하게 된다.

군산지역의 식민지 말기 공업 역시 그 정황을 반영하고 있다. 당시 군산지역에 존재했던 회사들의 대부분은 일본자본의 집중적인 투자와 진출을 통해 이루어졌으나, 업종에 있어서는 역시 본격적인 중공업 부분이 아닌 경공업에 해당하는 비교적 소규모의 전근대적 형태를 벗어나지 못하고 있었다.

〈표 2〉 군산 및 전북지역의 귀속재산 기업체 수(1949년)

구분	중앙직할	지방관리	기업체임대	기업체불하	계
전주	6	7	16	4	33
군산	6	27	20	14	67
이리	2	8	11	2	23
기타 군	12	47	34	3	96
전북 계	26	89	81	23	219

자료: 군산시, 『군산시사』, 2000에서 재인용.

하지만 1948년 정부수립 이후 귀속재산 처분과정에서 전북의 총 귀속기업체 219개 가운데 군산이 67개 업체로 그 비율이 매우 높은 것은(〈표 2〉 참조), 당시 군산의 산업이 비록 일본 독점자본에 의한 것이었긴 하지만 어느 정도 형성되었음을 보여주는 것이다. 특히 이 가운데 1932년에 세워진 경성고무는 한국인 기업가에 의해 설립된 유일한 중소기업체였다.[7] 그리고 바로 이러한 점에 '수탈과 개발'이라는 당시 군산지역경제의 이율배반적 성격이 내재되어 있었던 것이다.

이상에서 살펴보았듯이 개항에서 해방에 이르는 시기 군산지역

---

7) 고승제, 『한국경영사 연구』, 한국능률협회, 1975, 212~226쪽 참조.

경제의 전개는 '수탈과 개발'로 그 성격을 규정할 수 있겠다. 즉 개항과 더불어 이 지역은 일제의 전관지역으로 '무간섭의 별천지'나 다름없었고, 이후 1945년 해방을 맞이하기까지는 일제의 토지점탈과 식민지 경영의 교두보로서 '일인도시'가 되어, 쌀의 집산과 유출항으로 기능하고 있었다.

하지만 보다 중요한 것은 이러한 역사과정이 결코 일제의 수탈과 지역민의 수난의 역사만이 아닌, 이 지역민들의 일제에 대한 줄기찬 항거의 역사이기도 했다는 점에 있을 것이다. 여기에서는 지면관계상 생략했지만, 항만 노동자와 정미소 선미공들의 파업, 소작쟁의 등을 통해 일제와 항쟁했던 역사는, 이 지역의 근현대사에 있어서 결코 무시될 수 없는 중요한 부분이라 생각된다.[8]

동시에 이상에서 보아 왔던 '수탈과 개발'이라는 명제 이외에 '성장과 동화', '연속과 단절'이라는 각도에서도 이 지역의 독특한 식민지 경험에 대한 지역사회적 관점에서의 재해석이 절실히 필요하리라 생각된다.[9]

한편 근래 학계에서는 식민지적 유제의 청산을 국가적 차원에서뿐 아니라 지역사회적 수준에서도 검토되어야 한다는 문제가 제기되고 있다. 그리고 이러한 문제의식에 입각해 볼 때, 식민지 경험에 대한 지역사회적 관점에서의 재해석은 군산지역의 경우에도 매우 절실한 과제라 생각된다.

2. 단절과 연속의 시대(1945~1960년)

해방 직후 한국경제는 식민지 반봉건적 경제구조의 철저한 청산

---

8) 이에 대해서는 김민영 외, 앞의 책, 2005를 참조.
9) 이에 대해서는 역사문제연구소 편, 『한국의 근대와 근대성 비판』, 역사비평사, 1996을 참조.

과 그것에 기초한 자립경제의 건설을 그 당면과제로 안고 있었다. 즉 한편에서는 일본제국주의자본과 예속자본을 흡수함으로써 자립경제건설의 물질적 기반을 마련하고, 다른 한편에서는 반봉건적, 지주적 토지소유를 지양하는 것이 그 당면과제였던 것이다. 실제로 전자는 귀속재산의 처리로, 후자는 농지개혁으로 실시되었다.[10]

해방에서 1950년대 말에 이르는 시기, 군산지역경제는 기본적으로는 식민지구조의 단절과 함께 성장의 한계를 안고 있기는 했지만, 특히 정부수립 이후 줄곧 인접 도시들보다 우세한 가운데 진행되고 있었으며, 전국적인 수준에서도 상대적으로 낮지않은 수준임을 보여주고 있었다. 그리고 이러한 측면에 바로 이 시기 군산지역경제의 '단절과 연속'이라는 이중적 성격이 놓여 있었던 것이다. 하지만 이후 군산지역경제는 여타 지역 등과의 격차가 계속적으로 심화되면서 침체 일로를 걷게 되며, 이러한 추세는 한국사회의 자본주의 발전이 체계화되는 1970년대 이후 지속적으로 강화되어 간다.

따라서 여기에서는 해방에서 1950년대 말에 이르는 시기 군산지역경제의 전개과정을 '단절과 연속'이라는 시각에서 정리하고자 한다.

1) 해방~1950년대 한국경제의 전개

해방 후 귀속재산의 불하는 조선의 경제체제를 최종적으로 확정짓는 작업이었다. 이미 귀속재산의 접수를 둘러싸고 미군정과 노동자 사이의 대립이 노동자계급의 패배로 귀결됨으로써 조선의 경제체제가 어떻게 될 것인가 하는 문제는 일단 정리되었지만, 그것을 최종적으로 마무리한 것이 귀속재산의 불하조치였다. 귀속재산불하의 의의는 미군정 당시 각 정치세력들의 주장에도 드러나지만 정

---

10) 장시원 외, 『한국경제사』, 한국방송통신대출판부, 1994를 참조.

부수립 이후 귀속재산 처리법을 제정할 때에 커다란 쟁점이 되었다. 하지만 결국 귀속재산의 불하는 일제의 독점자본이 조선민중으로부터 수탈한 가치를 일부 유산계층에게 거의 무상으로 이전함으로써 일거에 사적 대자본을 형성하는 결과를 초래하였다.[11]

한편 농지개혁사업은 한국전쟁으로 말미암아 대혼란에 휩쓸려 많은 난관을 겪으면서 1968년 3월의 농지개혁사업 정리에 관한 특별조치법의 공포로 일단 종결을 보게 된다. 이 사이에 분배된 농지의 총면적은 귀속농지분배분을 포함하여 약 55만 정보였으며, 이것은 1945년말 소작지 총면적(147만 정보)의 37%에 불과한 것이었다. 더욱이 농지개혁법에 의해 소작지의 이동이 금지된 1949년 6월 현재의 소작지총면적(83만 정보)에 비해서도 66%에 불과한 것이었다.

이것은 두말할 필요도 없이 미군정 초기 이래 농지개혁의 실시가 기정사실화되면서도 1950년 4월까지 그 실시가 지연되는 사이에 개혁대상 농지가 엄청나게 빠져 나갔다는 것을 의미한다. 아울러 그나마 개혁을 통해 분배된 농지마저도 지가상환 부담의 과중성과 추가적인 농업생산 지원정책의 부재로 말미암아 상환지연, 수배농지의 불법전매, 소작관계의 재현, 농업노동자로서의 전락 및 탈농 등의 현상이 초래되었다.

하지만 농지개혁에 의해 지주적 토지소유는 확실히 큰 타격을 받았다는 것이 일반적인 지적이다. 그것은 오늘날의 농촌에서 하나의 계급으로서의 지주는 폐절된 데에서도 단적으로 엿볼 수 있다. 그러나 그렇다고 해서 농지개혁으로 농민적 토지소유가 확립되었다고 말하기는 어렵다. 그것은 개혁 전과 마찬가지로 영세과소농체제가 극복되지 않았으며, 물론 식민지기의 지주소작관계와 그 성격은 다른 것일지라도 오늘날 지주소작관계가 광범히 재생되어 있기

---

11) 이에 대해서는 김기원, 『미군정기의 경제구조』, 푸른산, 1990을 참조.

때문이다.[12]

현대사에서 한국전쟁이 갖는 의미는 지대하다. 그것은 하나의 전쟁으로서의 규모나 그 치열함이 대단했기 때문이기도 하겠지만, 그보다도 우리 민족사에서 남북분단을 고착화시키게 된 획기적인 계기로 되었다는 점에서 그러하다. 그럼에도 불구하고 한국전쟁 및 이를 둘러싼 현대사에 대한 우리의 연구는 한마디로 보잘 것이 없었다. 현대사에 대한 '지적 사보타지'로 표현되는 그간 우리의 학문적 풍토하에서 이에 대한 연구도 결코 예외일 수는 없었다. 설사 그에 대한 연구가 있었다 하더라도 대부분 국제정치적, 외교적 및 이데올로기적 측면에서 이루어졌고, 사회경제적 측면에서의 연구란 정말 찾아보기 어려운 실정이다.[13]

이에 대한 사회경제적 연구의 기존의 풍토가 이러할진대 하물며 지역의 사회경제사의 측면에서의 연구는 문자 그대로 '사각지대'였다 할 수 있을 것이다. 향후 이에 대한 연구의 진전을 기대해본다.

2) 해방 직후, 군산지역경제의 전개

해방 직후 군산지역경제는 급격한 단절의 과정을 밟게 된다. 즉 해방과 함께 국내의 경제기반을 장악하고 있던 일본자본들이 대대적으로 철수하게 되고, 또 자동적으로 식민지정책이 소멸하게 되었기 때문이다. 이에 따라 군산은 이른바 식민지적 성장의 기반이 되었던 쌀 수이출항으로서의 기능이 상실됨으로써 정체와 쇠퇴의 길을 걷게 되었던 것이다. 또한 이것은 과거 군산의 성장이 일제의 식민지 통치전략과 맞물려 식량의 공급기지로서의 역할을 담당함

---

[12] 농지개혁에 대해서는 유인호, 「해방후 농지개혁의 전개과정과 성격」, 『해방전후사의 인식』 1, 한길사, 1979를 참조.
[13] 이대근, 『한국경제의 구조와 전개』, 창작과 비평사, 1987 참조.

으로써 가능했던 것임을 보여주는 것이다.

또한 이러한 군산항의 활성화와 침체는 일제의 식민지 도시화전략 및 이후의 지역편향적 개발정책과 밀접히 관련되어 있는 것이다. 군산은 이러한 배경 속에서 탄생되어 부침을 거듭한 도시로서의 전형적인 예에 해당한다.[14]

주지하듯이 1945년 해방과 함께 한국은 광공업지대인 이북과 농업지대인 이남으로 분단되어 남한의 공업은 상당기간 부진을 면치 못하게 되었다. 즉 남한지역은 남농북공의 경제구조하에서 원료의 공급과 기계류의 반입이 어렵고 판로가 끊어져 생산이 어려워졌기 때문이다.

따라서 이 시기 군산지역의 공업발전 역시 남한공업의 전반적 부진과 함께 정체를 면치 못했다. 즉 해방과 함께 군산은 일제시대에 가졌던 항구도시로서의 위상을 급속하게 잃어갔으며, 일본자본의 철수와 동시에 북한, 만주, 중국, 일본과의 거래 및 왕래가 거의 중단됨으로써, 무역항 및 상업도시로서의 면모를 일시에 상실하면서 오랜 침체상태에 빠져들게 된다. 요컨대 일인의 철수와 원료구입난, 기술부족, 일본·북한·중국의 판로상실 등으로 지역 내 공장들이 대부분 문을 닫았던 것이다.

한편 1948년 정부수립 이후 미국의 대외원조가 활발해지면서 한국의 공업도 점차 회복세로 들어서기 시작하였으며, 군산지역경제도 상대적으로 전북지역에서 가장 활발한 경제활동을 보여주었다. 그리고 그것은 일제하 일본에 의해 집중적으로 개발되어 군산지역에 남아있던 공업시설들이 다시 정상적으로 가동되는 과정을 보여주는 것이었다. 실제로 1949년의 경우 이 지역의 기업체 수는 67개로 전주시의 3배를 넘을 정도로 많았고, 이는 전라북도 전체 기업

---

14) 김영정 외, 『근대 항구도시 군산의 형성과 변화』, 한울아카데미, 2006 참조.

체(219개)의 31%에 해당되는 것이었다.

하지만 이러한 상황은 1950년 한국전쟁을 맞이하면서 크게 위축되며, 이후 1952년을 기점으로 다시 섬유공업, 직물공업, 화학공업, 기계공업, 제지공업 등을 중심으로 소규모 공장이 서서히 들어서기 시작한다. 하지만 당시의 경제구조는 대부분 영세성을 면치 못하고 있었으며 기술수준도 대단히 낮은 것이었다. 이 당시 전북공업은 대부분 소비재 공업으로 철강, 비금속, 석유화학 등 기초소재산업은 전무한 상태였으며, 기계공업 역시 초보적인 상태에 머무르고 있었다.

즉 1953년 전라북도내의 공장 수는 모두 402개 업체에 종업원 9,538명이었으며, 군산에는 메리야스공업 8개, 직물공업 2개, 고무공업 5개, 제지공업 3개, 기계공업 14개, 성냥공업 3개, 제유공업 1개 등으로 총 37개 업체가 있었다.

한편 1957년에 이르면 전북도내 공장 수는 모두 876개로 증가하는데, 영세한 한지공장이 315개로 전체의 35.9%를 차지하고 있었으며, 직물공장이 220개를 차지하고 있었다. 이 가운데 군산에는 총 115개의 공장이 있어 전라북도 전체 공장수의 13%를 차지하고 있었으며, 업종별로는 직물 35개, 메리야스 11개, 기계 20개, 연탄 5개, 인쇄 4개, 정부미 도정 7개, 고무 4개, 양지 3개, 유지 3개, 성냥 2개, 과자 13개, 피혁 2개, 유리 1개 업체 등이었다.

그러나 당시 도내 중요기업체 16개 중에서 10개 업체가 군산에 집중되어 있었다는 점은 상대적으로 군산의 공업발전이 여전히 도내에서는 가장 앞서 있었다는 사실을 나타내주고 있다. 당시의 주요공장들을 보면 고려제지, 풍국제지, 한국주정, 청구목재, 경성고무, 한국조선공사, 한국원양제빙공업, 해양제지, 군산직물, 조선특수이기(利器)연구소 등이었다.

이처럼 1950년대 말 군산지역경제는 초반보다는 약간의 성장세를 보였으며, 특히 당시 군산에서 생산된 청주, 제지, 가위, 합판, 고무화 등의 품목은 전국적으로 상당한 기반을 구축하고 있었다. 하지만 자본력, 생산기술, 그리고 유통분야에서 취약한 경쟁력을 가졌던 군산시 소재의 공장들은 상당 부분 도산하고 만다. 그러나 보다 근본적으로는 당시 군산지역경제는 국제 무역항으로서의 특성을 거의 살리지 못한 채 도내수출을 전담하는 임해공업도시로 성장할 수밖에 없는 구조적인 한계를 안고 있었다.

이렇듯 해방에서 1950년대 말에 이르는 시기, 군산지역경제는 기본적으로는 식민지구조와의 단절 및 연속과 함께 이른바 성장의 한계를 안고 있었지만, 50년대 초반까지는 원조물자, 그리고 그 이후에는 원목, 화공품, 무연탄, 가축사료 등을 중심으로 하는 수입항으로서의 역할을 담당하였다. 또한 군산항은 수입원목을 가공하여 합판으로 재수출하는 가공수출로 제한적인 역할을 수행하면서 이 시기 항구의 역할을 담당해 왔다.

요컨대 1948년 정부수립 후 군산지역경제는 상대적으로 인접도시들보다 우세한 가운데 진행되어, 전국적인 수준에서도 상대적으로 높은 수준을 보여주고 있었다. 그리고 이러한 측면에 바로 이 시기 군산지역경제의 '단절과 연속'이라는 성격이 놓여 있었던 것이다. 하지만 이후 수도권·영남지역 등과의 격차는 계속적으로 심화되어 군산의 지역경제는 침체 일로를 걷게 되며, 이러한 추세는 한국사회의 자본주의 발전이 체계화되는 1970년대 이후 지속적으로 강화되어 간다.

3. 정체와 모색의 시대(1961~1985년)

주지하듯이 한국경제는 1960년대에 본격적으로 시작된 경제개발계획과 함께 이후 공업화를 가속하면서 수출지향적 경제개발정책을 추진하였다. 1962년에 시작된 제1차 경제개발계획의 이론적 토대는 이른바 '근대화론'이었다. 따라서 이것은 필연적으로 '외자를 주축으로 한 외연적 불균형 성장모형'에 기반하고 있었으며, '자립경제기반구축과 공업화'라는 형태로 전개되었다. 구체적으로는 공업단지의 형성과 공업화에 필요한 전력·수송의 수요충족을 위한 전력개발, 고속도로건설 등 사회간접자본의 확충과 같은 개발사업들이 집중적으로 추진되었다. 그 결과 영남해안권을 중심으로 공업단지가 속속 설립되기 시작한다.

반면 상대적으로 농업부문에 대한 비중이 높았던 전북지역은 전형적인 저발전의 경로를 밟게 되었다. 특히 이러한 지역편향적 공업화전략에 따라 군산지역경제 역시 상대적으로 낙후되는 결과를 낳았으며, 이 지역의 공업은 전반적인 침체에 빠져든다.

물론 군산지역은 식민지도시성장의 기초를 제공한 고도밀집도시로서 그러한 영향은 1960년대 중반까지 지속되어, 1965년의 경우 인구생태적 집적순위 전국 3위를 기록할 정도였다. 하지만 1980년대 중반까지 군산시를 비롯한 전북지역 전체가 국가의 지역편향적 발전정책의 소외지역으로 전락하면서, 군산지역의 경제적, 인구생태적, 그리고 사회적 자원의 집적도가 매년 커다란 폭으로 떨어지고 만다.[15]

한편 1980년대 중반에 접어들어 국가 차원의 산업구조조정정책과 서해안개발사업계획이 발표되면서 군산 및 주변지역은 커다란 성장의 관심지역으로 대두되기 시작한다. 따라서 여기에서는 1960년대 이후 1980년대 중반에 이르는 시기 군산지역경제의 전개과정을 '정체와 모색'이라는 관점에서 조명해 보고자 한다.

---

15) 위의 책 참조.

1) 지역편향적 공업화전략

1960년대 이후 1980년대 중반에 이르는 시기의 한국자본주의를 한마디로 말하자면, 경제개발계획 및 수출지향형 공업화를 통한 고도의 자본축적과 저임금-저곡가에 기초한 독점자본의 발전과정으로 요약할 수 있을 것이다. 그리고 이는 다른 한편에서 농업의 비중이 크게 줄어드는 과정이기도 했다. 특히 1960년대 중반 이후 급격한 이농에 따른 농촌에서의 잠재적 과잉인구의 감소, 기술직 노동자의 부족, 노동운동의 발전, 세계자본주의의 불황 등으로, 한국

〈표 3〉 국민총생산(GNP) 대비 도별 지역총생산(GRP) 규모

(단위: 십억 원, %)

지역	1968년	1976년	1984년
서울	1,378(26.51)	3,179(28.19)	20,394(29.10)
부산	392(7.56)	994(8.82)	6,120(8.73)
대구	-	-	3,121(4.45)
인천	-	-	2,941(4.20)
경기	488(9.39)	1,294(12.63)	7,913(11.29)
강원	268(5.15)	455(4.02)	2,783(3.97)
충북	230(4.42)	422(3.75)	2,185(3.12)
충남	446(8.59)	712(6.31)	4,016(5.73)
전북	342(6.59)	565(5.01)	2,919(4.17)
전남	453(8.71)	977(8.67)	5,095(7.27)
경북	620(11.94)	1,248(11.07)	4,839(6.90)
경남	516(9.93)	1,195(10.60)	7,061(10.68)
제주	63(1.21)	105(0.93)	697(0.99)
국민총생산	5,196(100.00)	11,276(100.00)	70,084(100.00)

주: 1) 1968년 및 1976년의 규모는 1975년 기준 불변가격임.
    2) 1984년은 경상가격임.
자료: 한국과학기술연구소(1980), 내무부의 GRP 산출기초자료(비공개).
    김영정 외, 『근대 항구도시 군산의 형성과 변화』, 한울아카데미, 2006 에서 참고 재구성.

경제는 1970년대에 접어들면서부터 이른바 노동집약적 수출산업의 국제경쟁력이 약화된다.

한편 선진자본주의의 과잉자본수출의 요구에 따라 1973년 이후 중화학공업에의 투자가 증대하여, 1970년대 후반부터는 중화학공업이 한국자본주의의 가장 핵심적이고 주도적인 부분으로 변하게 된다. 그러나 중화학공업에의 집중투자는 수입대체에 기여하지 못하고 국제수지 불균형을 확대시켰으며, 독점자본은 이를 공업제품의 수출증대로 해소하려고 했으므로, 저임금구조를 어떻게 지속시키느냐 하는 것이 국내 경제구조 개편의 중심적 과제였다.

이 시기, 특히 1960년대 이후 국가차원의 경제개발정책이 본격적으로 추진된 이래 군산시를 비롯한 전북지역은 지속적인 상대적 저발전을 경험해 왔다. 이러한 사실은 1968년, 1976년, 그리고 1984년도의 우리나라 국민총생산(GNP) 대비 지역총생산(GRP) 규모를 비교해 보면 잘 드러난다.

즉 이 시기에 전북의 경제적 생산규모는 각 년도별로 전체 GNP 대비 6.59%, 5.01%, 그리고 4.17%에 지나지 않을 정도로 매우 낮았고, 또한 그 비율은 매년 크게 감소하고 있다(〈표 3〉참조). 이것은 전북지역이 1960년대 이후 본격적으로 추진된 국가차원의 경제발전전략으로부터 지속적으로 소외되어 왔다는 사실을 단적으로 보여주는 것으로 해석된다. 더욱이 이와 같은 전북의 왜소한 경제력을 더욱 극적으로 보여주고 있는 것은 1984년 전북의 총지역생산(GNP 대비 4.17%)이 인천시 지역생산(GNP 대비 4.20%)에도 미치지 못하고 있다는 사실이다.

전북과 같이 3개년도 모두 지속적인 생산력의 감소를 보이고 있는 지역은 같은 호남지역인 전남, 그리고 충남, 충북, 강원도 등이다. 반면 경북 및 경남지역의 생산력 규모의 증대는 매우 놀랍다. 특히 경북·대구지역의 지역총생산은 각 년도 GNP 대비 11.94%,

11.07%, 그리고 11.35%를 기록하고 있다. 특히 1984년의 경북·대구지역의 GNP 대비 생산규모(11.35%)는 전북 및 전남을 포함하는 전체 호남지역의 생산규모(11.44%)와 비슷한 실정이었다.

2) 정체와 모색기, 군산지역경제의 전개

주지하듯이 군산지역 경제발전의 역사적 과정은 우리나라뿐만 아니라 오늘날 제3세계국가 일반에서 '정책적으로 소외된 도시지역의 몰락'이 어떻게 진행되는가를 보여주는 전형적인 사례의 하나로 지적되고 있다.[16] 즉 역사적으로 볼 때, 이미 살펴 본 바와 같이, 군산시 주변지역은 우리나라 최고의 미곡생산지역으로 일제의 집중적인 개발 대상지역이 되었다. 특히 군산항은 일제가 주변의 김제 및 만경평야 등지에서 생산된 미곡을 자국으로 유출하기 위하여 개발한 계획적 항구도시로 크게 번창하였던 도시였다.

해방 이후 1965년도에 들어와서도 비록 군산시의 경제력은 전국 32개 도시 중 12위를 차지하였지만, 인구 및 생태적인 집적도는 32개 도시 중 서울, 대구에 이어 3위를 차지할 정도로 높았다. 이것은 일제시대의 개발효과가 누적적으로 작용하여 그 영향력이 60년대 중반까지 지속되었기 때문으로 이해된다.

따라서 오늘날 군산지역경제의 절대적·상대적 낙후성이 뚜렷하게 나타나는 시기는 1970년대 중반 이후로 규정할 수 있고, 그러한 저발전을 유도한 사회구조적 원인은 1970년대 이후에 본격적으로 추진된 중화학공업의 지역편향적 추진전략이었다고 규정할 수 있다. 즉 중화학공업의 본격적인 육성을 기본적인 정책기조로 삼았던 제3차 경제개발 5개년계획(1972~1976)이 본격적으로 추진되면서 영남의 일부 신흥공업도시에 집중적인 경제적 투자가 이루어졌던 반면에,

---

16) 위의 책 참조.

상대적으로 군산을 비롯한 전북지역은 그러한 정책으로부터 크게 소외되었기 때문으로 풀이된다. 물론 이러한 경향은 군산을 비롯한 전북의 도시지역뿐만 아니라, 호남의 도시지역에서도 마찬가지로 나타난다. 따라서 오늘날 우리나라의 지역적 불균등의 대표적인 사례로 지적되고 있는 영호남 간의 불균등발전이 본격적으로 나타나게 되는 구체적인 시기는 1970년대 중반 이후로 볼 수 있다.

아무튼 제1차 경제개발계획 기간 동안 한국경제는 연평균 7.9%의 경제성장을 이루어내는 괄목할만한 성장궤도에 오른 반면에, 군산을 비롯한 전북지역의 산업구조는 점차 1차산업의 기반 약화, 2차산업의 상대적 침체, 3차산업의 기형적 성장이라는 형태를 띠게 된다. 아울러 이후 지속적인 수출드라이브 정책과 공업화정책으로 한국경제는 급속한 공업발전을 이루게 되었지만, 군산 및 전북지역은 여전히 공업발전계획에서 배제되면서 지속적인 침체상황에 빠져든다.

물론 제2차 경제개발계획이 실시된 1967~1971년 사이 전북지역에서는 공업화가 다소 신장세를 보이면서 연평균 12.0%의 광공업 성장을 보여주기도 한다. 특히 군산지역의 경우에는 1960년대에 들어서면서 합판수출이 활발해지자, 한국합판(1962년), 신흥목재(1962년) 공장이 설립되고, 우풍화학, 호남제분, 군산화전, 한양통상 등이 탄생했다. 또한 기존의 백화양조, 경성고무, 고려제지, 한국주정, 청구목재, 한국이기(利器), 풍국제지, 미각산업, 영진공업 등이 판로를 전국적으로 넓혀가기 시작한다.

그럼에도 불구하고 이 시기 군산지역은 여전히 국가의 공업개발 후보지에서 제외되었으며, 단지 합판공장을 선두로 한 극히 영세한 일부 기업들이 지역경제를 이끌어 가고 있었다.

아울러 1971년 이후 1980년대 중반에 이르는 약 15년 동안의 군산시 산업구조의 변화 양상을 보더라도, 군산시를 공업도시로 육성하겠다는 여러 계획들은 실질적인 성과를 거두지 못하였던 것으로 평가된다. 즉 이 시기 군산지역경제의 특징을 간추리면, 우선 1971~1985년의 15여 년 동안 군산시 제조업 및 비제조업체의 성장율이 지극히 낮았다는 사실을 들 수 있겠다. 그리고 이러한 사정은 이 시기 군산시 지역경제의 침체를 그대로 반영하고 있다. 또한 제조업 부문 종업원 수의 증가속도 역시 극히 저조한 실정이었다.17)

한편 1980년대 중반에 들어 국가 차원의 산업구조조정정책과 서해안개발사업계획이 발표되면서 군산 및 주변지역은 커다란 성장의 관심지역으로 대두된다. 즉 6공화국 말기에 가시화된 '서해안지역 개발사업계획'이 바로 그것이다. 따라서 과연 군산지역이 서해안개발의 거점도시로 성장할 수 있을 것인지가 주목되고 있었다.

이상 살펴보았듯이 군산지역은 비록 식민지도시로서 성장하기는 하였지만, 한국 도시성장의 기초를 제공한 고도밀집도시였음이 분명하다. 그리고 그러한 영향은 1960년대 중반까지 지속되어, 1965년의 경우 인구생태적 집적순위 전국 3위를 기록할 정도였다. 그러나 이후 군산지역은 과거 영광의 불빛이 점차적으로 희미해져 가고 있는 '회한의 도시'였음이 분명하다. 물론 여타 호남권의 도시가 1970년대 이후 계속적으로 정책의 소외지구로 버림받아온 것은 마찬가지였지만, 군산지역만큼 상대적 박탈감을 크게 경험한 도시도 없을 것이다. 과연 군산지역이 서해안개발의 거점도시로 성장하여 비전과 성숙의 시대를 맞이할 수 있을 것인지는 현재로서는 과제로 남아 있다고 생각된다.

그리고 바로 이러한 점에서 1960년대에서 1980년대 중반에 이르는 시기, 군산지역경제의 전개과정은 '정체와 모색의 시기'로 특징지을 수 있겠다.

---

17) 위의 책 참조.

4. 전환과 굴절의 시대(1986~1999년)

　이처럼 1980년대 초반까지 군산지역은 국가의 지역편향적 발전정책의 희생지역으로 전락하면서 경제적, 인구생태적, 그리고 사회적 자원의 집적도가 매년 커다란 폭으로 떨어지고 만다. 하지만 1980년대 중반에 들어 국가 차원의 산업구조조정정책과 서해안개발사업계획이 발표되면서 군산 및 주변지역은 커다란 성장의 관심지역으로 대두된다.
　한편 군산지역의 이러한 변화과정에 대해서는 매우 상이한 두 가지 이론적 설명방식이 제기되고 있었다. 그 하나는 1960년대 이후 산업화 과정에서 배제되어 온 군산지역이 1980년대 중반 이후 서해안개발의 붐을 타고 '노동집약적인 사양산업 또는 구조불황산업의 공간으로 변모되어 가고 있다'는 입장이고, 다른 하나는 이 지역이 이미 '성장 및 성숙산업지대로 전환하여 산업구조의 고도화가 급격히 이루어지고 있는 신규투자지역으로 바뀌어 가고 있다'는 입장이다. 이처럼 이러한 두 입장은 커다란 시각차이를 드러내 보이고 있기는 하지만, 1980년대 중반 이후 이 지역이 그 이전과는 달리 변모해 가고 있다는 사실에 대해서는 어느 정도 인식을 같이하고 있는 것으로 이해된다.[18]
　요컨대 이들 주장처럼 1980년대 중반 이후 군산지역이 과거의 저발전의 늪으로부터 벗어나 새로운 도약의 계기를 맞고 있는 것이 사실인지, 아니면 이들의 주장이 그릇된 것인지에 대해서는 단언하기에 시기상조였다고 생각된다. 그러한 가운데 1990년대 말 예기치 않았던 IMF 경제위기로 인해 지역경제는 더 큰 소용돌이 속에 빠져들었기 때문이다. 따라서 여기에서는 1980년대 중반 이후 군산지역

---

18) 위의 책 참조.

경제의 전개과정과 전망을 '전환과 굴절'이라는 시각에서 정리하고 자 한다.

1) 서해안개발사업과 군산지역개발

주지하듯이 군산지역경제는 그간 퇴행적 발전을 거듭해 왔다. 하지만 최근 들어 이 지역의 발전구도에 커다란 전환이 예고되고 있다. 그러한 변화를 이끌고 있는 구체적 요인은 이른바 '서해안지역개발사업계획'이다.

서해안개발사업은 1989~2001년간 총 20여 조 원을 투자하여 산업기지건설, 공단확충, 상하수도건설, 수자원개발 등을 목적으로 실시되는 개발계획이다. 즉 서해안개발사업은 동남권에 비하여 크게 낙후되어 있는 서해안지역의 개발을 촉진하기 위한 신규사업(약 17조 원 투자 계획)과 이미 시행 중이거나 시행이 확실시되고 있는 사업(약 5조 원 투자 계획) 등 100여 개 이상의 사업으로 구성되어 있다(〈표 4〉 참조).

이 가운데 전북 관련 사업은 30여개 사업으로, 총 4조 5백억여 원이 투자될 계획이며, 이 가운데 72%에 해당하는 3조여 원이 군산 및 인근 지역의 개발을 위하여 투자될 예정이다. 이는 곧 군산지역 개발계획이 서해안개발사업 전체의 핵심적인 내용을 구성하고 있다는 것을 의미한다.

서해안개발사업의 구체적인 내용 가운데 군산시 발전구조에 가장 직접적인 영향을 미치게 되는 사업은 무엇보다 군산국가공단 및 군장국가공단 조성사업이다(〈표 5〉 참조). 물론 금강하구둑과 외항 건설사업이 본격화되었던 80년대 중반부터 전라북도와 군산시는 군산지역을 전북 공업화의 핵심지역으로 개발하려는 계획을 마련해 놓고 있었다. 즉 전북 차원에서도 군산지역은 중화학공업 및 수

〈표 4〉 군산지역 서해안개발사업계획의 내용

(단위: 억 원)

사업명	사업기간	예상사업비(A)	투자액(B)	B/A(%)
군장국가공단	1989~2001	7,067	288.1	4.07
군산국가공단	1989~1992	1,600	1,557.4	97.31
군산하수처리장	1989~1994	647	71.1	10.97
군산외항건설	1974~1992	523	508.0	97.13
군산-장항철도	1993~1995	195	-	-
용담댐건설	1989~1997	4,334	83.5	1.93
새만금지역간척	1987~2001	7,500	309.3	4.12
군산대학종합대승격	1987~1992	116	75.0	64.66
옥구발전소	1997~2001	7,100	-	-
군산비행장	1996~2001	-	-	-
계	-	29,082 (21,982)	1,046.9	3.60 (4.76)

주 1) 모든 투자예상액은 최초 계획 금액이며, 물가상승 및 세제확정 이전 금액임.
2) 투자액 규모는 1991년 말 현재까지의 상황임.
3) ( )의 숫자는 1991년 현재 미착공 사업을 제외한 현황임.
자료: 전라북도,『제2차 전라북도 종합개발계획 1992~2001』, 국토개발연구원, 1994 ; 김항석,『환황해권시대의 군산지역개발』, 영창인쇄기획, 2009 ; 백학기,「서해안개발사업의 허와 실」, 호남사회연구회,『호남사회연구』창간호, 1993 참고.

출항으로서의 기능을 담당하는 공업도시로 육성한다는 프로그램을 오래 전부터 가지고 있었다. 결국 군산지역의 이러한 산업육성 프로그램은 군산시가 서해안개발사업의 중심도시로 부상하면서 더욱 화려해진 것이다.

결국 전라북도와 군산시는 해안간사지를 이용하여 공단을 조성할 수 있도록 구 옥구군 해면을 산업기지로 지정하여 줄 것을 중앙정부에 건의하였고, 정부는 이를 받아들여 1987년 8월 옥구군과 충남 서천군 일부 해면을 산업기지로 확정·고시하였다. 이후 정부는

〈표 5〉 군장국가공단 조성계획

(단위: 만 평)

구분	계	군산국가공단	군장국가공단			비고
			계	시행중	계획	
군산지구	2,510	209	2,301	477	1,824	
장항지구	1,550	–	1,550	–	1,550	
계	4,060	209	3,851	–	3,374	

자료: 군산시, 『지역개발사업추진상황』, 1993 ; 김영정 외, 『근대 항구도시 군산의 형성과 변화』, 한울아카데미, 2006.

서해안개발을 구상하는 과정에서 군산과 장항을 잇는 군장국가공단 조성계획을 확정·고시하였다. 결국 군산국가공단 조성사업이 1988년에 우선 착공되었고, 이어서 1993년에 군장국가공단이 착공되었으며, 나머지의 계획사업은 1995년 이후 단계적으로 실행되어 가고 있다.

2) 군산지역 산업구조의 변화

그렇다면 이러한 계획들이 추진되기 시작한 이래 군산지역경제가 과연 어떠한 실질적인 변화를 일으켰을까. 하지만 결론을 서둘러 말하자면 이를 평가하기에는 어려웠던 시기라 생각된다. 특히 1970년 이후 약 20여 년 동안의 군산시 산업구조의 변화 양상을 알아보면, 군산시를 공업도시로 육성하겠다는 여러 계획들이 실질적인 성과를 거두지 못하였던 것으로 평가되기 때문이다.

즉 우선 이 시기 20여 년 동안 군산시 제조업 및 비제조업체의 성장율은 지극히 낮았다. 이는 그 20여 년간 군산지역경제의 침체를 그대로 반영한다. 물론 국가차원의 산업구조조정시책이 본격화되던 1980년대 중반 이후 오늘날까지 제조업체수가 110여 개에서 130여

개로 증가하여, 이 부분에서 어느 정도의 성장이 달성된 것으로 평가할 수 있다. 그러나 이 정도의 증가율은 같은 기간 동안에 달성된 전국 수준의 제조업 성장률에 비하면 극히 미미한 것이었다(〈표 6〉 참조).

〈표 6〉 군산시 산업의 성장: 1971~1993년

구분		1971	1985	1993
제조업	사업체 수	137(100)	156(114)	179(131)
	종업원 수	8,987(100)	12,170(135)	10,437(116)
비제조업	사업체 수	339(100)	779(200)	751(188)
	종업원 수	2,063(100)	11,339(550)	12,007(582)
계	사업체 수	536(100)	935(174)	930(174)
	종업원 수	11,052(100)	23,509(204)	33,444(195)

주: 1) ( )안의 숫자는 증가지수.
    2) 비제조업의 경우는 도소매업이 제외되었음.
    3) 1993년 비제조업 실태는 1991년 말 현황임.
       1993년 제조업체 현황은 93년 11월 말 현재 가동업체 수.
자료: 김영정 외, 『근대 항구도시 군산의 형성과 변화』, 한울아카데미, 2006.

또한 제조업 부문 종업원 수의 증가속도 역시 극히 저조했다(〈표 7〉 참조). 즉 1985년 이후 제조업 부문 종사자 수의 증가속도가 마땅히 가시적으로 나타나야 하는데, 실제로는 그렇지 못했던 것이다. 이러한 사정을 보다 더 정확하게 확인하기 위해, 제조업부문 내부구성의 년도별 변화를 살펴 볼 필요가 있다. 또한 이로부터 다음과 같은 중요한 몇 가지 사실을 확인할 수 있다.

첫째, 군산시는 전통적으로 노동집약적 산업의 대표적인 업종의 하나로 꼽히는 목재가구업이 발달한 지역이었다. 이러한 사실은 85년의 목재가구업체수가 총제조업체 수의 33%를 차지하고 있다는 점에서 분명하게 드러난다. 그러나 1985년 이후 이 업종의 사양화가

〈표 7〉 군산시 업종별 제조업 현황: 1985~1993년

구분	1985년		1993년	
	사업체 수	종업원 수	사업체 수	종업원 수
음식료품	28(17.9)	1,982(16.3)	33(18.4)	1,659(15.9)
섬유의복	15(9.6)	910(7.5)	33(18.4)	1,110(10.6)
목재가구	52(33.3)	5,179(42.6)	45(25.1)	1,115(10.7)
종이인쇄	5(3.2)	692(5.7)	6(3.6)	1,299(12.4)
석유화학	15(9.6)	1,477(11.9)	18(10.1)	1,452(13.9)
비금속광	15(9.6)	1,094(9.0)	14(7.8)	1,802(17.3)
1차금속	2(1.3)	282(2.3)	3(1.6)	379(3.6)
조립금속	26(16.7)	564(4.6)	25(14.0)	1,405(13.5)
기타	3(1.9)	20(0.2)	2(1.1)	216(2.1)
계	156(100.0)	12,170(100.0)	179(100.0)	10,437(100.0)

주: 1993년 사업체 수는 11월 말 현재 가동업체수임.
자료: 군산시 지역경제과 내부자료. 김영정 외, 『근대 항구도시 군산의 형성과 변화』, 한울아카데미, 2006.

매우 빠르게 진전되고 있었다. 이것은 업체 수의 감소경향뿐만 아니라 종사자 수의 급격한 감소경향에서도 확실하게 드러난다.

둘째, 당시 대표적인 산업으로 꼽히는 석유화학업종은 거의 성장이 이루어지지 않고 있다. 물론 1985년 이후 몇 개의 업체가 신설되기는 하였으나, 종업원 수에 있어서는 그다지 변동이 없다. 하지만 이 시기 비금속광물업(유리, 시멘트, 내화산업 등)의 종사자 수가 비교적 괄목할만한 성장을 보이고 있는 것은 사실이다.

셋째, 조립금속업(전자 및 전기, 운송 및 기계장비, 의료 및 과학 장비 등)의 경우, 사업체 수의 특별한 증가경향이 보이지 않고 있음에도 불구하고 종업원 수는 600여 명에서 1,500여 명으로 2배 이상의 성장률을 보이고 있다. 주지하듯이 조립금속업은 1980년대 이후 한국경제성장을 선도하고 있는 대표적인 업종이다. 그렇기 때문에 이 업종은 신산업화의 주도업종으로 간주된다. 특히 이 업종에 속

하는 전기 및 전자산업의 육성은 80년대 중후반 산업구조조정의 핵심적인 내용을 이루었다. 하지만 전국적 수준에서 볼 때, 1980년대에 신설된 조립금속업체의 대부분은 수도권(약 60%)과 영남권(약 34%)에 위치하고 있었다.

요컨대 군산시의 산업구조와 관련하여 이상의 내용이 시사하는 바는 다음과 같이 정리된다. 즉 국가차원의 산업구조조정의 바람이 일기 시작한 1980년대 중반 이후 오늘까지도 여전히 노동집약적 산업(목재가구, 종이인쇄, 섬유의복, 음식료품업 등)이 여전히 군산지역경제의 주도산업의 위치를 고수하고 있었다는 점이다.

결국 당시 대표적 산업이 1980년대 중반 이후 군산지역에서 성장하고 있었다는 주장은 단언하기 어려웠다고 할 수 있겠다. 그리고 이는 전북 공업화의 핵심지역인 군산지역의 석유화학, 1차금속, 비금속광물업이 1985년 이후 특별한 성장을 보이지 않고 있다는 사실로부터 분명하게 확인된다.

〈표 8〉 군산지역경제의 장기전망

구분		1994	1995	1996	2001	2006	2016
전국	인구(천 명)	44,453	45,093	45,742	47,275	49,123	51,493
	총생산(10억)	305,974	351,295	373,778	500,199	653,740	1,064,873
	1인당소득						
	(천 원)	6,883	7,790	8,171	10,581	13,308	20,680
	(달러)	8,565	9,701	10,176	13,177	16,573	25,753
군산	인구(명)	208,000	276,263	282,893	377,000	560,000	873,000
	총생산(10억)	1,634	2,211	2,614	4,146	8,400	21,825
	(전국대비비중, %)	(0.53)	(0.63)	(0.70)	(0.80)	(1.30)	(2.0)
	1인당소득						
	(천 원)	7,856	8,003	9,241	11,116	15,000	25,000
	(달러)	9,783	9,966	11,508	13,843	18,680	31,133

주: 환율은 달러당 803원으로 계산된 것임.
자료: 서해안 발전연구소, 『군산 2020』(군산시 발전방안 공청회 자료).

하지만 1985년 이후 수도권과 영남권에서 새로운 주도산업으로 성장하고 있는 조립금속업이 군산지역에서도 어느 정도 성장하고 있다는 점은 주목된다. 특히 수송기계특화단지로 조성되고 있는 군산국가산업단지 내 대우자동차의 준공은 향후 이 지역의 경제발전에 크게 기여할 것으로 기대되고 있었다. 그 기대는 〈표 8〉에서 보듯이 군산지역경제의 장기전망으로 제시되기도 했다. 하지만 1990년대 후반 이른바 IMF 경제위기 속에서 군산지역경제는 심한 굴절을 당해야 했다.

III. 지역경제의 새로운 비전과 성숙의 시대(2000년~)

1. 새만금사업의 진척과 경제자유구역의 지정

그러면 이러한 상황에서 2000년대 이후 지금에 이르는 군산지역경제를 어떻게 성격 지을 수 있을까. 또한 향후 발전 추세는 어떻게 전망할 수 있을까. 아직 섣부른 측면도 있지만 2000년 이후 군산지역경제의 성격은 비전과 성숙의 시대(2000년~)라 특징지을 수 있을 것이다. 무엇보다 1990년대 후반 IMF 경제위기를 극복해 가며 이른바 새만금사업과, 새만금-군산경제자유구역 지정, 군산 및 군장국가산업단지의 활성화 등 일련의 과정을 겪으며 새로운 비전을 만들며 성숙을 위한 준비의 단계에 접어들기 때문이다.

첫째 새만금간척사업의 진척을 들 수 있다. 즉 새만금 간척사업은 1991년 11월 방조제 공사의 착공으로 시작되어 담수호 수질, 갯벌보전 등의 환경문제가 제기되면서 공사 진척에 어려움을 겪어 왔으나, 2006년 4월 물막이공사가 완료되기에 이른다. 특히 2009년 말에는 방조제가 개통됨으로써 본격적인 내부개발이 실시될 예정인

데, 401km²에 이르는 내부지역의 이용에 대하여서는 각계각층의 다양한 의견을 수렴하여 2007년 4월 농지 70%, 기타 용지 30%를 근간으로 하는 「새만금 내부 토지이용계획 기본구상」으로 발표되었다. 이후 시대변화에 따라 농업용지 위주의 기존계획 수정이 불가피하여 「새만금 내부 토지이용계획 기본구상(2007.4)」의 토대 위에서 다목적 개발로의 전환이 제시된다. 즉 2008년 10월 새만금개발 기본구상 변경(안)의 방향에 따라 기본구상 실현을 위한 구체적 방안과 보완대책을 담아 총리실 및 관계부처 합동으로 새만금 내부개발 기본구상 및 종합실천계획(안)이 마련되었다.

둘째 새만금·군산경제자유구역의 지정을 들 수 있다. 즉 새만금 사업의 진척과 함께 새만금·군산경제자유구역을 비롯하여 황해, 대구경북 등 3곳이 새롭게 경제자유구역으로 선정되었다. 그 구역은 〈표 9〉에서 볼 수 있듯이 새만금산업·관광지구와 군장국가산단지구, 고군산군도지구, 배후도시지구 등 4개 지구로 총 96.38km² (2,915만 평)이며 '동아시아의 미래형 신산업과 관광레저산업의 허

〈표 9〉 새만금지구의 지구별·단계별 개발계획

지구(천m²)	1단계	2단계
산업단지(50,488)	· 군장국가산업단지 · 군산자유무역지역 · 새만금산업용지 · 군장신항만(군장국가산단) · 군산항(군산국가산단) · 군산항(군산지방산단)	· 새만금산업용지 · 새만금 FDI용지
관광단지(9,900)	· 새만금 관광용지	· 새만금관광용지
고군산군도(4,502)	· 고군산국제해양관광단지 · 비응도 관광어항	
배후단지(31,490)	· 배후도시 1	· 배후도시 2

자료: 군산상공회의소, 『군산상공회의소 100년사』, 2009.

브'로의 육성비전을 갖고 동북아 거점으로서 국가의 위상 제고와 신성장 동력 창출을 목표로 추진되고 있다.

2. 산업단지 개발 및 기업유치 활성화

1) 군산지역 산업단지의 주요 특성

군산·군장국가산업단지는 1990년대에 들어 서해안개발 전진기지 역할 수행을 위해 조성되었다. 그 구체적인 내용은 군산자유무역지역(FTZ) 1,256천㎡, 군산 지방산업단지 5,641천㎡, 군산국가산업단지 6,828천㎡(자동차부품 집적화단지 463천㎡)와 군장국가산업단지 13,495천㎡(자동차부품 집적화단지 303천㎡) 등으로 구성되어 있다.

주요 산업 활동을 보면 1997년 4월 대우자동차 군산공장 준공으로 자동차 산업이 집적되기 시작하였으며, 그 후 대우상용차, 기아특수강 등 연관 산업으로 확대되어 갔다. 따라서 군산국가산업단지에 집적되어 있는 주요 업종은 기계, 자동차 부품업종이다. 즉 완성차 업체인 GM대우, 타타대우상용차 등을 중심으로 관련 부품업체들이 단지 내에 집적해 있고, 기계(8.1%)와 자동차부품업체(45.9%)를 합하면 54%로서 그 비중을 알 수 있다. 〈표 10〉에서 볼 수 있듯이 산업단지의 입주기업은 대부분 평균 고용인원 100인 이하의 중소기업인 것도 주요한 특징이다.

그러나 여기에서 주목할 만한 것은 그간의 활발한 기업 유치활동에 힘입어 서남권역 자동차 및 기계 부품산업의 집적지로 빠르게 성장하고 있다는 점이다(〈표 11〉 참조). GM대우 디젤엔진공장과 인도 타타그룹 대우상용차 인수 등의 자동차산업의 여건이 개선됨으로써 군산지역은 자동차 부품산업 특화단지로서 전국의 3.6%, 전라북도 총생산액의 22.9%를 차지하는 지역 전략산업의 중심으로

<표 10> 전라북도 및 군산시 제조업체 현황

분류	전라북도				군산시			
	기업수 (개)	백분율 (%)	종업원 수(명)	백분율 (%)	기업수 (개)	백분율 (%)	종업원 수(명)	백분율 (%)
총계	3,443	100	76,965	100	453	100	14,312	100
소기업 (50명 이하)	3,163	91.9	34,745	45.2	408	90.1	5,061	35.4
중기업 (50~300명)	262	7.6	26,044	33.8	39	8.6	4,211	29.4
대기업 (300명 이상)	18	0.5	16,176	21.0	6	1.3	5,040	35.2

자료:『광공업통계조사보고서』, 2007.

<표 11> 군산·군장산업단지 입주업체 현황

	'05	'06	'07	'08.7	'05년 대비
입주기업(개)	141	178	399	462	228% 증가
고용(명)	6,537	7,432	8,119	8,397	28% 증가
생산(억 원)	28,020	38,432	45,011	-	61% 증가
수출(백만 불)	1,586	2,514	2,804	-	77% 증가

자료: 〈표 9〉와 같음.

성장하였으며, 승용차 35만 대와 상용차 6.2만 대 생산능력을 보유한 자동차 물류 집적단지로 부상하고 있다.

근래에는 현대중공업 군산공장의 준공과 두산인프라코어의 본격 가동 등에 의해 서남권역 자동차부품 및 기계산업의 중심으로서 성장기반을 착실히 구축해 나가고 있다. 현대중공업 군산조선소는 2008년 5월 7일 기공식을 갖고 7월 14일 첫 항차를 선적하였다. 생산계획은 대형선 기준 28척/년이며 매출액은 3조 원/년에 이를 전

〈표 12〉 현대중공업 입주의 지역경제 파급효과

구분	사내직원	사외협력사(50개사)	계
인원	8,400명	2,500명	10,900명
인건비/년	4,000억 원	1,000억 원	5,000억 원
기타	행상물동량 증가 50만 톤/년		

자료: 〈표 9〉와 같음.

망이다(〈표 12〉 참조).

 향후 현대중공업의 도장전문단지가 조성되고 100여 개의 조선관련 업체의 지속적 입주와 함께 디지털 조선해양 핵심기술이 개발되며, 조선해양기자재 R&D 및 산업인프라 기반이 구축된다면 명실공히 군산지역은 조선해양 첨단소재 및 부품원천기술 특화 및 공급기지로 발전할 수 있을 것으로 전망된다.

 따라서 아직 잠정적이기는 하지만 2000년 이후 개항 110년을 맞는 오늘에 이르는 시기 군산지역경제의 성격은 '비전과 성숙의 시대'라 할 수 있겠다.

IV. 결론에 대신하여 —군산지역경제발전의 미래과제

 이상에서 살펴본 바와 같이, 한반도 남쪽 서해안의 한 가운데, 금강과 만경강의 하구에 위치한 군산지역은 그 지정학적 여건으로 인하여 1899년 개항과 함께 쌀의 유출항이자 상공무역을 중심으로 한 식민지도시로 발전하여, 한 시기 우리나라의 주요한 경제도시로 발전하기도 하였다. 하지만 해방 이후 1970년대 초반까지의 20여 년 동안, 본격화된 국가차원의 중화학공업 육성정책의 강한 지역편향성으로부터 소외되어 상대적·절대적 저발전의 길에 들어서 있었다.

한편 1980년대 중반 이후 극심한 경제적 지역격차를 해소하기 위한 정부의 정치적 관심과 대사회주의권권 무역의 활성화를 위한 무역전진기지의 개발이라는 정책적 필요성이 적절히 맞물리면서 군산시의 개발 가능성은 다른 어떠한 서해안 도시지역보다도 가시적으로 높아지고 있었다.

그러나 1990년대 후반 이른바 IMF 경제위기 이후 지역경제는 격심한 구조조정을 겪으며 일시적인 침체를 경험했지만, 2000년대에 들어 회복세를 유지하며 새로운 비전과 성숙을 준비하는 시대에 진입했다고 볼 수 있겠다.

그렇다면 이러한 상황에서 군산지역발전을 위한 미래과제는 무엇인가. 첫째, 서해안권의 자동차기계부품 및 조선기재산업의 광역적 생산기지로 웅비하는 것이다. 즉 해방 이후 60여 년의 군산지역 주요 산업발전의 과정을 회고해 보면, 우선 식민지공업화의 유산을 안은 채 정미, 목재, 식료품업을 비롯한 귀속산업체를 중심으로 공업발전의 기틀을 마련하였던 점은 부인할 수 없을 것이다. 아울러 그 특징을 보면 우선 공업 분야의 경우 중화학공업보다는 저부가가치, 영세성, 노동집약적인 경공업이 대종을 이루는 중소기업 형태를 크게 벗어나지 못하고 있었다. 군산내항과 공항, 철도 등 한 시기 지역 경쟁력의 상징이었던 사회간접자본 시설이 있기는 했지만 역시 취약한 실정이었기 때문이다.

그러나 근래에는 지역산업발전의 미래를 이야기하며 첨단 부품소재와 산업기반시설의 확대 및 물류단지 조성 등 이른바 환황해권 대중국 글로벌 생산 및 물류기지의 구축이 주창하고 있다.

특히 경인권을 중심으로 성장하기 시작해 영남권이 주도했던 국내 자동차산업이 어느덧 전북을 중심으로 하는 서해안 오토벨트에서 용틀임 하고 있음은 주지의 사실이다. 물론 이는 1990년대 대우차 군산공장 입주 등이 그 발판이 됐음은 물론이다. 이제 의젓한 전북의 전략산업으로 선정될 만큼 자동차부품과 기계부품산업은 전북의 미래를 담보하는 핵심산업으로 기대를 모으게 됐다.

현재 도내에는 3개사의 완성차 공장이 있다. 그러나 이 역시 현실은 완성차에 직접 납품하는 1차 부품공장과 2차 이하 부품업체가 극히 빈약하여 그만큼 부품업체의 유치와 육성, 신기술 개발과제 등 절실한 문제를 안고 있다. 하지만 군산의 GM대우공장, 타타 대우 상용차 등 대단위 3개 완성차 공장을 중심으로 전략산업으로서 대대적인 육성책이 뒷받침되고 있으며, 자동차부품혁신센터(JAIIC), 자동차부품관련 지역기술혁신센터(TIC)가 군산대학교 등에 설치돼 중소 부품업체의 기술 및 벤처창업 지원에 큰 역할을 하고 있기 때문이다.

더욱이 2005년부터 전국 7개 지역 가운데 군산이 자동차 부품산업을 중심으로 국가산업단지 혁신클러스터 시범단지로 지정돼 그 기능과 파급효과가 기대되고 있고 2008년부터는 2단계사업(2008.4.1~2010.3.31)이 추진되고 있다.

게다가 국내 굴지의 자동차기계부품회사를 비롯하여 현대조선소 등이 지역에 터를 잡아 새로운 기술을 선도할 연구개발과 시설투자가 활발하게 이루어져 자동차기계부품 및 조선기자재산업을 통해 미래발전을 활짝 열 것으로 기대되고 있다.

둘째, 지역의 상업서비스와 금융발전의 선순환구조를 정착시키는 것이다. 즉 지금은 왜소화 된 지역의 상업과 재래시장이지만, 그래도 시장은 늘 지역의 역사, 경제, 사회, 문화 등의 종합적 소산으로서 경제활동의 요람이었다. 특히 1899년 개항된 항구도시이자 광복 이후 수출입항으로서 한 시기 각광을 받아 왔던 군산의 상업과 금융업은 지역불균형성장으로 인한 현대적 상거래 및 금융활동을 수용할 수 없게 됨으로써 긴 기간 '불 꺼진 항구'가 되기도 했다. 하지만 1970, 1980년대 합판공업이 활성화되면서 활기를 되찾고 근래에는 군산항의 활성화를 통해 잃었던 빛을 다시 찾기 위해 고심 중이다.

반면 지역의 금융, 유통업을 보면, 역내 보유자금이 금융망을 통해 중앙에서 운용되고 있고 중앙 대형유통업체 및 도민들의 왜곡된 소비행태로 지역자금이 유출되는 악순환 구조에 놓여 있다. 수도권 집중으로 인한 지방의 빈곤현상은 자금흐름에서 더욱 극명하게 나타나고 있다. 연간 수 조원의 지역자금이 역내에서 유통되지 않고 중앙에서 운용되고 있으며, 이 가운데 상당 부분은 원정쇼핑과 대형 할인점 등을 통해 지역에서 이탈되고 있는 것으로 추정된다.

자금이 융통되는 것을 금융이라 하기 때문에, 금융산업은 자금의 원활한 흐름을 위한 서비스산업이라 할 수 있다. 따라서 경제발전상 금융의 주된 역할은 가계부문의 저축과 기업의 투자를 연결함으로써 산업자금을 지원하는 것을 의미한다.

그만큼 지역금융의 성장과 발전을 위해서는 지역 실물경제의 성장 및 구조개선이 이루어져야한다. 즉 실물경제의 제약 속에서 금융발전은 기대하기 어렵기 때문이다. 따라서 지방금융의 육성을 위한 노력은 금융구조 자체의 개선 뿐 아니라 지방산업의 구조고도화, 지방중소기업의 육성 및 실물경제 기반을 강화하는 노력과 병행되어야 할 것이다.

셋째, 개항 110년을 지내며 지역발전의 한 차원 높은 비약을 위한 새로운 전략을 만드는 것이다. 주지하듯이 각 지역은 나름의 전략산업을 정해 지역발전을 강구하고 있다. 그러한 측면에서 군산지역의 성장산업으로는 자동차기계부품과 해양조선기재산업 등을 들 수 있을 것이다. 나아가 새만금산업단지와 새만금-군산경제자유구역(SG-FEZ) 등을 활용하여 신재생에너지산업과 문화·관광 분야에서도 괄목할만한 발전이 기대되고 있다.

즉 동북아 환황해권시대를 맞이하여 군산지역만이 가지고 있는 독특한 여건과 강점을 살려 전략산업을 발전시켜나가야 할 것이다.

그러나 중요한 것은 이러한 비전들이 차질 없이 추진될 수 있도록 국정과제 및 국가단위 중장기계획에의 반영을 위한 설득적인 논리 개발과 다각도의 노력이 경주되어야 한다는 점이다. 이를 통해 군산지역이 21세기 지식기반사회를 선도할 수 있도록 역량을 총결집해 나가야 할 것이다.

특히 동북아 환황해권을 중심으로 하는 국제경제의 분업구조는 물론 국내분업구조상의 적절한 자기위치도 찾아야 할 것이다. 또한 전북도내의 성장동력산업과 기업의 활로를 개척하는 데 필요한 창조적 인재를 길러야 할 것이다. 나아가 역사문화와 생태환경까지 아우르는 새로운 '어메니티(Amenity) 군산'을 표상하는 미래산업을 창출시켜 나가는 데 앞장서야 할 것이다.

이와 함께 역내 균형발전과 상대적 소득격차의 축소, 삶의 질의 개선, 최적인구대책, 정체성(Identity)의 위기를 극복할 수 있는 지역발전의 중장기 좌표와 지침을 재검토하는 것도 필요할 것이다. 이러한 진지한 자기성찰과 고민을 토대로 지역발전의 혁신요소에 대한 종합조사와 설득적인 지역발전논리를 개발하고, 역량강화를 위해 제반 노력을 경주하는 것이 긴요하다고 생각된다.

주지하듯이 한 사회가 새로운 단계로 도약 발전하는 데 필요한 것은 물질적 조건만이 아니다. 아무리 물적자본이 풍부해도 인적자본과 사회적자본이 빈약하다면 진행과정에서 사상누각이 되고 만다. 그만큼 열린 시민의식과 상호 간 신뢰감의 회복 속에서 진정 호감을 자아내는 새로운 시대를 열어나가야 할 것이다.

이제 개항 110년, 지난기간 지역상공업을 이끌어 온 주요 인물들 뿐 아니라 묵묵히 지역발전의 초석을 닦은 시민들에 대한 아낌없는 찬사와 함께 미래를 염원하며, 지역발전을 가꿀 수 있는 산관학연의 소통과 상생전략 및 전략적 네트워크 구축이 절실히 요구되고 있다고 생각된다.

〈참고문헌〉

群山府, 『群山開港前史』, 1935.
保高正記, 『群山開港史』, 1925.
群山府, 『府勢の槪要』, 1935.
秋山忠三郎, 『群山府史』, 1935.
고승제, 『한국경영사 연구』, 한국능률협회, 1975.
군산상공회의소, 『군산상공회의소 100년사』, 2009.
군산시, 『군산시 발전방안-장기발전편-』, 1997.
_____, 『군산시사』, 2000.
_____, 『지역개발사업추진상황』, 1993.
권태환, 『한국 도시화과정의 평가』, 국토개발연구원, 1989.
김기원, 『미군정기의 경제구조』, 푸른산, 1990.
김민영, 「개항 이후 군산지역의 도시성장 과정과 전망」, 『개항100주년 기념학술세미나 발표집』, 1999.
김민영 외, 『철도, 지역의 근대성 수용과 사회경제적 변용-군산선과 장항선』, 2005.
_____, 『금강 하구의 나루터 포구와 군산 강경지역 근대 상업의 변용』, 선인, 2006.
김영정 외, 『근대 항구도시 군산의 형성과 변화』, 한울아카데미, 2006.
김항석, 『환황해권시대의 군산지역개발』, 영창인쇄기획, 2009.
백학기, 「서해안개발사업의 허와 실」, 호남사회연구회, 『호남사회연구』 창간호, 1993.
서해안 발전연구소, 『군산 2020』(군산시 발전방안 공청회 자료), 1997. 6.13.
역사문제연구소 편, 『한국의 근대와 근대성 비판』, 역사비평사, 1996.
유인호, 「해방후 농지개혁의 전개과정과 성격」, 『해방전후사의 인식』 1, 한길사, 1979.

이대근, 『한국경제의 구조와 전개』, 창작과 비평사, 1987.
장시원 외, 『한국경제사』, 한국방송통신대출판부, 1994.
전남대학교 사회과학연구소, 『지방화와 지역사회연구방법론의 제문제』 (1995년도 학술발표대회), 1995.10.6.
전라남도, 『전남 21세기』, 1995.
전라북도, 『전라북도 종합개발계획: 1982~1992』, 1992.
_____, 『제2차 전라북도 종합개발계획 1992~2001』, 국토개발연구원, 1994.
전북예향운동본부, 『전북발전사』, 1996.
조명래, 「후기 주변부 포드주의와 지역재구조화」, 『자본주의 세계체제와 한국사회』, 한울, 1991.
조형제, 「산업구조조정과 지역별 산업구조의 변화」, 한국사회학회, 『국제화시대의 한국사회와 지방화』, 나남출판, 1994.

'증상'으로 읽은 『탁류』

이 준 호*

I. 서론

채만식은 식민지 현실에 대해 깊이 있는 통찰력을 보여준 작가로 평가받는다. 채만식의 대표작 중 하나인 『탁류』[1]는 식민지의 도시적 생활의 형태론을 명료하게 보여주는 작품이다. 『탁류』에서 부정적으로 나타나는 미두장, 유곽, 교육, 수형법 등은 그의 다른 작품에서도 다루어지고 있는바, 이는 식민지 상황과 관련한 채만식의 현실 인식, 혹은 세계관을 보여준다고 하겠다. 이제까지 『탁류』의 공통된 해석이 "역사의 탁류"[2]로 모아지는 것에서도 볼 수 있듯이 그가 천착한 문제들은 하나같이 당대의 '증상'들이었다. 특히 『탁류』가 창작된 1930년대 후반은 식민지 권력의 침탈이 정점을 향해 치닫던 시기로 식민지 조선에서는 온갖 증상들이 나타났다. 물론 그

---

* 군산대학교 기초교육지원실 전담강사
1) 본고에서 참고한 채만식의 작품은 1994년 창작과비평사에서 간행한 『채만식 전집』 2이며, 이하는 쪽수만 표시한다.
2) 홍이섭, 「채만식의 문학 세계」, 김윤식 編, 『채만식』, 문학과지성사, 1984, 82쪽.

가 주목했던 것은 증상이 아니라 자본주의화되어가는 식민지 현실의 구조적 변동과 겹치면서 심화되어온 모순들이었지만 여기에 사용되는 것이 바로 '증상' 개념이라고 할 수 있다.

증상의 발견자를 마르크스라고 소개하는 라캉은 증상을 '무의식의 세계에 문제가 있다는 것을 알리는 신호'라고 정의하면서 '억압된 것의 회귀'로 설명한다. 또한 지젝에 의하면 증상은 자본주의 사회가 건설되면서 '억압(은폐)된 지배-예속 관계(물신주의)'를 해명하는 방식이다. 지젝은 증상을 "사회적인 관계들에 대한 진리가 출현하는 지점"[3]과 "그 자신의 보편적인 토대를 뒤집는 어떤 특별한 요소"[4]로 파악한다. 그러면서 적대감에 대한 원초적 억압을 포함하는 사회 현실의 구성 자체를 문제 삼으면서 현실이 현재의 상태로 구성되어 존속할 수 있는 것은 현실의 '실재'를 사회구성원들이 알지 못하기 때문이라고 말한다. 여기서의 '알지 못함'은 인식의 유무만을 지칭하는 의미가 아니라 '그들은 자신이 무엇을 하는지 모르고' 있으며, 또 '그럼에도 불구하고' 행하는 것까지 포함하는데, 마르크스가 상품 물신을 새롭게 해석함으로써 고안한 증상을 정신분석학의 '전환 히스테리'와 등가화시킨다.

논의를 위하여 다음 장에서는 식민지 조선의 비유적 공간인 군산에서 집약되어 발현하는 식민지 자본주의의 증상들과 더불어 증상과 관련한 인물들의 현실대응 양상을 살펴볼 것이다. 이렇게 채만식이 비판의 대상으로 삼은 문제들을 점검해나가면 당대의 모순을 직시한 그의 남다른 현실 인식에 보다 더 접근할 수 있을 것으로 판단되기 때문이다.

그 다음 장에서는 초봉의 증상을 분석함으로써 초봉이 어떤 과정

---

3) 슬라보예 지젝 저, 이수련 역, 『이데올로기라는 숭고한 대상』, 인간사랑, 2003, 57쪽 참조.
4) 위의 책, 49쪽.

을 거쳐 주체적 여성으로 거듭나는지, 그리고 서울이라는 공간이 갖는 의미와 지금까지 『탁류』의 "예술적 파탄",5) 또는 "신문연재소설로서의 오락성"6)으로 지적되어온 전반부와 후반부의 차이를 어느 정도 규명하는 자리를 마련하고자 한다.

II. 식민지 자본주의 드러내기

"유토피아는 증상이 없는 보편성이 가능하"다.7) 이를 바꾸어 말하면 디스토피아인 현실에서는 반드시 증상이 발생한다는 의미가 된다. 증상은 사회적 현실 그 자체의 구성이 적대, 즉 실재에 대한 '억압'을 반드시 포함한다. 즉 증상은 억압된 것(진리)의 회귀인 것이다.

『탁류』는 정주사가 속임수로 하바를 하다 젊은이에게 봉변을 당하는 장면으로 시작한다. 정주사는 군서기에서 하바꾼으로 전락한 인물이다. 마르크스가 말한 "이성 자체의 비이성"인 '프롤레타리아'이고 "(식민지)자본주의의 억압된 진실"인 '빈민'인 것이다. 그의 몰락은 "노후라는 반갑잖은 이름으로 도태"(15쪽)된 후 가파른 하향곡선을 긋는다. 그는 하루하루를 미두장에 빌붙어 지내는 신세다. 미두장(군산미곡취인소)의 시세는 "시간은 오후 두시 반, 후장(後場)의 대판시세 이절(大版時勢二節)"(9쪽)에서 보이듯 식민지 권력의 본토인 오사카(大版)의 시세에 따라 결정된다. 따라서 "몇천 석 몇만 석씩 크게 하는 축들은 제 집에다 전화를 매놓고 앉아 시세를 연신 알아보아 가면서"(75쪽)에 나타나듯 정보력과 자본이 부재한

---

5) 김재용 외 지음, 『한국근대민족문학사』, 한길사, 1993, 686쪽.
6) 이재선, 『한국현대소설사』, 홍성사, 1979, 326쪽.
7) 슬라보예 지젝, 앞의 책, 51쪽.

장주사가 미두장에서 돈을 딸 가능성은 희박하다. 기존의 논의에서 지적[8]되었듯이 서두에 전경화된 미두장은 조선인 토착자본의 잠식과 미곡의 수탈, 반출을 용이하게 할 목적으로 식민지 권력에 의해 법제화된 것으로, 근대와 수탈의 상징이자 식민지 자본주의의 물질적 욕망을 표상하는 것이다. 여기서 주목해야 할 점은 정주사의 몰락은 식민지민이 겪어야 하는 "이미 주어진 것을 선택해야 하는 강요된 선택"[9]이라는 것이다. 이것은 '자본주의 사회가 개인들의 자유를 강제'한다는 마르크스의 이론과 상동성을 가지는 것으로서, 정주사가 미두를 하는 행위는 자유로우나(형식적 진리) 그 자유는 이미 강제된 것(억압된 진리)임을 암시한다. 이 논리는 초봉의 결혼에도 그대로 적용된다. 타자의 욕망에 따라 행동하는 초봉은 고태수가 장사 밑천을 대준다는 조건 때문에 마음에 두고 있던 남승재를 포기한다. 남성 이데올로기와 가족 이데올로기는 초봉으로 하여금 주체로서의 지위를 스스로 박탈하게 하며 욕망을 억압하도록 하는 것이다. 초봉은 고태수를 허망할 정도로 쉽게 받아들이는데, 여기에서도 어김없이 '역설적인 자유'가 작용하고 있다. 이러한 믿음의 외재적 객관성은 결혼이 초봉에게 미칠 영향을 두고 정주사 내외가 벌이는 대화, "퀴퀴함/구수한 냄새", "상한 냄새/향깃함"(136~137쪽)에도 함축되어 있다. 여기서 정주사의 장사 밑천은 순수한 무(無)이지만 효과는 확실한 것으로 작동한다. 다시 말하면 "그 자체로는 존재하지 않으면서 오직 일련의 효과들 속에서 항상 왜곡되고 빗나간

---

[8] 대표적인 것들을 살펴보면, "식민지인으로 하여금 궁핍의 밑바닥으로 몰락케 하는 중대한 요인"(홍이섭, 앞의 논문, 92쪽) "바로 이 미두행위는 작게는 초봉의 삶을 규정하는 비유를 담당하는 동시에, 크게는 초봉과 정주사를 비롯한 여러 인물들의 삶이 보편화되는 문제적인 상황의 근본적인 원인 노릇을 담당"(김경수, 「식민지수탈경제와 여성의 물화(物化) 과정 – 채만식의 『탁류』의 재해석」, 『작가세계』 47호, 2000년 겨울호, 426쪽).

[9] 슬라보예 지젝, 앞의 책, 280쪽.

방향으로만 현존하는 원인"[10]인 것이다.

한편, 이백 원에 팔리는 명님이에 의해 실체를 드러나는 유곽은 상품화되는 성(性)이라는 측면에서 자본주의적 욕망을 대변한다. 남승재가 목격한 유곽은 "인류가 환장을 해서 동물로 역행하는 구렁창이"(373쪽)다. 그러나 초봉은 기생 행화가 동생에게 먹일 우유를 사는 것에서 "호화롭기나 하고 천한 것으로만"(31쪽) 알았던 기생에 대한 생각을 수정하고, 개명옥의 주인이 원금만 돌려주면 명님이를 놓아주겠다고 남승재에게 약속하는 장면에서는 퇴폐와 향락으로 인한 타락상은 발견할 수 없을 뿐만 아니라, 오히려 인간적이기까지 하다. 이는 무능력한 남성들에 의해 '집' 밖으로 내몰린 여성들은 성적 교환관계에 쉽게 노출될 수밖에 없는 처지임을 보여주는데, 강제로 자본주의적 생산관계 속에 편입되는 과정에서 발생한 물질적 궁핍과 그로 인한 여성들의 수난을 보여주는 것이다. 또한 이는 당대 현실이 인신매매와 매춘으로 인한 폐해가 일반화·보편화되는 공간임을 의미한다. 이러한 자본주의적 교환체계와의 타협은 전통적인 질서를 깨트리며 여성의 육체가 화폐가치로 환산되는 부작용을 낳는다. 이 부작용은 연적(戀敵) 관계인 고태수와 남승재가 성병을 치료하러 간 환자와 의사로 대면하는 장면이라든지, 성병이 한참봉의 첩 → 한참봉 → 한참봉의 부인 김씨 → 고태수 → 초봉 → 박제호로 전염되는 것에서 알 수 있듯 계층과 연령을 구분하지 않고 나타난다.

그뿐만 아니라, 증상은 조선인과 일본인들의 거주지가 이항대립적으로 제시되는 풍경에서 극단화된다. 조선인은 군산의 주변부에서 "급하게 경사진 언덕비탈에 게딱지 같은 초가집이며 낡은 생철집 오막살이들이, 손바닥만한 빈틈도 남기지 않고 콩나물"(20~21쪽)

---

10) 위의 책, 277쪽.

처럼 살고 있으며, "인제 한 세기가 지난 뒤라도 이 사람들이 제법 고만큼이나 문화다운 살림을 하게 되리라 싶질 않"(21쪽)은 데 반해, 일본인들의 거주지는 "정리된 시구(市區)라든지, 근대식 건물로든지, 사회시설이나 위생시설로든지, 제법 문화도시의 모습"(21쪽)으로 묘사되고 있다. 일본인/조선인, 중심부/주변부, 고지대/저지대, 오막살이/근대식 건물 등의 대립항은 식민지 증상으로서의 조선인의 삶을 잘 드러내고 있다. "인구 칠만 명 가운데 육만도 넘는 조선 사람"(21쪽)들이 주변부로 밀려난 존재로 그려진 것은 "식민지에 존재하는 다양한 공간은 전근대적 공간과 근대적 공간이라는 구분을 통해서 위계적인 구조로 질서화되어 나타남을 의미"[11]하고 있다. 이와 같은 이원화된 공간분할은 그 자체로서 이미 증상적이라고 할 수 있다.

그런가 하면 초봉을 타락의 길로 인도하고 재촉하는 역할을 하는 고태수, 박제호, 장형보로 이어지는 인물군 또한 자본주의 증상들이라고 할 수 있다. 이들은 비윤리(비양심)적인 돈의 흐름과 관련되어 있다. 이들은 사용가치를 가졌을 뿐인 돈을 과도하게 숭고한 차원으로 격상시키면서 맹렬히 추구한다. 다시 말해, 이들은 돈에 의해 재편되는 인간관계가 삶의 조건이 된다는 것을 일찌감치 감지하고 자본주의체제 안으로 편입된 인물들이라고 할 수 있다. 돈은 『탁류』의 서사를 추동해가는 원동력이다. 이들에게 돈은 상징적 질서에로의 편입을 매개하는 수단이며 욕망의 환유적 대상-원인을 구현하는 것인 한편, 돈에 대한 욕망은 성적욕망과 정확히 비례한다. 그런데, 고태수와 박제호, 장형보는 돈을 추구한다는 점에서는 공적인 문서(자본주의)와 그것의 이면(비윤리적 방법으로 자본주의 추구)의 관계로써, 이미 사회 그 자체에 대립적인 것이 보충적 형태

---

[11] 김종욱, 『한국 소설의 시간과 공간』, 태학사, 2000, 35쪽.

로 실현된다는 공통점을 가지면서도 근본적인 차이점을 가진다. 고태수의 경우를 보자.

걱정하면 소용 있나? 약차하거던 죽어 버리면 고만이지!(81쪽)

은행의 소절수를 위조하여 삼천삼백 원을 빚진 고태수는 자신이 처지를 철저히 냉소적으로 받아들인다. 그는 유기체가 감당하기 벅찬 향유(jouissanse)를 누리는데, 그가 즐기는 것은 '죽음 충동'이다. 그는 은행돈을 횡령하여 언제 탄로가 날지 모르는 상황에서도 초봉을 아내로 맞아들인다. 욕망을 위해서 죽음도 불사하는 고태수는 자신의 욕망과 관련해서는 한 치의 양보도 없다. 모든 일상적인 것을 넘어서 죽음 충동을 고집하는 것이다. 다음날이면 횡령 사실이 들통 날 상황에 직면해서도 퇴근길에 태연히 자살용 쥐약과 초봉에게 줄 과일과 과자를 사고, 초봉 외의 다른 여자들(기생 행화, 불륜관계인 김씨)과 즐길 구상을 하는가 하면, 여기서 그치지 않고 초봉과 동반 자살할 계획까지 세우다가 결국 불륜 관계에 있던 김씨의 남편 한참봉의 손에 비참한 최후를 맞는다.

박제호는 약을 만들어 열 배, 스무 배의 이익을 남길 제약회사를 설립하며, 장형보는 고태수가 미두를 하다 남긴 몇십 원의 돈이 오륙천 원으로 불어 그 돈을 밑천삼아 수형할인을 시작한다. 그러나 이 둘은 법이 보호하고 인정하는 테두리 안에서만 이윤을 추구한다는 점에서 고태수와는 분명한 차이점을 가진다. 그러나 이들의 존재는 식민지 자본주의에서 "진리가 출현하는 지점",[12] 즉 증상으로서의 역할을 담당한다는 공통점을 가진다.

위에서 살펴본 이들이 증상으로서의 인물이라면, 남승재와 계봉

---

12) 슬라보예 지젝, 앞의 책, 57쪽.

은 증상의 발견자로서의 역할을 수행함으로써 긍정적으로 그려진다. 기존의 논의에서는 그 이유가 물신주의에 함몰되지 않은 인물들이기 때문인데, 이를 달리 보자면 이들은 억압되어 있는 진리, 즉 증상의 발견자이기 때문이다. 남승재와 계봉이 다른 인물들과 다른 점은 '오인', 즉 사회현실 자체가 어떤 환영, 혹은 어떤 물신적인 전도에 의해 움직인다는 사실을 인지하고 있다는 것이다.

> 세상의 인간이 통째루 가난병이 든 것 같아! 그놈 가난병 때문에 모두 환장들을 해서 사방에서 더러운 농이 질질 흐르구…… 에이! 모두 추악하구…….(419쪽)

남승재는 "세상이라는 것을 별반 볼 기회가 없었"(116쪽)다는 서술대로 시혜를 베푸는 과정에서 터득한 체험으로만 현실을 바라보기에 "가난" 때문에 사람들이 "환장"하고 "추악"해졌다는 다분히 감상적이고 소박한 결론에 다다르고 있을 뿐이지 가난의 원인이 식민지 권력의 억압과 수탈로 인한 것이라는 인식으로까지는 확장되지 못하고 있다. 그러나 남승재는 사재를 털어 무료 진료를 베풀고 야학에서 아이들을 가르치는 등 "장한 수고를 하는 사람"으로 제시되는가 하면 개명옥으로 팔려간 명님이를 구하기 위해 물심양면으로 애쓰기도 한다.

「레디메이드 인생」(1934)이나 「명일」(1936)과 같은 작품에서도 드러나듯 채만식은 『탁류』에서도 교육에 대한 부정적인 시각을 일관되게 견지한다. 채만식은 식민지하에서의 교육을 실업자 양산 시스템으로 여기는데, 남승재가 서울로 떠나기 전날, 야학 학생들에게 장래 희망을 묻는 대목에서는 이 교육무용론이 잘 드러난다. 남승재가 야학 교사를 수락한 이유를 "그때만 해도 계몽이라면 덮어놓고 큰 수"(363쪽)가 나는 줄 알았다는 진술에서도 보이듯 텍스트의 내적 필연성을 구성하는 데 기여도가 낮은 이야기를 억지로 삽입한 인상을 주면서까지 적극적으로 교육을 비판하는 것은 작가의 목소리로 읽어도 무방할 듯하다. 식민지 권력주체의 동일화 이데올로기나 식민지지배질서에 대한 식민지민의 적응으로 인식되는 교육은 알튀세르가 말한 '이데올로기 국가장치'이며, 푸코의 '다루기 어려운 육체'를 식민지 질서에 편입시키는 제도에 해당된다. 그런 의미에서 보자면, "독서당(獨書堂) 십오 년에 보통학교"까지 졸업하고도 미두장의 하바꾼 신세로 전락한 정주사나 여학교를 졸업하고도 남성 이데올로기에 함몰당한 초봉, 그리고 "유난한 승벽"으로 자식들 교육에 열성을 쏟는 유씨는 식민지 권력의 지배 이데올로기를 자신도 모르는 사이에 실천하고 있는 셈이 된다.

그러나 남승재는 "명님이를 서울로 데려다가 제 밑에 두어 두고 간호부 견습을 시키든지, 또 형편이 웬만하면 공부라도 시킬"(383쪽) 계획을 세우고, 계봉에게 "의학전문이나 또오, 약학전문이나 들어갈 시험준빌"(423쪽) 하라며 교육의 필요성을 강조하는 이중적인 태도를 취하기도 한다. 다음 인용문은 이제까지와는 상반된 입장을 노정시키는 단적인 예이다.

> 그러고 보니 가난과 한가지로 무지도 그 사람들을 불행하게 하는 큰 원인이요, 그래서 그 사람들에게는 양식과 동시에 지식도 적절히 필요하다.(116쪽)

교육에 대해 회의적이고 비판적인 시각을 유지하던 남승재의 이러한 입장 변화는 '부정의 부정' 논리이다. 즉 교육이 부정성의 구현물로 자신도 인지하지 못하는 사이에 "어떤 적대적이고 외상적인 중핵에 대한 일종의 '반응-형성물'"[13]임을 자각하고 있는 것이다. 그러므로 남승재에게 비판의 대상이 되는 것은 교육 자체가 아니라 정확히는, 식민지 권력에 의해 창출되는 무력한 인텔리, 혹은 "교양의 지혜를 이용하여 무지한 사람들보다도 더하게 간악한 짓"(355쪽)을 하는 교육의 수혜자라고 할 수 있다.
　반면, 계봉은 "공평치 않은 분배"와 "수형법"을 정면으로 비판함으로써 현실에서의 증상을 직시한다.

　　① "부자루 사는 건 몰라두 시방 가난한 사람네가 그닥지 가난하던 않을 텐데 분배가 공평털 않어서 그렇다우."(419쪽)

　　② 그래두 육법전서가 다아 보호를 해주잖우? 생명을 보호해 주구, 또 재산을 보호해 주구…… 수형법(手刑法)이라더냐 그런 게 있어서, 고리대금을 해먹두룩 마련이시구…….(427쪽)

　①에서는 "책의 표제만 보는 것"(419쪽) 같거나 "사전에서 떨어져 나온 몇 장의 책장처럼 두서도 없고 빈약한"(419쪽), 다시 말해서 깨달음의 과정을 거쳐서 체화된 것이 아니라, 피상적이고 파편적인 분배론일망정 식민지 자본주의의 왜곡된 경제구조를 정확히 간파하고 있다. ②에서는 '수형법'으로 대변되는 고리대금업 같은 불합리하고 비상식적인 제도가 좀처럼 붕괴되지 않는다는 사실과 이율배반적인 법이 공존하고 있음을 비판적 시각으로 바라보고 있다. 게다가 아버지 정주사의 장사 밑천을 위해 언니 초봉을 고태수와 결혼시킨 것에 반감을 품고 부모와 절연하는가 하면 장형보의 도움으로 편히 공부할 수 있는 기회를 거부한다. 또한 순결에 대해서도 초봉은 "생명과 같이 소중"(388쪽)하다고 주장하는 반면 계봉은 "정조의 순결성이란 건 상대적인 것이어서, 한 여자가 가령 열 번을 결혼했다고 하더라도 그 열 번이 번번이 다 정조적일 수가 있"(389쪽)

---

13) 슬라보예 지젝, 앞의 책, 298쪽.

다는 견해를 가지고 있는가 하면, 연애와 결혼을 엄격히 구분할 정도로 근대적이며, 근대의 대표적인 소비 공간인 백화점에 근무하면서도 뭇 남성들의 유혹에 흔들리지 않는 건전한 가치관을 소유하고 있다. 이는 소극적이나마 공적 법을 구성하고 있는 남성 이데올로기에 대한 탈권위화, 혹은 권위의 전도를 향한 반란으로, 식민지 권력의 '법은 법이다' 식의 무조건적 명령 체계를 필연적으로 받아들여야 하는 현실에 대해 반기를 드는 것이다.

이들이 비판하는 대상들은 사회의 '내재적인 장애물', 또는 '내재적인 부정성'으로 기능하는 것들이다. 법과 관습을 따르는 주체는 그것의 구조적 환영을 알지 못한 채로 믿는데, 두 사람은 그것을 지적하고 비판함으로써 증상의 발견자가 된다.

또한, 눈여겨 볼 점은 등장인물들이 돈을 매개로 하여 '지배와 예속관계'[14]를 형성한다는 것이다. 이는 '돈이 지배하는 사회'로의 변화, 즉 지배 양식의 변화를 체험하는 것으로써 초봉과 남성들의 관계에서도 분명하게 드러나며, 불륜관계는 물론 부부관계까지도 그 공식에서 자유로울 수 없다.

먼저, 한참봉의 집에 하숙을 들어 한참봉 부인인 김씨의 '남첩(男妾)' 노릇을 하는 고태수는 성관계를 가지는 대가로 "철철이 갈아 입을 조선옷이며, 보약이며, 심지어 담배까지도 해태표로만 통으로 두고 피"(108쪽)우는가 하면 떡 벌어진 밥상을 받는 호사를 누린다. 박제호와 그의 부인 윤희도 "제호는 본처를 이혼하고 윤희는 개업할 자금을 내놓고, 두 사람은 결혼을 했었다"(32쪽)는 서술에서 알 수 있듯 지배-예속 관계로 맺어져있다. 상경길에서 조우한 초봉과 박제호는 부인 윤희와 이혼하겠다는 조건을 달고 동거에 들어간다. 하

---

14) 황국명은 이 지배와 예속을 남성들만의 관계로 한정하고 있다. 황국명, 『채만식 소설 연구』, 태학사, 1998, 75쪽.

지만 초봉의 히스테리 때문에 싫증이 난 박제호는 초봉과 헤어지기로 결심하는데, 그 저변에는 "황차 회사에 증자(增恣)를 하느라고 윤희를 추겨서 그의 친정 돈으로 주를 얼마를 사게"(301쪽) 한 것도 큰 비중을 차지한다. 정주사와 부인 유씨도 예외는 아니다. 초봉이 보내준 오백 원으로 구멍가게를 내면서 정주사네의 경제권은 부인 유씨에게 넘어간다. 경제권의 상실은 곧 가장으로서의 역할 상실과 직결된다. 북어 살 돈으로 하바를 하다 늦게 온 정주사가 막내를 혼내는 유씨를 '준절히' 타이르자 이전과는 달리 유씨는 속으로 "아이구 요런, 어디서 낯바닥하고는!"(356쪽) 하며 반발한다. 가치와 지배 양식의 변화는 전통적 가족 구도가 해체되고 남녀의 역할이 전도되는 양상으로 나타나는 것이다. 이렇듯 돈으로 매개된 지배−예속 관계의 형상은 식민지 자본주의 체제의 위기가 투사된 것일 뿐 아니라 자기모순을 내포한 근대의 그늘로서 작용한다.

III. 주체적 여성 드러내기, 혹은 증상 없애기

총 19장으로 구성된 『탁류』는 1장부터 11장까지가 전반부라면 고태수의 죽음으로 초봉이 군산을 떠나게 되는 계기, 즉 공간 이동의 전환점이 되는 12장부터 19장까지는 후반부이다. 이러한 군산과 서울의 이항 대립적 구조에서 표출되는 이질성에 대한 비판은 창작 당시부터 있어온 것으로, 기존의 논의에서는 통속성이나 오락성쯤으로 평가절하된 것이 사실이다. 하지만 채만식의 항변[15]이 아니더

---

15) "「명일」의 방향을 좀더 넓고 세속적인 세계에서 발전시켜 보자던 것이 장편 『탁류』다./그랬더니 어찌하다가 알짜는 남의 눈에 안 띄고 일컬어 '세태소설'이 되어버렸으니, 작품이 자식이라면 자식치고는 불효자식이다. (중략) 그리고 김남천(金南天) 씨는 세태를 오로지 세태대로 그린 전반(前

라도 서사체의 완성도나 예술적 성취도 측면에서 이를 규명하는 것은 의미 있는 통찰의 지점이 될 것이다.

박덕은은 『탁류』를 전반부는 "삶의 원리"가, 후반부는 "죽음의 원리"가 지배한다고 규정한다.16) 초봉의 상경 이후를 공동체로부터의 배제, 즉 상징적인 죽음으로 본다면 작중인물들이 생동감 있게 그려진 군산에서와 달리 격리되다시피 지내는 초봉의 서울 생활이 설명될 수 있으리라고 본다. 지젝은 자살을 "현실에서의 자살과 상징적 자살"17)로 구분한다. 초봉의 격리, 또는 소외는 공동체로부터의 배제, 즉 상징적인 죽음을 의미한다고 할 수 있다. 자신의 욕망을 억제하고 남성 이데올로기와 가족 이데올로기 논리에 철저하게 순응하는 초봉은 소외를 극복하는 출발점이 되는 욕망을 자각하지 못한 상태이다. 이는 앞에서 살펴본 바와 같이 고태수를 선택하는 과정에서도 나타나거니와 고태수가 죽던 날, 장형보에게 겁간을 당하면서 초봉이 어찌할 바를 몰라 "어머니는 이런 것도 아시련만"(235쪽)하고 원망하는 대목에서 보여지듯 아직 상상계에 머물러 있음을 알 수 있다. 그뿐만 아니라 초봉의 주체성(정체성)은 남성들에 의해 부정된다. 이는 초봉이 고태수→박제호→장형보를 차례로 거치

　　수)이 값이 있다고 하고 세태소설의 태를 벗어난 후반을 부질없는 사족이라 해서 그것이 작품 전체의 상처라고까지 단평(短評)을 했었다./두 분의 설을 나는 일변 사실로 수긍하지 않는다." 채만식, 「자작안내」, 『채만식 전집』 9, 창작과비평사, 1989, 519쪽.
16) 박덕은, 「삶의 원리와 죽음의 원리」, 이남호 외 11인, 『제3세대 비평문학』, 역민사, 1987.
17) 현실에서의 자살은 상징적 소통의 그물망 속에 붙잡혀 있다. 스스로를 죽임으로써 주체는 대타자에게 메시지를 보내려 시도한다, 즉 그것은 죄의식의 승인, 경각심을 불러일으키는 경고, 감상적인 호소로서 기능하는 행위이다. 반면 상징적 자살은 주체를 주체들 간의 회로로부터 배제하는 것을 목적으로 한다. 슬라보예 지젝 저, 주은우 역, 『당신의 징후를 즐겨라』, 한나래, 1997, 96쪽.

는 것에서도 확연히 드러나며, 동거를 하기로 합의한 순간부터 박제호가 초봉을 "우리 꽹이"(270쪽)라고 부르는 것에서도 정체성이 상실된 근거를 확인할 수 있다. 또한 유성 온천에서 박재호가 제시한 "생활의 설계"를 "진실하다고 믿기보다, 진실하겠지야고 믿어 두고 싶"(268쪽)다고 생각하고, 현실적으로는 달리 어쩔 방도가 없으면서도 말로는 "내가 뭐어 맘이 내켜서 네 계집 노릇 하겠다는 줄 알구?…… 괜히 원수풀이 하잔 말이다, 원수풀이…….."(342쪽)에서 나타나는 것처럼 초봉이 고난을 견디며 현실 원칙에 적응하는 것은 '가면 쓰기'18)를 통해서이다. 세 남성을 거치면서 초봉이 보이는 태도는 뜻대로 할 수 있는, 유일하게 진정한 복종이 있다면 그것은 바로 '외면적인 복종'이라는 것을 보여준다. 하지만 초봉이 격렬하게 반응하면 할수록 오히려 자신의 무기력을 확인할 뿐이다.

서울에 올라온 이후로 초봉의 거친 언행은 점차 노골적으로 드러나는데, 이는 주체가 욕망을 충족시킬 수 없을 때 발생하는 증상19)으로, 억압된 것이 있다는 증거이다. 이는 초봉의 행위와 더불어 특히 말(언어)을 관찰하면 그 변화가 분명해진다. 언어란 주체를 상징적 질서로 편입시키는 매개이자 언어활동으로 관계를 맺는 사회의 영역에서 자신의 주체를 획득하는 수단이기 때문이다.

고태수와의 결혼을 권유받았을 때 초봉의 심리상태는 "고함쳐 포악"(150쪽)을 부리고 싶다고만 서술되다가 장형보에게 겁간을 당한 시점부터 언행이 거칠어지는 것을 발견할 수 있다.

① '내가 네 간을 내먹자면 네 계집 노릇이라도 해야 하겠지만, 그럴 수가 없으니 차라리 안타깝다.'(241쪽)

---

18) "가면을 쓰는 것은 실제로 우리를 우리가 가장하는 그것으로 만든다." 슬라보예 지젝, 앞의 책, 1997, 78쪽.
19) 부르스 핑크 저, 맹정현 역, 『라캉과 정신의학』, 민음사, 2003, 200~204쪽 참조.

② (중략) 손등이고 빈대머리진 이마빡이고 사정없이 박박 할퀴어 준다. 여느 때는 들어 보지도 못한 쌍스런 욕을 내갈기기도 한다.(276쪽)

③ "두구 보려무나? 내 신세를 요렇게두 지긋지긋하게 망쳐 준 네 놈한테 그냥 거저 다소굿하구 계집 노릇이나 해줄 성부르더냐? 흥!…… 인제 대가리가 서얼설 내둘리게 해줄 테니 두구 보아라!"(342쪽)

위 인용문들은 이전과는 달라진 초봉의 언행과 관련된 것들로, ①은 간계로 고태수를 죽게 한 장형보가 같이 살자는 속내를 내비치는 것에 대한 초봉의 내적 독백이고, ②는 제호와 살기 시작한 초봉이 보이는 히스테리적 반응이며, ③은 제호에게서 장형보로 증여된 초봉이 장형보를 받아들이면서 포악을 부리는 대목이다. 이러한 언행의 폭력성은 소통의 회로가 차단되어있는 것에 대한 무의식의 메시지이며 발신자로서 초봉의 언어가 수신자들에게 수용되지 않는 일방성과 불구성이 드러내는 것이다.

초봉은 장형보와 살기 시작하면서 "제가 없는 틈에 나다니는 것은 못막지만, 눈으로 보면 으레 말썽을 하려고 들고 더욱이 밤출입이라면 생비상으로 싫어"(444쪽)해서 외출조차도 자유롭지 않다. 상징 질서로부터의 배제가 더욱 공고해지는 것이다. 이렇듯 대인관계를 맺는 도구로써의 언어사용이 철저히 배제되어 있던 초봉은 장형보가 계봉을 잘 익은 "수밀도"(395쪽)에 빗대어 성적 대상화하는가 하면, "옛날에 요임금 같은 성현두 아황 여영 두 아우 형젤 데리구 살았다는데"(395쪽)라고 음흉한 속내를 노골적으로 드러내자 위기감이 증폭된다. 심신이 지친 데다 딸 송희와 계봉의 신변에 위협을 느낀 초봉은 급기야 장형보를 죽이고 자살하리라는 계획을 세우기에 이르는데, 자살하기 위해 교갑을 사러간 외출에서 초봉이 발견한 거주 공간의 바깥, 즉 '또 다른 현실'은 그동안 억눌려 있던 욕망이 표면화되는 계기로 작용한다. 거리의 인파와 섞이면서 "매력 있는 밤", "황홀한 밤", "좋은 밤"을 즐기는 초봉의 외출은 장형보와의 종속적 관계에서 벗어나 삶이 다른 방향으로 전환되는 지점이 되는 것이다. 그러므로 결말 부분에서 우발적으로 벌어지는 초봉의 살인은 필연에 가깝다. 자신을 전락의 길로 인도한, 또는 재촉한 장형보(로 표상되는 고태수, 박제호)를 죽이는 행위는 육체적·정신적 순결을 회복하려는 필사적인 시도이자 주체적인 삶을 되찾으려는 구체적 행위가 되는 것이다. 그렇다면 이것은 사회로부터의 배제라는 관점에서 볼 때, 상징적인 죽음인 서울행과는 다른 "상징적 자살"[20]이다. 정체성에 대한 자각이나 주체적인 선택으로 자신의 자리를 발견하고 새로이 자기정립을 추구하려는 노력이기 때문이다. 장형보의 시신을 "잡아 놓은 쇠고기에서 쥐가 노는 것과 다름없는 생명"(458쪽)으로 느끼거나 "파리 목숨이라믄 남한테 해나 없지. 천하에 몹쓸 악당. 그놈을 죽였다구 그게, 그게 죄"(467쪽)냐는 항변에서 보여지듯 초봉에게선 어떤 죄의식이나 동요의 징후도 발견되지 않는다. 오히려 이미 숨이 끊어진 장형보를 다시 맷돌로 내리치고, 그의 시신 옆에서 송희에게 태연히 젖을 물리며, 장형보의 시신을 "제 자신의 능력이 아니고 한 개의 기적인 것 같아 경이의 눈"(458쪽)으로 응시한다. 그 이면에는 주체로서의 자기정립을 이루어낸 충족감이 자리하고 있다. 살인이라는 제의를 거쳐 훼손된 심신이 정화되었다고 믿는 것이다. "그렇게 하까요? 하라구 허시믄 하겠어요! 징

---

20) 상징적 자살(act) 행위는 그것의 담지자(대행자)를 근본적으로 변형한다는 점에서 능동적인 개입(행동)과는 다르다. 행위는 단순히 내가 '이행하는' 어떤 것이 아니다. 행위 후 나는 문자 그대로 '이전과 똑같지 않다', 이런 의미에서, 우리는 주체가 행위를 '이행한다'기보다 행위를 '겪는다'(그것을 '통과한다')라고 말할 수 있을 것이다. 그 속에서 주체는 절멸되고 뒤이어 다시 태어난다(또는 태어나지 않는다). 슬라보예 지젝, 앞의 책, 1997, 97쪽.

역이라두 살구 오겠어요!(468쪽)"라며 애원하는 눈빛으로 남승재에게 자신의 거취를 맡기는 것은 정확히 고태수와 결혼하기 전의 초봉, 남승재를 마음에 두고 있던 예전의 초봉으로 회귀한 것으로 보인다. 이는 억압되었던 여성성의 회복, 자신을 소외시켜왔던 타자의 욕망이 아닌, 자신의 욕망을 충족시켰다는 자의식에 기반하고 있다. 따라서 단념했던 남승재에게 초봉이 갑자기 태도를 바꾸어 집착을 보이는 것은 의타심이 아니라 주체적 여성으로 태어난 자신을 확인받고자 하는 시도이다.

이제 초봉은 자신의 욕망을 자신의 언어로 표현할 수 있는 주체적 삶을 찾은 동시에 억압과 질곡으로 점철된 현실을 넘어설 지반을 마련했다. 이는 마지막 19장의 제목이 '서곡(序曲)'인 것에서도 함의되어있거니와 서두에서 금강의 흐름으로 상징화된 초봉의 인생 역정이 "풍월도 좋거니와 물도 맑다."→"고요하던 수면의 꿈은 깨어진다. 물은 탁하다."→"마침내 황해(黃海) 바다에다가 깨어진 꿈이고 무엇이고 탁류째 얼러 좌르르 쏟아져 버리면서 강은 다하고"에서 나타나듯 초봉의 전락이 거듭되는 구조로 짜여져 있던 전개가 결말에 가서 이제까지와는 다른 시작을 알리는 것에서도 암시되어있다. 그러므로 억눌려왔던 욕망을 거칠고 뒤틀린 언어로 투사하던 증상을 제거한 초봉에게 서울은 재생의 공간이 되는 것이다.

Ⅳ. 결론

지금까지 본고에서는 '증상' 개념을 『탁류』에 적용하여 1930년대 후반 채만식의 현실인식이 서사체에 투영되는 양상을 살펴보았다. 전반부의 무대가 되는 군산은 자본주의화되어가는 식민지의 온갖 모순과 병폐가 출현하는 공간이며, 제목이 암시하는 바와 같이 사회의 왜곡된 표상들로 채워진 곳이다. 후반부의 무대가 되는 서울은 전락을 거듭하던 초봉이 자신의 억압된 욕망을 거칠고 뒤틀린 언행으로 표출하다가 장형보를 살해한 다음 주체적 여성으로 거듭 태어나는 공간이다. 또한 군산으로 상징되는 식민지 자본주의 체제를 살아가는 조선인들은 이미 주어진 것을 선택해야 하는 '강요된 선택권'을 누릴 수밖에 없는 처지에 놓여있음을 알 수 있다. 특히 아버지 정주사의 장사 밑천을 위해 고태수를 선택하는 초봉이 그러한데, 억압된 진리, 즉 증상이 출현하는 지점은 식민지 권력에 의해 제도화된 미두장, 유곽, 수형법, 교육뿐만 아니라 '증상으로서 역할을 담당하는 인물' / '증상을 발견하는 인물'들로 구분했을 때, 그리고 돈에 의해 재편되는 인물들 간의 지배−예속 관계를 고찰했을 때 식민지 자본주의의 모순은 한층 더 선명하게 드러난다. 앞에서 살펴보았듯이 채만식은 '내재적인 장애물', '내재적인 부정성'인 증상을 자본주의 자체의 필연적 산물, 다시 말하면 필요악임을 알았던 듯하다. 그렇게 본다면 자본주의적 질서에 일정한 거리를 두며 증상을 발견하는 남승재와 계봉을 긍정적 인물로 설정한 것은 당연하다 하겠다.

 세 남성에게 교환, 혹은 증여되는 과정에서 전락을 거듭하던 초봉의 증상은 폭력적인 언행으로 표출된다. 초봉은 그 증상을 제거하는 방법으로 살인을 택한다. 초봉의 살인행위는 현실을 탈출하고자 하는 욕망에서 출발한다. 육체적·정신적 순결을 회복하려는 필사적인 시도이자 주체적인 여성으로 거듭나려는 구체적 행위가 되는 살인이 형식상 우연히 이루어짐에도 내용상 필연적이란 측면에서 이해되어야 하는 이유가 여기에 있다. 그러므로 기존의 논의에서 결함으로 지적되어온 군산과 서울의 이항대립적 설정에서 격리, 혹은 고립의 의미를 가지는 서울에서의 생활은 초봉의 전락을 더욱 강화하는 동시에 초봉이 자신의 증상을 제거하고 주체적 여성으로 태어나기 위한 준비 과정인 것이다.

〈참고문헌〉

1차 자료

채만식,『채만식 전집』2, 창작과비평사, 1994.

저서 및 논문

김경수,「식민지수탈경제와 영성의 물화(物化) 과정 - 채만식의『탁류』의 재해석」,『작가세계』47호, 2000년 겨울호.
김재용 외 지음,『한국근대민족문학사』한길사, 1993.
김종욱,『한국 소설의 시간과 공간』태학사, 2000.
박덕은,「삶의 원리와 죽음의 원리」, 이남호 외 11인,『제3세대 문학비평』, 역민사, 1997.
이재선, 한국현대소설사』, 홍성사, 1997.
채만식,「자작안내」,『채만식 전집』9, 창작과비평사, 1989.
홍이섭,「채만식의 문학 세계」, 김윤식 編,『채만식』, 문학과지성사, 1984.
황국명,『채만식 소설연구』, 태학사, 1998.
부르스 핑크 저, 맹정현 역,『라캉과 정신의학』, 민음사, 2003.
슬라보예 지젝 저, 주은우 역,『당신의 징후를 즐겨라』, 한나래, 1997.
_____, 이수련 역,『이데올로기라는 숭고한 대상』, 인간사랑, 2003.

채만식의 소설에 나타난 친일과 반성

공 종 구*

I. 들어가는 말

역사학계를 비롯한 우리의 근대 지성사에서 가장 예민한 주제들 가운데 하나가 일제 식민지 시대 지식인들의 친일 문제임을 부정하는 사람은 짐작컨대 거의 없을 것이다. 일제 식민지 시대 지식인들의 친일 문제가 예민한 주제가 될 수밖에 없는 이유는 그 문제가, 관련 당사자나 그 주변 사람들은 물론이고 거의 대부분의 사람들 또한 불쾌하고 어둡다는 이유로 정면에서 대면하기를 꺼려하는 그림자에 해당되기 때문이다. 성숙한 인격이란 '그림자의 편입 과정'(die Integration des Schattens)[1]을 통해 그림자를 자신의 일부로 인정하는 사람을 말한다. 그와 마찬가지로 성숙한 문화나 사회 또한 자신들의 집단 그림자를 억압하거나 추방하지 않고 기꺼이 승인하고자 하는 의지나 용기를 지닌 사회나 문화를 말한다. 따라서, 우리 사회가 이제 한 단계 더 성숙한 사회로 올라서기 위해서는 우리

---

* 군산대학교 국문학과 교수
1) 마야 스토르히·장혜경, 『강한 여자의 낭만적 딜레마』, 푸른숲, 2003, 53쪽.

사회의 집단 그림자 현상에 해당되는 일제 식민지 시대 지식인의 친일 문제에 대해서도 은폐하거나 억압하는 종전의 소극적인 태도에서 벗어나 정면에서 감당하고자 하는 적극적인 태도로의 전환이 요구된다고 하겠다. 친일문학적 담론에 대한 연구에는 "수치의 원인이었던 정신적인 상처에 대한 극복을 지향하는 강인한 의지 없이는 불가능"[2]한 어떤 역사적 상흔이 깊숙하게 개입되어 있다는 전제 하에 친일문학에 대한 최근의 고조된 관심을 바람직한 변화로 파악하는 시각 또한 그러한 맥락과 관련이 있다.

한편, 일제 식민지 시대 지식인의 친일 문제를 감당하는 과정에서 경계해야 할 태도는 크게 두 가지라고 생각한다. 하나는, 과도한 민족주의적 열정과 추상같은 역사 논리를 배경으로 무조건 타매부터 하고 보는 '윤리적 근본주의'이다. 이와 관련하여 "명백한 친일파라 하더라도 오직 단죄하는 수준으로 나아가서는 진정한 의미의 극복도 이루어지지 않는다"[3]라는 지적이나 "'친일'의 문제는 아직도 아물지 않은 민족사의 상처로서 우리가 '더불어' 부끄러워해야 할 문제일망정 한두 개인의 윤리 문제로 환원시켜 손쉽게 욕해 버리고 말 일이 결코 아니다"[4]라는 주장은 두고두고 곱씹어 볼만한 성찰이 아닌가 한다. 다른 하나는, 그때 당시 여론 형성과 관련된 상징 권력을 소유했던 지식인들 가운데 친일로부터 자유로울 수 있는 사람이 과연 얼마나 될까라는 상황논리를 들어 변호하고자 하는 '무차별적 온정주의'이다. 이 두 가지의 편향은 모두 친일의 동기나 배경, 수준의 경중, 보상정도 등의 매개 변수를 섬세하게 고려하지 않

---

2) 사에구사 도시카스, 심원섭 옮김, 『사에구사 교수의 한국문학연구』, 베틀북, 2000, 572쪽 ; 류보선, 「친일문학의 역사철학적 맥락」, 『한국근대문학연구』, 태학사, 2003 상반기, 9쪽에서 재인용.
3) 최원식, 「한국 문학의 근대성을 다시 생각한다」, 민족문학사연구소 엮음, 『민족문학과 근대성』, 문학과 지성사, 1995, 56쪽.
4) 김병걸·김규동 편, 『친일문학작품선집』, 실천문학사, 1986, 5쪽.

고 일반화시킨 전칭 범주의 오류로부터 자유롭지 않다는 점에서 문제가 아닐 수 없다. 이 두 가지 편향에 대한 경계는 이 글에서 본격적인 논의 대상으로 삼고자 하는 채만식의 친일에 대한 평가에서도 마찬가지라고 생각한다. 따라서 채만식의 친일에 대한 평가가 온전한 평가를 받기 위해서는 '현재'와 '과거', '역사논리'와 '상황논리', '민족주의적 열정'과 '실증주의적 탐사' 사이의 생산적인 대화와 변증법적 교섭을 걸고 트는 과정에서 채만식이 친일로 가게 되는 경로나 배경, 친일의 수준 등과 같은 다양한 매개 변수들을 꼼꼼하게 고려하여야 할 것이다. 「채만식의 소설에 나타난 친일의 경로와 동기」라는 글에서 밝힌 바와 같이, 채만식의 친일은 세 단계의 경로를 밟아서 순차적으로 진행5)되고 있다. 그리고 이 글의 본격적인 논의 대상인 본격적인 친일 의지를 드러내는 글을 발표하기 시작하는 시기는 태평양 전쟁을 전후하여 더욱 강화된 천황제 파시즘의 광기가 한반도 전역을 지배하던 1940년 이후부터이다.

이 글의 초점은 두 방향으로 집중될 것이다. 하나는, 대상 작품들의 분석을 통해 친일의 동기와 수준을 밝히는 작업이다. 이 작업과 관련하여 애초 3부 연작으로 기획했던 작품들의 1·2부 가운데 2부에 해당하는 『여인전기』(1944~1945) 및 「혈전」(1941) 등의 소설들이 집중적인 논의 대상으로 분석될 것이다. 친일에 대한 채만식의 생각이 보다 더 직접적인 형태로 드러나고 있는 1940년 이후의 평문이나 시사 논설 등의 글은 소설의 논의를 보강하는 자료로 동원될 것이다. 그에 앞서 주체의 위기와 관련된 친일 징후의 작품들에서 본격적인 친일 의지를 드러내는 작품들로 넘어가기 직전의 과도기적 작품으로 규정할 수 있는 「냉동어」에 대한 본격적인 논의도 같

---

5) 이에 대해서는 공종구, 「채만식의 소설에 나타난 친일의 경로와 동기」, 『현대문학이론연구』 제23집, 현대문학이론학회, 2004.12 참조.

이 이루어질 것이다. 다른 하나는, 참회의 의미를 밝히는 작업이다. 이 작업과 관련해서는 「민족의 죄인」이 본격적인 논의 대상 작품으로 집중 부각될 것이다.

II. 본격적인 친일 의지의 표명

1940년에 들어서면서 이제까지 징후의 차원에서 잠복되어 있던 채만식의 친일의지는 두 가지 차원에서 큰 차이를 드러내기 시작한다. 하나는 이제까지 주로 소설들을 통하여 징후적으로 드러나던 친일의지가 보다 직접적이면서 적극적인 형태를 띠기 시작한다는 점이다. 구체적으로 이 시기에 발표된 작품들을 통하여 채만식은 식민주의 이데올로기나 천황제 파시즘을 옹호하거나 지지하는 등 이제까지와는 달리 보다 직접적이면서 적극적인 형태로 자신의 친일의지를 드러내기 시작한다. 다른 하나는, 친일의지의 매체가 소설 중심에서 시사 평론이나 논설 중심으로 이동하기 시작한다는 점이다. 이러한 변화는 이야기 구조 속에 형상화의 절차를 거쳐야만 되는 소설 장르와는 달리 작가의 세계관이나 이데올로기를 직접적인 형태로 표출하는 과정이 훨씬 더 용이한 시사 평론이나 논설의 담론 양식 때문이었으리라 생각된다. 이러한 두 가지 차원의 변화와 관련된 본격적인 친일의지를 표명하는 단계에 속하는 작품들로는 「냉동어」(1940), 「혈전」(1941), 『여인전기』(1944~1945) 등의 소설과 10여 편의 시사 평론 및 논설을 들 수 있다.

1. 내선일체와 대륙 침략의 정당성 승인 징후

본격적인 친일의지의 표명과 관련하여 1940년에 발표된 「냉동어」

는 주목을 요하는 중편이다. 1940년 『인문평론』 4·5월호에 분재된 이 작품은 주체의 위기와 관련된 친일 징후의 작품들에서 본격적인 친일의지를 드러내는 작품들로 넘어가기 직전의 과도기적 작품에 해당되기 때문이다. 이 작품 이후 채만식은 단절에 가까울 정도의 급속한 작가의식의 후퇴를 보이면서 적극적인 친일의지를 직접적으로 표명하는 작품들을 연이어 발표하게 된다.

표층적인 서사 구조의 비중으로만 보아서 이 작품은 본격적인 친일의지와 관련된 작품이라고 단정하기에 어려운 점이 있다. 서사의 대부분이 채만식의 분신으로 추정되는 문대영과 스미꼬와의 곡진한 로맨스에 집중하고 있기 때문이다. 하지만 당시 역사적 전망 상실로 인한 도저한 허무주의와 패배주의에 포박되어 주체의 붕괴 직전 상황으로 내몰리던 채만식의 실존적 정황과 갈수록 야만의 광기를 더해가던 전시동원체제하에서의 일제의 전체주의적 질서를 면밀히 고려할 때 이 작품은 본격적인 친일의지라는 코드로 해석할 만한 요소들을 충분히 갖추고 있다. 채만식의 분신으로 추정되는 문대영과 일본인 처녀 스미꼬와의 곡진한 로맨스라는 서사 외피로 포장된 이 작품에서의 본격적인 친일의지는 내선일체와 대륙침략의 정당성을 승인하는 징후 수준에서 드러나고 있다.

이 작품의 서사 주체로 기능하는 문대영과 스미꼬는 만나기 직전 두 사람 모두 생에 대한 의욕이나 미래에의 전망을 상실한 극도의 허무주의와 패배주의에 감염되어 있다는 공통점을 지니고 있다. 먼저, 춘추사의 편집 주간이자 소설가인 문대영은 '신념과 생활의 괴치'로 인해 문학의 힘에 대한 신념은 물론 자신이 관계 맺고 있는 모든 일의 존재 의미를 상실할 정도의 현실 부적응과 무기력증에 빠져 있는 상태이다. 자신의 그러한 처지를 '묵은 책력'이나 '삐뚤어진 빈 집에서 홀로 거주하는 세대의 룸펜'이라는 자조적인 표현으로 냉소하면서 문대영이 하는 일이란 통음과 통곡을 통해 자신의 갈등을 발작적으로 분출하는 일뿐이다. 이러한 문대영의 존재론적 갈등과 무기력은 당시 적극적인 친일의지를 수락하기 직전 극심한 갈등과 죄의식을 감내하며 존재론적 불안에 시달리던 채만식의 내면풍경과 정확한 대칭관계를 맺고 있다. "요새는 문학이 아니라 자살용의 양잿물이더라고",6) "생리적으로는 이 공기를 호흡하면서도 그 격류와 멀리 떨어진 피안에 물러서서 육체적 실감이 없는 과거의 행동에 불과한 문학(행동)을 하고 있다는 마음은 통곡하고 싶다"7)라는 당시의 글들은 존재와 당위의 분열과 괴리로 인한 채만식의 존재론적 불안의 깊이와 강도를 정확하게 반영하고 있다. 이 작품 이후 본격적인 친일의지를 적극적으로 표명하는 평문이나 논설로 글쓰기의 방향을 전환함과 동시에 소설에서는 서사의 밀도나 완성도가 떨어지는 『여인전기』와 같은 장편을 쓰게 되는 사정 또한 그와 같은 존재론적 갈등과 밀접한 관련이 있어 보인다.

　문대영을 만나기 직전 아편 중독의 후유증으로 인한 극도의 허무주의와 패배주의에 포박되어 절망적인 자포자기의 상태에 놓여있던 스미꼬의 처지 또한 문대영과 크게 다를 바 없다. 시대의 변화에 적응하지 못하고서 표류하는 자신의 처지에 대한 스미꼬의 '안 맞는 시계'라는 자조적인 자기 규정 또한 문대영의 '묵은 책력'과는 정확한 대칭 관계를 형성한다. 김종호의 소개를 통한 만남 이후 이해와 공감의 자장을 넓혀가는 과정에서 동경에서의 동거생활을 약속할 정도의 연인 사이로 발전해가는 두 사람의 로맨스를 본격적인 친일의지라는 코드로 해석 가능하게 하는 모티프는 크게 두 가지이다. 하나는 아편 중독의 치유를 위해 찾아 온 식민지 조선에

---

6) 채만식, 「문학을 나처럼 해서는」, 『채만식 전집』 9, 창작과 비평사, 1989, 532쪽.
7) 채만식, 「통곡하고 싶은 심정」, 『채만식 전집』 10, 창작과 비평사, 1989, 561쪽.

서 인연을 맺은 문대영과의 로맨스를 통해 생의 의지를 회복한 스미꼬가 동경행 약속을 어기고서 대륙으로 떠난다는 설정이다.

> 용서해 주세요! 분상. 분상을 떼어놓고 스미꼬 혼자서 고만 대륙을 향해 떠나고 있답니다.!……
> 요전날 밤, 분상도 이야기를 하신 대로, 일청(日淸) 일노(日露) 전역때부터, 더는 풍신수길, 또 더 그 이전부터 전해 내려오던 일본민족의 유구한 민족적 사명이요, 그래서 한 거대한 역사적 행동인 중원 대륙의 경륜…… 이는 누가 무어라고 하거나 현 세대를 전제로 한 인간정열의 커다란 폭발인 것 같아요.(「냉동어」, 『채만식전집』 5, 창작사, 1987, 463쪽).

동경행 약속을 어기고서 대륙으로 떠나기 직전 문대영에게 보내는 서신의 일부이다. 문면에서 보는 바와 같이, 이 서신의 핵심은 대륙침략과 경륜의 정당성을 옹호하고 합리화하는 내용으로 구성되어 있다. 그리고 그러한 내용의 서신이야말로 본격적인 친일의지와 관련된 채만식의 당시 내면풍경을 생생하게 보여주는 창이기도 하다. 그것은, "요전날 밤, 분상도 이야기를 하신 대로"라는 구절이 암시하고 있는 바와 같이, 대륙침략의 정당성에 대해서는 문대영 또한 이미 적극적으로 공감하고 있기 때문이다. 더욱이 이 작품보다 6개월 뒤인 1940년 11월에 발표한「대륙경륜의 장도, 그 세계사적 의의」라는 글에서 "우리 일본 민족에 의한 지나대륙의 경륜은 한 우수한 민족으로서의 정당한 권리요, 따라서 하나의 세계사적인 필연인 것이다"[8]라는 우승열패의 근대 제국주의 논리와 사회 진화론에 기초한 식민주의 이데올로기를 신념에 찬 확실한 목소리로 전

---

8) 채만식,「대륙경륜의 장도, 그 세계사적 의의」,『채만식 전집』10, 창작과 비평사, 1989, 582쪽.

달하고 있는 것으로 보아 그러한 판단은 조금도 무리가 아니라고 생각된다.

다른 하나는 문대영이 '문징상'이라는 자신의 첫 딸 이름을 스미꼬의 일본어 음인 '스미'에서 차용해 온다는 설정이다. 우선, 당시의 일제 식민지 정책의 맥락에서 볼 때, 문대영과 스미꼬 사이의 연애를 단순히 식민지 조선의 지식인과 일본 여성 사이의 사적인 감정의 문제로 해석하는 것은 문제의 본질에서 한참이나 비켜가는 것이다. 두 사람 사이의 로맨스는 미나미 총독의 부임(1936년 8월 5일)과 동시에 식민지 조선의 통치 이념으로 등장한 이후 중일전쟁을 계기로 절실한 과제로 부각된 '내선일체'의 전망과 관련하여 접근해야만 온전한 의미를 해명할 수 있기 때문이다. 당시 대동아공영권의 신체제를 건설하는 과정에서 대륙 침략전쟁을 감행한 일제는 조선 민중들의 전쟁 동원과 징발을 호도하고 은폐하는 이데올로기로 내선일체의 논리를 선전한다. "이런 상황 아래에서 작가들은 '내선일체'의 전망과 관련지어 긍정적으로든 부정적으로든 일본인과 조선인 사이의 연애와 결혼 문제를 좀더 적극적으로 다루게"9) 되는데 문대영과 스미꼬의 로맨스 또한 그러한 시대적 맥락과 밀접한 관련이 있는 모티프이다. 따라서 '손님이란 생각은 두지 말구 한 집안식구처럼' 자신을 대해 달라는 스미꼬의 부탁이나 문대영이 자신의 첫 딸 이름 가운데 '징'을 스미꼬의 '스미'에서 차용해 오는 것은 모두 내선일체의 황국신민화론에 대한 채만식의 당시 내면풍경이 반영된 것이라 할 수 있다. 물론, 채만식과 같이 명민하면서도 비판적인 자의식이 강했던 작가가 내선일체의 진정한 의도가 중일전쟁에 돌입하면서 병참기지로 부각된 식민지 조선의 노동력과 병력 동원

---

9) 이상경, 「일제 말기 소설에 나타난 '내선일체'의 층위」, 김재용 외, 『친일문학의 내적 논리』, 역락, 2003, 120쪽.

을 용이하게 하기 위한 일제 식민 당국의 이데올로기적 공세일지도 모른다는 사실을 전혀 모르지는 않았을 것이다. 더욱이, 당시 현영섭과 같은 내선일체론 신봉자들이 기대하거나 꿈꾸었던 것처럼, 내선일체가 식민지 조선의 민중들에게 완전한 동화를 통한 차이의 무화를 통해 차별을 해소할 수 있는 좋은 계기를 마련해 줄 것이라는 환상 또한 가지지 않았을 것으로 추정된다. 하지만, 이 작품에서 보는 바와 같이 채만식은 당시 주변 정세의 악화로 인한 "역사적 전망의 상실이 가져온 도저한 허무주의"로 인해 내선일체의 이데올로기를 노골적으로 선전하거나 옹호하지는 않지만 스미꼬로 표상되는 일본적인 가치에 대해 우호적인 시선을 보내는 등 내선일체의 논리를 승인하거나 동조하는 모습을 보이고 있다.

지금까지의 분석을 통해서 알 수 있는 바와 같이, 채만식은 "일본에서의 신체제 운동에 호응하여 조선에서도 고도국방국가체제 확립을 목적으로 하는 '국민조직 신체제'를 구축하기 위한 목적으로 종래의 '국민정신총동원운동'의 기구를 '국민총력운동'으로 개편"[10] 함과 동시에 미시적인 통제와 감시[11]를 통하여 식민지 조선 사회 전체를 일상적인 전시동원체제와 병영사회로 구축해가던 1940년을 기점으로 당시 대부분의 식민지 지식인들처럼 주체의 윤리를 거의 포기한 상태에서 내선일체의 황국신민화론을 정점으로 하는 식민주의 이데올로기와 대동아공영권의 전쟁동원론을 정점으로 하는 천황제 파시즘과 같은 야만의 얼굴을 한 일제의 폭력적인 식민 정책을 수용하여 본격적인 친일의 늪 속으로 함몰된 것으로 보인다.

---

10) 전상숙, 「일제 군부 파시즘 체제와 식민지 파시즘」, 『일제하 파시즘 지배 정책과 민중의 생활상: 연세대학교 국학연구원 2003년도 국제학술회의 자료집』, 연세대학교 국학연구원, 2003, 17쪽.
11) 구체적인 내용에 대해서는 최유리, 『일제말기 식민지지배정책연구』, 국학자료원, 1997, 140~171쪽 참조.

이후 발표된 채만식 소설에서의 친일의지는 더욱 명료한 형태를 드러내기 시작한다.

2. 군국의 어머니상 제시와 내선일체의 완성

「냉동어」 이후 채만식은 작가의식과 주체의 윤리의 급속한 후퇴를 보이면서 식민주의 이데올로기와 천황제 파시즘의 논리를 적극적으로 표명하는 10여 편의 시사 평론과 논설을 발표한다. 이와 함께 본격적인 친일의지와 관련된 소설로는 「혈전」과 『여인전기』를 발표하게 된다. 본격적인 친일의지를 적극적으로 드러내는 이 두 작품은 친일의지와 관련하여 그 이전의 소설들과는 크게 두 가지의 차이를 보이고 있다. 하나는, 이전의 소설들에서와는 달리 이 두 작품에는 '신념'과 '현실', '역사논리'와 '상황논리', '주체의 윤리'와 '시대의 압력' 사이의 괴리로 인한 주체의 위기가 거의 드러나지 않고 있다는 점이다. 그것은 "그렇지만 사실을 갖다가 사실대로만 보구, 사실대루만 받아들여선 못쓰는 법이어든! 그건 학문적으로는 상식의 노예요, 생활적으로는 천박한 모리배의 짓이지"라는 문대영의 진술에서와 같이 「냉동어」에서만 하더라도 당시 채만식 소설들에서 주체의 위기를 돌파하는 한편 친일의지를 합리화하는 명분과 관련된 개인약호로 기능하고 있는 '사실'이라는 용어가 이 두 작품에 와서는 완전히 그 자취를 감추는 데서도 증명이 되고 있다. 다른 하나는 두 작품이 모두 서사의 층위에서 심각한 문제를 드러내고 있다는 점이다.

먼저, 1939년 5월 일본 관동군과 외몽고군 사이에 벌어진 전투가 확대되어 소련군까지 가담하게 된 노몬한 사건을 소재로 한 「혈전」은 "이제 사일부터의 전투 경과를 대강대강 기록하면 다음과 같다"라는 서술자의 서술 표지에서 드러나는 바와 같이, 전쟁일지나 보고서의 수준에 머무르고 있는 작품이다. "일본인 장교의 수기를 바탕으로"12) 한 경험의 직접성을 날것의 형태로 진술하는 이 작품은 따라서 "상상적 작품이 아니라 불완전한 역사, 비공식적인 역사, 보충적인 역사, 역사의 재료"13)의 성격에 더 가까워 본격적인 논의 대상으로 삼기에는 적절하지 않은 작품14)이다. 다만, 일제의 대륙침략전쟁을 소재로 하고 있다는 점과 서사의 전면에 전경화되는 일본 군인들의 용맹성과 동료애를 통해서 채만식의 친일의지를 엿볼 수 있을 뿐이다. 그러나 상호 텍스트적인 맥락에서 1943년에 발표한 「위대한 아버지 감화」(『매일신보』, 1943년 1월 18일)와 「추모되는 지인태 대위의 자폭」(『춘추』, 1943년 1월), 「지인태 대위 유족 방문기」(『신시대』, 1943년 1월)라는 세 편의 글은 이 작품의 실제 의도와 관련하여 흥미로운 추정을 가능하게 한다. 「혈전」의 서사 대상인 노몬한 사건 당시 일본군 항공 조종사로 전투에 참여하였다가 자폭으로 전사한 지인태 대위의 유족들에 대한 위문15) 후 발표한 이 세 글에서 노골적으로 부각되는 요소는 "본질적으로 전쟁이나 침략과 결부되어 있으며, 그 자체 몰락의 동반자로서 자국민만이 아니라 다른 많은 국민도 파멸적인 지경으로 끌고 들어간다는 점에서 '규율있는 발광 상태(Karl Liebknecht)'"16)로서의 군국주의 이데올

---

12) 김재용, 「'멸사봉공'으로서의 친일파시즘 문학」, 『실천문학』 2003년 봄호, 404쪽.
13) 루 사오펑, 조미원 외 옮김, 『역사에서 허구로』, 길, 2001, 89쪽.
14) 「혈전」과 비슷한 보고문 성격의 작품으로는 1944년 3월호부터 7월호까지 5회에 걸쳐 『半島の光』에 연재된 「군신」을 들 수 있다. 1942년 태평양전쟁에서의 싱가포르 함락을 다룬 이 작품과 작품의 내용에 대해서는 김재용, 앞의 글, 406~450쪽 참조.
15) 1942년 12월 태평양 전쟁 1주년을 맞이하여 조선문인협회는 각 지역별로 작가들을 파견하여 전쟁에서 죽은 군인들의 가족을 위문하는 행사를 가졌는데 당시 행사에서 전북지역을 담당한 채만식은 지인태 대위의 유족들이 살고 있는 전주를 방문한 후 이 세 글을 발표한다.

로기에 대한 적극적인 옹호와 지지이다. '나라를 위하여 피를 흘리지 못하는 백성은 국민될 참다운 자격을 가지지 못한 백성일 것이다', '내명년의 징병제로 인하여 조선청년도 누구나 한가지로 제국 군인이 될 의무와 자랑을 가지게 되었다'라고 말하거나 막내 아들인 지인태 대위의 일본 육사 합격 소식을 듣고서야 비로소 영면하였다는 지동선 노인을 군국의 아버지로 칭송하는 등 당시 채만식은 대부분의 식민지 조선의 친일 지식인들처럼 일제의 군국주의 노선과 전쟁 동원 논리를 정당화하는 친일의지를 적극적으로 표명하고 있다. 이러한 시사 평론들과의 상호 텍스트적 맥락에서 볼 때, 조선 최초의 제국 군인인 지인태 대위가 참전하였다가 자폭으로 전사한 노몬한 전투를 소재로 한 「혈전」을 통해 채만식은 "일본의 군국주의 논리를 전파"[17]하기 위한 의도를 간직하고 있었던 것으로 보인다. 다만 일본인 장교의 수기를 바탕으로 구성된 이 작품의 서사 특성으로 인해 지인태 대위의 일화는 삽입하기에 용이하지 않았을 것으로 짐작된다. 이 작품의 분석을 통해서 알 수 있는 바와 같이, 태평양 전쟁 발발 직전에 발표된 이 작품까지만 하더라도 적어도 소설에서만큼은 채만식은 적극적인 친일의지에 완전히 함몰된 것으로 보이지는 않는다. 하지만 일제의 야만적인 광기가 극으로 치닫던 태평양 전쟁 말기인 1944년 『매일신보』에 연재를 시작한 『여인전기』에 오게 되면서 채만식의 친일의지는 훨씬 더 분명한 형태로 드러나기 시작한다.

시댁에서의 진주의 수난사 서사 부분이 상호 중첩되는 실제 작품 내용이나 후속 작품이 이어질 것을 예고하는 작가의 말을 참고할 때 『여인전기』는 그보다 한 해 전인 1943년에 발표된 『여자의 일

---

16) 마루야마 마사오, 김석근 옮김, 『현대정치의 사상과 행동』, 한길사, 1997, 340~341쪽.
17) 김양선, 「여성주의 시각에서 본 친일문학」, 『실천문학』 67, 2002년 봄, 282쪽.

생』의 연작 장편이라고 할 수 있다. 하지만 이 작품은 "선행작『여자의 일생』을 이어쓴 2부작에 해당되면서, 원작을 친일논리에 맞게 수정, 보완한 작품"[18]이라는 점에서 주목을 요하는 작품이다. 실제로 1943년에『어머니』라는 제목으로『조광』에 6회까지 연재를 하던 중 총독부의 검열로 인해 중단된『여자의 일생』은 그 내용으로 짐작컨대 일제의 식민주의 이데올로기의 허구성이나 제국주의적 욕망의 간계에 대한 직접적인 비판이 문제가 되었을 것으로 판단된다. 이러한 사실로 미루어 볼 때 채만식은 적지 않은 시사 평론이나 논설 등을 통해 본격적인 친일의지를 표명하던 당시에도 심각한 주체의 갈등이나 분열을 경험했던 것으로 보인다.

「냉동어」에서 징후적으로 드러나던 친일의지는『여인전기』에 와서 보다 명료한 형태를 띠게 된다. 이 작품에서의 본격적인 친일의지는 두 가지의 형태로 드러나는데 하나는 '군국의 어머니상의 제시'이며, 다른 하나는 '내선일체를 형상화'하는 부분이다. 특히, 태평양 전쟁을 계기로 총력전 체제에 돌입한 이후 식민지 조선의 모든 부분을 병영사회로 영토화하는 과정에서 제기된 총후부인 담론의 연장인 군국의 어머니상은 "남편이나 아들을 전선에 보낸 아내와 어머니로서의 역할에 대한 담론으로 1940년 이후 실시된 지원병 제도나 징병제의 확립과 밀접한 관련이 있다"[19]는 점에서 '대동아공영권의 전쟁동원론'의 지류 담론이라고 할 수 있다.

권명아의 연구에 의하면, "열전의 주인공들에 따라 약간의 편차는 존재하지만『군국의 어머니』는 서사에 있어서 몇 가지 스테레오타입을 따르고 있다고 한다. 첫째, 주인공(군국의 어머니)은 남성

---

18) 위의 글, 282쪽.
19) 권명아,「총력전과 젠더: 총동원 체제하 부인 담론과『군군의 어머니』를 중심으로」,『성평등연구』제8집, 가톨릭대학교 성평등연구소, 2004, 11~15쪽 참조.

가문의 역사, 가계도의 계보에 따라 기술된다. 둘째, 주인공 여성의 남편이나 아들은 모두 난세의 영웅의 면모를 보인다. 셋째, 주인공 여성의 남편과 아들은 '국난'에 맞서 싸우는 영웅이되 이들이 치루는 전투는 언제나 중과부적의 상태, 객관적인 전세가 불리한 상태로 기술된다. 즉 이들은 객관적 전세의 불리를 정신력과 죽음을 불사하는 용기로 승리로 이끌게 된다. 넷째, 군국의 어머니들은 난세의 영웅인 남편과 아들의 죽음 앞에 의연하며 가족의 생계와 가문의 계보를 이어나간다."[20] 『여인전기』 또한 군국의 어머니 서사의 스테레오 타입을 신통할 정도로 충실하게 반복하고 있다.

  이 작품에서 군국의 어머니를 표상하는 장치로 등장하는 인물은 송심당 노인과 진주이다. 먼저, 송심당 노인을 군국의 어머니로 부각시키기 위해 이 작품은 송심당 노인의 남편과 아들, 그리고 외증손까지를 친일적인 가계도의 계보에 따라 배치하고 있다. 그의 남편은 1884년 김옥균과 박영효 등을 축으로 한 개화당이 일본의 세력을 등에 업고 새로운 정권을 세웠다가 실패하고 사흘 만에 일본으로 망명한 갑신정변의 주역 가운데 한 사람으로 설정되어 있다. 그리고 송심당 노인의 아들인 임인식은 이 작품에서 작가의 친일의지와 관련하여 상당히 중요한 비중을 차지하고 있는 핵심 인물로 설정되어 있다. 그는 "수단으로서의 군사력과 군대정신 그 자체가 목적화된다는 데에 그 현저한 특징"[21]이 있는 군국주의적 인간형의 전형이자 내선일체를 몸소 실천하는 인물로 형상화되고 있기 때문이다. 일본 육사를 졸업한 임인식은 일제의 대륙 침략 전쟁의 중요한 발판을 마련한 러일전쟁에서 객관적 전세의 불리를 정신력과 죽음을 불사하는 용기로 승리를 이끌어 내는 난세의 영웅으로 형상화되고 있다. 더욱이 임인식 중위는 그 전투에서 선봉에 서기를 자처

---

20) 위의 글, 19쪽.
21) 마루야마 마사오, 앞의 책, 339쪽.

하는 그를 만류하는 일본인 부대장에게 '소관은, 사람은 조선 사람이올시다. 그러나 소관의 마음의 나라는 일본이올시다'라는 말로 설득하는 한편, 일본 여자를 며느리로 맞이하겠다는 아들의 말에 소극적인 태도를 보이는 송심당 노인에게는 '그러믄요! 머언 조상은 우리와 한 조상이드랍니다!'라는 동조동근의 논리로 설득시키고 있다. 또한 실제로 작가는 임인식 중위와 일본 여인과의 사이에 낳은 임무일이라는 아들을 작품 말미에 등장시켜 이복누이인 진주와 자연스럽게 해후하면서 혈육의 정을 확인하는 설정을 통하여 중일전쟁 이후 일제의 침략전쟁을 효율적으로 수행하기 위한 필요에 의해 여러 가지 모습으로 윤색되면서 끊임없이 등장하였던 내선일체의 논리를 승인하는 친일의지를 표명하고 있다.

한편 임인식 중위를 통한 친일의지의 표명과 관련하여 더욱 흥미를 끄는 것은 노기 장군의 긍정적 형상화이다. 주지하다시피, 노기 마레스케(乃木希典)장군은 당시 제3군 사령관으로 여순 요새 공략시 육탄 공격이라는 비인도적인 전술로 불리한 전세를 승리로 이끈 인물이다. 그런데 이 작품에서는 인간미 풍부한 아주 자상한 군인으로 형상화되어 있다. 더욱이 그는 임인식 중위의 전사 후 친필 서한과 함께 임중위의 유품을 송심당 노인에게 직접 보내는 배려를 보일 정도로 임인식 중위와는 아주 각별한 인연을 맺고 있는 것으로 설정되어 있다. 임인식 중위의 어머니인 송심당 노인은 하나뿐인 아들의 참척지화를 입고서도 별다른 마음의 동요가 없이 의연하게 맞아들일 뿐만 아니라 노기 장군의 친필 서한을 가보로 여길 정도로 군국의 어머니상을 이상적으로 실천하는 인물로 설정되고 있다.

한편 군국의 어머니상의 형상화와 관련하여 연재가 중단된 이 작품의 초점은 송심당 노인보다는 송심당 노인의 손녀인 진주에게 맞추어져 있었을 것으로 추정된다. 서사의 흐름으로 볼 때 온갖 시련과 고난이 중첩되는 간난신고 끝에 키운 외아들 철이를 전장에 보낸 후 감당하기 버거운 마음의 동요와 갈등을 극복하고 결국 내지의 어머니들과 할머니인 송심당 노인을 본받아 그들 못지않은 훌륭한 군국의 어머니로 성장해가는 진주의 모습이 이어지는 것이 자연스러운 연결이기 때문이다.

> 내지의 어머니들은 이천육백여 년을 두고 한결같이 나라를 위하여 아들네를 전지에 내보내되, 동치 아니하도록 도저한 도야와 훈련과 그리고 자각 가운데서 살아 내려왔다. 그런 결과 일본 여성은 사랑하는 아들을 나라에 바쳤으되 조금도 미련겨워하며 슬퍼하는 등 연약한 거동을 함이 없이 가장 늠름하기를 잊지 아니하는 천품이—정신이 잡히기에 이르렀다.
> 여러 백 년을 나라와 나라 위한 줄을 모르고 오직 자아본위, 가정본위, 오직 일가족속본위로만 살아온 조선 백성은 따라서 어머니들의 군국에 대한 정신적 준비랄 것이 막상 충분치가 못하였다.
> 나라는 개인보다 중하니라.
> 민족의 번영은 언제나 그 민족의 젊은이가 흘린 피와 정비례하느니라(『여인전기』, 『채만식전집』 4, 창작사, 1987, 310쪽).

이상적인 군국의 어머니 모델로 제시한 내지 어머니들과의 위계적 대비를 통해 진주가 자신을 포함한 식민지 조선 여성들의 각성과 분발을 촉구하는 한편 군국의 어머니로서의 의지를 다짐하는 장면이다. 중일전쟁에서 태평양 전쟁으로 전선을 확대해나가는 과정에서 일제는 신체제론이나 근대 초극론 등 다양한 동양주의 담론들을 통하여 침략전쟁을 통한 제국주의적 욕망을 은폐 또는 합리화하기 시작한다. 서구의 자본주의적 근대의 발본적 해체나 서구의 제국주의적 침략으로부터의 아시아 나라들의 해방이라는 표면적인 명분과는 달리 동양주의 담론의 본질은 "문화적 반근대주의를 정치적 반서양주의로 전환시키며 일본 제국주의의 전쟁 확대를 옹호하는, 결국 천황제 강화와 대동아공영권으로 집약되는 일본 제국주의의 제국주의적 자기현시의 측면이 강한 이데올로기"22)로 규정할 수 있다. 문제제기 당시에는 "일본 근대화의 모순을 해결하는 방법의 모색과 태평양 전쟁의 이중적 성격에 대한 일본의 입장을 정리하는 문제의식에서 출발했지만 결국에는 천황제 파시즘과 일본의 아시아 침략을 미화하는 성전 이데올로기로 전락"23)하여 서구의 패권적 지위와 중심을 탈취하기 위한 전도된 오리엔탈리즘으로서의 이데올로기적 성격을 다분히 가지고 있는 한편, 일제 말기 식민지 조선의 지식인들에겐 자신들의 "친일을 합리화하고 분식하는 이론적 도구"24)로 전유된 동양주의 담론의 기본적인 구도는 '서양: 개인의 자유주의, 물질의 자본주의 / 동양: 국가의 전체주의, 정신'이라는 이분법적 틀이었다. 또한 태평양 전쟁으로 전선이 확대된 이후 일제는 식민지 조선의 사회 분위기 전반을 "한 국가나 한 사회에서 전쟁 또는 전쟁 준비를 위한 배려와 제도가 반영구적으로 최고의 지위를 차지하고, 정치, 경제, 교육, 문화 등 국민생활의 다른 모든 영역을 군사적 가치에 종속시키는 사상 내지 행동양식"25)이 지배하는 군국주의적 사회로 영토화하기 시작한다. 그와 더불어 "물리적인 전력에서 열세인 일본 제국이 강대한 미국과 영국에 맞서 장기전을 수행하기 위해서는 정신력과 후방의 치안 및 질서 유지가 중대한 의미를 차지"26)하게 되면서 일제는 전후방을 가리지 않는 총력적

---

22) 강용운, 「1940년대 친일문학의 논리와 아시아주의」, 『작가연구』 제7·8호, 새미, 1999, 287~290쪽.
23) 앞의 글, 291쪽.
24) 앞의 글, 302쪽. 동양주의 담론의 하위 범주인 신체제론에 경도된 채만식의 입장이나 태도를 비교적 선명하게 드러내고 있는 대표적인 시사 평론이나 논설들로는 「문학과 전체주의」(『삼천리』 1941년 1호), 「시대를 배경하는 문학」(『매일신보』, 1941년 1월 5일, 10일, 13~15일), 「자유주의를 청소」(『삼천리』 1941년 1호) 등을 들 수 있다.
25) 마루야마 마사오, 앞의 책, 335쪽.

체제에 돌입하게 된다. 그 과정에서 일제는 다양한 총후 담론과 이데올로기적 공세를 통해 "서구 열강과의 전쟁에서 동양이 승리하고, 조선이 제 이국민의 열등한 위치에서 벗어나기 위해서는 개인부터, 가족부터 변해야 한다"27)고 지속적으로 강제했는데, 문면의 진주의 고백적 진술을 통해서 알 수 있는 바와 같이 당시 채만식은 개인의 자유의지에 대한 국가 권력의지의 폭력적인 관철을 통해 국민을 국가의 생존과 번영을 위한 수단으로 도구화하는 국가 이데올로기를 통하여 개인의 희생을 정당화하는 일제의 전쟁 동원론을 승인하는 친일의지를 표명하고 있다.

한편, 연재가 중단된 미완의 작품이긴 하나 이 작품을 구성하는 세 가지의 핵심 단위서사―진주의 수난사, 러일전쟁에서의 임인식 중위와 노기 장군과 관련된 송심당 노인의 군국의 어머니 서사, 철이와 관련된 진주의 군국의 어머니 서사―들은 유기적으로 상호 긴밀한 관련을 맺지 못하고 있다. 특히, 정도 이상으로 많은 서술 비중을 차지하고 있는 진주의 수난사(시댁에서의 추방과 서울에서의 극적인 재회 후 초인적인 의지를 통한 두 자녀 양육) 부분의 삽입은 이 작품의 서사적 밀도와 응집력에 균열을 내고 있다는 점에서 일종의 서사의 잉여라고 할 수 있다. 이 작품에서의 이러한 서사 양상들은 금지옥엽처럼 기른 외아들 철이를 전선에 보내고서도 꿋꿋하게 이겨나가는 훌륭한 군국의 어머니로서의 진주의 의지를 강조하기 위한 작가의 의도로 보여진다. 태평양 전쟁이 거의 막바지에 도달한 1944년에 발표한 이 작품에 뜬금없을 정도로 40년 전의 러일전쟁과 임인식 중위, 그리고 노기 장군을 등장시킨 작가의 의도 또한 비슷한 맥락에서 접근할 수 있다. 당시 식민지 조선의 작가들에게 노기 장군의 어머니와 부인은 군국의 어머니의 이상적인

---

26) 권명아, 앞의 글, 15쪽.
27) 김양선, 앞의 글, 287쪽.

모델로 인식되었다고 한다. 그리고 군국의 어머니 담론은 현실적으로 "강한 적에 맞서 싸우는 약자의 이념을 토대로 한 총력전의 이념으로 일본이 태평양 전쟁을 정당화하는 데 가장 빈번하게 호출되는 이념"28)이었다. 그리고 "1943년부터 태평양 전쟁에서 패퇴하기 시작하면서 결전 체제"29)에 돌입한 일제는 마지막 발악에 가까운 전선과 후방을 불문하고 일상적인 전시체제로 몰아가면서 군국의 어머니를 비롯한 다양한 총후 부인 담론들을 강제하였는데 채만식은 이에 동조하게 되고 이의 결과로 나타난 것이 『여인전기』라고 할 수 있다. 따라서 "이 작품의 구성은 여성 수난사와 내선일체 및 총후봉공이라는 군국주의 이데올로기로 이원화되어 심각한 결함을 노정하고 있다. 문제는 작품성을 훼손하면서까지 이 이원적 구조를 밀고 나가고, 텍스트로 하여금 말하게 하는 것이 아니라 작가 서술자가 모든 것을 말하는 정황이 제국주의 식민 담론의 정당화로 수렴되었다는 데 있다"30)라는 지적은 충분한 설득력이 있어 보인다.

III. 참회의 의미

지금까지의 분석을 통해서 알 수 있는 바와 같이, 채만식이 본격적인 친일의지를 표명하기 시작한 시기는 1940년을 지나면서부터였다. 이 시기는 세계체제의 격변기였으며 일제의 천황제 파시즘의 야만적인 광기와 폭력이 식민지 조선 전역을 무차별적으로 접수하던 시기였다. 당시 식민지 조선의 작가들 가운데 적지 않은 사람들이 일제의 야만적인 폭력과 광기에 저항하지 못하고 무기력하게 친

---

28) 권명아, 앞의 글, 21쪽.
29) 이중연, 『황국신민의 시대』, 혜안, 2003, 158쪽.
30) 김양선, 앞의 글, 286쪽.

일 문학의 늪 속으로 함몰하고 만다. 현실 타협의 유혹을 극복하지 못하고 친일의 길을 선택하게 되는 과정에서 대부분의 작가들은 친일을 위한 명분과 논리가 필요했을 것으로 생각되며, '내선일체의 황국신민화론'이나 '대동아공영권의 전쟁동원론', 그리고 그 두 가지 논리와 밀접한 관련을 맺고 있는 신체제론이나 동아신질서, 세계신질서, 근대 초극론 등과 같은 동양주의 담론들은 그 필요성에 대한 충분한 동기로 작용했을 것이다. 그 담론들이 제시하는 달콤한 유혹들이 사실이라고 믿었건, 아니면 실상은 순전히 허구적인 이데올로기에 불과할 뿐임을 간파하고 있었건, 또한 일제의 강압이나 회유에 의해 친일의 길을 선택했건, 아니면 자발적인 의지에 의해 선택했건 당시 친일의 길을 선택하게 되는 대부분의 식민지 조선의 작가들에게 그러한 담론들은 거부하기에는 너무나도 매혹적인 유혹으로 다가왔을 것이다. 친일을 길을 선택하게 되는 대부분의 작가들은 그 유혹과의 타협을 통해서일 거라고 생각된다. 매우 안타깝게도 1940년 이후 발표된 적지 않은 시사 평론이나 논설에서는 물론이고 『여인전기』와 같은 소설을 통해서 내선일체와 군국의 어머니상을 통한 전쟁동원론 및 신체제론을 승인하는 친일에 관련된 글을 통해서 드러나고 있는 채만식의 친일 또한 이러한 과정을 통해서일 것이다. 그러면 채만식의 친일을 어떻게 평가할 것인가?

야만의 광기와 폭력이 지배하던 식민지 말기의 상황. 식민지 조선의 작가들이 그 상황을 감당하던 방식을 몇 가지 유형으로 분류해 볼 수 있다. 첫 번째는 완전히 절필하거나 아니면, 일제의 야만적인 광기와 폭력을 정면에서 비판하는 글쓰기를 선택하는 방식이다. 두 번째는 친일에 대한 신념과 내적 논리를 가지고서 철저하게 일제의 식민지 체제에 영합하는 한편 글쓰기 행위 또한 자신의 영달 수단으로 선택하는 방식이다. 그도 저도 아닌 제 3의 길로는, 당위와 존재의 괴리로 인한 심각한 주체의 분열과 갈등을 감내하면서 수동적으로 친일 문학의 길을 선택하는 방식이다. 당시 문학에 대한 열정이든, 아니면 생계의 문제이든 합법적인 공간에서 합법적인 글쓰기 행위를 지속하고자 했던 식민지 조선의 작가들이 선택할 수 있는 가장 현실적인 선택지는 아마 세 번째의 방식이 아니었을까 생각한다. 특히, 채만식의 경우는 세 번째 방식의 전형을 전형적으로 보여준다는 점에서 문제적 인물이 아닐 수 없다. 채만식은 결코 용감한 투사가 될 수 없는 사람이었다. 그러기에는 그는 평소 자신의 강박적인 고백처럼 '용렬한 위인이자 소심한 사람'이었다. 그렇다고 채만식은 영악한 속물 또한 결코 될 수 없는 사람이었다. 그러기에 그는 신경증에 가까울 정도의 결백과 정직을 소유한 사람이었다. '용감한 투사'도, 그렇다고 '영악한 속물'도 될 수 없는 경계인의 실존을 소유하고 있었던 채만식. 그러한 그가 그 야만의 세월을 견디어내는 유일한 선택지는 과연 어떤 방식이었을까? 바로 세 번째 방식이 아니었을까?

한편, 친일을 평가하는 기준들 가운데 최종 심급의 지위를 지니게 되는 것은 '자발성'과 '주도성'이라고 생각한다. 이러한 기준에서 보더라도 채만식의 경우는 적어도 신념이나 내적인 논리를 가지고서 친일문학의 길을 선택했을 것으로는 보이지 않는다. 물론 일제의 식민주의 이데올로기나 파시즘 이데올로기에의 경사를 직접적인 형태로 드러내고 있는 글들을 통해서 본격적으로 표명되는 채만식의 친일 의지는 너무나도 분명하여, 그럴 수만 있다면, 외면하거나 지워버리고 싶을 정도이다. 하지만 조선문인협회나 조선문인보국회의 활동상황[31]을 보아도 잘 알 수 있듯이, 채만식은 체제지향적인 어용 문인단체에 가입하여 시국강연을 기획하거나 주선하는 등의 친일 활동에 결코 주도적이거나 자발적인 적이 결코 없었다.

---

[31] 이에 대해서는 이중연, 앞의 책, 131~172쪽 참조.

더욱이, 적지 않은 시사 평론과 논설 등을 통해 적극적인 친일의지를 표명하는 글쓰기 행위를 하는 와중에서도 일제의 야만적인 검열에 의해 연재가 중단된『어머니』를 통해 일제의 식민주의 이데올로기의 허구성이나 제국주의적 욕망의 간계를 정확하게 비판하는 글을 쓰고자 한 의도를 지니고 있었던 것으로 미루어 볼 때, 적어도 그의 친일은 신념이나 내적 논리 차원에서의 선택은 아니었던 것으로 보인다. 그리고 자신의 친일협력 행위에 대해 참회와 반성의 서사를 남긴 거의 유일한, 그런 점에서 자기 검열의 시선 또한 아주 예민했던 문인이라는 사실도 채만식의 친일을 해석하고 평가하는 작업과 관련하여 적극 고려되어야만 한다.

주지하다시피, 친일 협력의 전력을 지닌 대부분의 문인들은 해방을 맞이하자 준열한 자기 반성이나 참회를 통하여 자신들의 과오나 죄과를 정리하고 넘어가기보다는 새로운 질서로의 급격한 전환을 모색하던 당시 문단의 헤게모니 확보에 골몰하느라 여념이 없었다. 그러한 상황에서도 "조선의 해방은 아무래도 행운이요 감이 저절로 입에 떨어진 격"32)이라는 해방의 본질을 정확히 간파한 채만식만큼은 "역사가 정녕 아직도 '치숙'의 시간에서 벗어나지 못하였다"라는 준엄한 역사의식을 바탕으로 '민족의 죄인'이라는 참회의 고백록을 통해 자신의 친일 협력 행위를 "씻어도 깎아도 지워지지 않는 '영원한 죄의 표지'"로 규정하면서 속죄의 속내를 드러낸다. 물론 그 작품에서의 반성과 참회가 고백록이나 참회록의 서사 일반이 지니고 있는 자기 합리화의 방어기제로부터 완전하게 자유롭기는 어려울 것이다. 하지만, "이광수를 많이 닮은 그 글은 구차스러운 변명이고, 자기 합리화를 위한 공범의식의 조장일 뿐 진정성이라고는 없다"33)라는 지적은 적어도 채만식에 관한 한 너무 가혹하거나 인색

32) 채만식,「글루미 이맨시페이션」,『예술통신』, 1946년 11월 6일.
33) 조정래,『누구나 홀로 선 나무』, 문학동네, 2002, 213쪽.

한 평가가 아닌가 생각한다. 그러한 맥락에서 '용맹하지도 못한 동시에 영리하지도 못한 나는 결국 본심도 아니면서 겉으로 복종이나 하는 용렬하고 나약한 지아비의 부류에 들고 만 것이 있었다'라는 고백은 상당 부분 진실성을 담보하고 있다고 생각한다.

"장소와 시간의 한계를 넘지 못한 대다수 일제시대의 지성인들에게는 차라리 평범함의 죄를 묻는 것이 가장 적절하지 않을까 싶다"[34]라는 진술은 채만식의 경우를 포함한 식민지 지식인들의 친일에 관한 적실한 통찰이 아닐까?라는 의문으로 이 글을 마무리하고자 한다.

---

34) 박노자, 『나를 배반한 역사』, 인물과 사상사, 2003, 62쪽.

군산 화교의 역사와 문화

김 중 규*

I. 머리말

화교(華僑)는 중화(中華)의 화(華)와 교거(객지생활) 또는 교우(임시거주)의 교(僑)가 합쳐진 약칭으로 일시적으로 해외에 거주하는 중국인이라는 의미를 지니고 있다. 화교라는 용어가 처음 사용된 것은 1898년 일본의 요코하마에 살던 중국 상인들이 자녀교육을 위하여 학교를 세우고 학교명을 '화교학교'라 칭한 데서 유래한다.

이러한 역사적 의미를 지닌 화교라는 단어는 우리에게는 어릴 적부터 가장 서민적이고 친숙한 음식을 만드는 이웃집 아저씨로 기억에 남아있다. 그들이 외국인이라는 인식은 자신들끼리 중국어를 할 때와 어른들이 그들을 때국놈이라 부를 때였지만 그럼에도 불구하고 화교는 항상 우리의 이웃에 있었기에 자연스러운 존재였다. 그래서 그들이 우리 민족 최초의 외국인 노동자 집단이었으며 길게는 4대째 이 땅에서 뿌리내리고 살아온 사람들임을 이전에는 전혀 인식하지 못할 정도로 한국화교는 사회의 한편에서 조용히 동화되

---

* 군산시 학예연구사

어 살아온 사람들이었다. 하지만 그들은 분명 화교라는 명칭을 지닌 중국인들이고 그들만의 독특한 민족적 정체성을 유지하며 살아가고 있다.

본 연구는 군산이라는 도시를 배경으로 100여 년간 거주해온 화교들의 역사와 문화를 확인해 봄으로서 화교의 문화적 특징이 형성된 원인과 화교세대 간 문화의 변화과정을 찾아보는 데 있다. 이러한 연구는 유래가 없는 대규모의 민족 이동이 이루어졌던 근대시기 군산지역에서 한국인과 일본인의 대결 공간 속에 또 하나의 민족인 중국인이 자리하고 있었음을 인식하게 함으로서 일제강점기 생활문화연구에 대한 폭을 넓힐 수 있는 계기를 마련해줌과 함께 100여 년에 걸친 화교의 정착과정을 통하여 다문화사회의 앞선 경험을 다시금 살펴보는 데 의의가 있다.

이 글의 연구방법으로는 화교들의 이주역사를 먼저 확인하고 다음으로 1920년대 군산에 이주하여 3대를 살아오고 있는 여씨 집안 사람들의 구술조사를 바탕으로 화교의 일상생활문화를 확인함으로서 화교의 문화가 형성된 원인과 변화과정을 살펴보고자 하였다.

지금까지의 한국화교 연구는 인류학적 측면에서 '화교는 어떤 사람들인가'하는 데 초점을 맞추어서 연구되어 왔다. 즉 디아스포라(diaspora/이주) 측면에서 이주와 재이주과정, 화교의 연망 등을[1] 중심으로 평면적으로 기술하고 있다. 이러한 연구경향은 화교를 한국에 살고 있지만 여전히 공간으로부터 분리된 고립된 외국인 집단으로 보는 관점에서 출발한 것이라고 볼 수 있다. 그러나 본고에서

---

[1] 한국화교에 대한 선행연구로는 1973년에 출간된 고재승의 『한국이민사 연구』와 1980년에 발표된 박은경의 『화교의 정착과 이동: 한국』 등이 있다. 이밖에도 1995년 김기홍의 『재한 화교의 종족성 연구』 등으로 이어져 2000년대에는 『근대 마산지역 화교의 형성과 그 구조』 등의 결과물들이 나오며 최근에는 중국과의 경제적 활성화로 경제관련 논문들이 발표되고 있다.

는 타자화 된 화교 연구에서 벗어나서 '화교들이 어떻게 살아 왔는 가?'하는 의문을 가지고 화교의 이주와 정착의 역사와 일상생활상에 주목해 보고자 한다. 다시 말하면 이들이 한국의 역사와 맞물려 가면서 특히 군산이라고 하는 지방사 속에 어떻게 연루되어 살아왔는지, 또 그 과정에서 화교들이 스스로 개척해온 생활사의 진면목은 어떤 것들이며 비정한 세계사의 흐름 속에서 스스로를 지키고자 끝없는 선택을 해야만 했던 개인의 삶과 정체성의 변화과정 등을 살펴보고자 한다. 이러한 관점에서 본 여씨 집안의 생활사는 한 집안의 가족사이기도 하지만, 3대가 생활의 근거지로 삼은 군산지역의 지방사를 새롭게 조망할 수 있는 기회이기도 하다.

II. 군산의 화교들

1. 초창기(1882~1911년까지)

군산에 언제부터 화교가 거주하기 시작하였는지는 명확하게 알 수가 없다. 다만 임오군란으로 화교가 입국한 이후 1893년 청국조정에서 자국국민의 외국여행금지법을 폐지하며 조선에 입국하기 시작한 많은 청국인 들이 다른 지역보다는 빠른 시기에 군산에 왔을 것으로 추정할 뿐이다. 그 이유는 1882년 조선과 청나라의 조약으로 청나라의 소규모 장사꾼들이 조선 땅을 휘젓고 다닐 때[2] 군산지역은 금강수운의 중심지로서 호남지역 세곡을 관리하는 조창[3]

---

[2] 1882년 수륙무역장정에서 조선 측은 화상의 내륙출입을 반대하였으나 청국 측의 집요한 요구로 결국 지방관원의 허가를 받아 출입이 가능하도록 타협함으로서 이를 기화로 청 소상인의 내륙 진출 및 횡포가 급속히 심해져 조선경제가 파경의 지경에 이르렀다.

이 운영되는 곳이었고 군산과 금강 수운(水運)으로 연결된 강경시장이 조선의 3대 시장 중에 한 곳으로 조선경제의 주요 거점지역이었기 때문이다.[4]

특히 1899년 군산항 개항 당시 개항의 당위성으로 서해안 일대의 중국인 밀무역을 단속하고 양성화할 필요성이 제기됨을 볼 때 중국 산동성과의 거리가 인천보다 가까운 군산지역이 인근의 부안 줄포와 함께 일찍이 중국 무역상들의 밀무역 거래지역이 되어 왔음을 짐작할 수 있다.

이처럼 서해안의 밀무역장소로 조선 후기 이후 청국인의 영향력이 미치던 군산에 화교가 공식적인 거주를 시작한 것은 1899년 군산이 각국조계지역으로 개항장이 되면서부터였다. 당시 군산과 관련된 화교의 기록을 살펴보면 1900년 『황성신문』 잡보[5]에 실린 "인

---

3) 조창(漕倉)은 각 지방에서 거두어드린 세곡을 배(漕船)에 싣기까지 보관하는 일종의 창고라고 볼 수 있는데 조창이 설치된 곳에는 세곡의 저장 창고와 조창의 관리들이 거주하는 봉세청 그리고 조운선(漕船)을 운영하는 선원의 거주공간으로 구성되어 있었다. 조창은 세분하여 바다와 접하고 있는 곳은 해창(海倉)이라 칭하고, 내륙의 강변에 자리한 곳은 강창(江倉)이라 하는데 일반적으로 수운교통의 요지인 포구(浦口)에 위치한다.
4) 김중규, 『군산역사이야기』, 2002 : 군산항은 작은 배는 하구에서 30리까지 다닐 수 있고 강경간 90리는 수심이 3~4심, 강폭이 400간에서 700간으로 소형기선이 다닐 수 있었으며 축항공사 전에도 3천 톤급 기선이 정박할 수 있었다고 한다. 군산항의 이러한 여건 때문에 1892년에는 조선정부의 증기 수송선인 경제호가 곡미 수송차 군산항에 입항할 수 있었고 청일전쟁 후에는 조선정부의 군함이었던 창용, 현익 등 두 척의 전함이 민간에 불하되어 곡미 수송차 군산항에 입항이 잦았다고 한다.
5) 『황성신문』 1900년 8월 11일 잡보. "인청항 청국영사 겸관(兼管) 목포, 군산사무 당영호가 휴가를 받아 귀국하고 공사관 삼찬(參贊) 許가 대신함." 『황성신문』, 1905년 8월 18일 잡보. "청국공사가 외부에 성명하되 부산, 목포, 군산, 삼화 등 항구에 소재한 영사를 조임 하였으니 귀 부에서 각 해항 감리에게 훈칙하여 교섭사무를 영사와 마음을 합해 상판하여 갈등이 없게 하라고 함."

천항의 청국영사 당영호가 군산과 목포의 영사를 겸임하고 있다"는 기사에서 찾아 볼 수 있다.6) 1900년이면 군산 개항 1년 후로 군산이 각국조계지역으로 개항장이 되자 인천과 원산에 거주하던 청국인들이 합법적인 치외법권지역인 군산조계지에 거주하고자 이주하였고 이들 청국인들의 이해관계를 돕기 위하여 청국 영사관이 설치되었음을 알 수 있다. 하지만 이 시기 청국인들은 청일전쟁의 패배로 인하여 군산각국조계지역 내의 문제를 협의하는 단체였던 거류지회에도 참석하지 않는 실정이었기 때문에7) 조선을 신하의 나라로 생각하던 정치적 영향력은 이전에 비하여 약화된 상황이었다.

또한 같은 신문 1901년 11월자8)를 보면 "인천항의 청국조계지 내에 개업한 해운회사의 기선이 인천과 군산을 정기운항 한다"는 기록을 찾을 수 있다. 인천과 군산의 여객선 운항은 1894년 군산에 처음 도착한 미국 남장로교회 소속 선교사들이 제물포(인천)에서 군산까지 여객선을 이용했다는 기록으로 미루어보아 이미 활성화된 항로였지만 이 기사의 내용은 청국인 선박회사의 여객선 취항을 말하는 것으로 1901년에는 중국에서 출발하여 인천에 도착한 많은 청국인 노동자들이 중국인 여객선의 직항로를 이용하여 군산에 들어왔음을 알 수 있게 한다. 이러한 기록들은 당시 군산이 청국인 들에게 서해중부지역의 중요 활동거점지역이었음을 짐작할 수 있게 한다.

이밖에도 초창기 군산에 화교가 거주했음을 확인해주는 자료로는 화교 최고의 무역회사였던 동순태상회(同順泰商會)9)의 상해본

---

6) 1899년 정식으로 청국공사관 설치.
7) 군산시사 편찬위원회, 『군산시사』, 군산시, 1999, 332쪽.
8) 『황성신문』, 1901년 11월 11일 잡보. "인천항 청국 조계지 내에 개업한 성운상회(盛運商會)의 기선 ○길환이 오사카, 군산을 거쳐 인천항에 도착함, 인천 군산간 운항예정."
9) 동순태상회: 중국 상해에 본점을 둔 중국인 합자회사로 1884년 서울에 설

점과 조선 각 지점 간의 연락 장부인 『동태래신』10)을 들 수 있다.

『동태래신』에는 1905~1906년까지 원산, 인천, 군산의 동순태상회 지점의 무역사항이 정리되어 있어 을사조약(1905.11)으로 우리나라의 주권이 일제에게 넘어가고 군산의 일본영사관이 이사청으로 명칭을 바꾸던 시기에 청국인 최고의 무역회사였던 동순태상회 군산지점이 군산의 조계지역 중 5개 지역(5,146㎡)의 토지를 3,356원에 경락11) 받아 항구인근 번화가에 토지와 건물을 지니고 있었음을 알 수 있게 한다.

이처럼 군산에 이주하기 시작한 화교들의 주요 거주지역과 세력을 확인할 수 있는 자료로는 1911년에 제작된 군산각국조계지역 지주 현황지도 〈지도 1〉을 들 수 있다.

〈지도 1〉 1911년 군산각국조계지역평면도

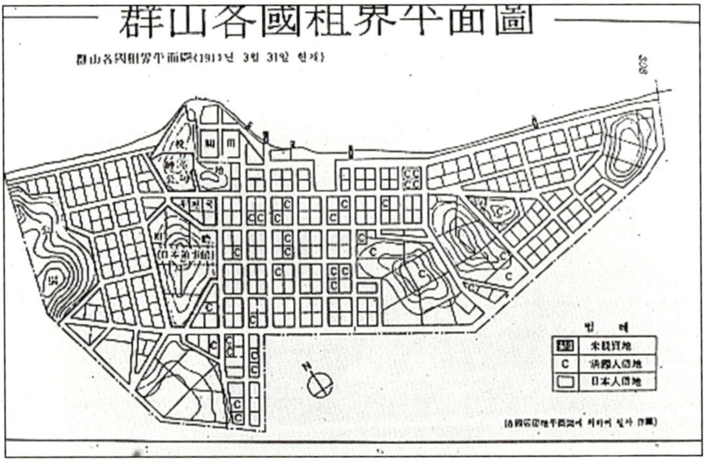

자료: 군산시사 편찬위원회, 『군산시사』, 군산시, 2000 사진자료.

립된 중화회관의 설립사 중 한곳으로 포목 등 무역의 회사로 고종 29년 조선정부는 동순태상회에게 두 차례 은 20만 냥의 차관을 빌리기도 한다.
10) 『동태래신(同泰來信)』(奎 27584), 동순태 편, 19책.
11) 吉川昭, 『군산개항사』, 1999.

이 지도에는 1889년 군산항이 개항되고 각국 조계지가 만들어진 후 조성된 조계지의 총면적 572,000㎡ 중 중국인 지주 4명이 35곳 (주로 영화동 인근)의 토지를 소유하고 있음을 기록하고 있어 식민지시대 일본인 주요거주지이며 상업의 중심지인 내항인근 영화동 지역에 동순태상회와 같은 무역회사를 중심으로 화교들이 일찍부터 토지를 확보하고 일본상인들과 경쟁체제를 갖추고 있었음을 알 수 있게 한다.

또한 거주인구 측면에서도 1910년의 경우 군산의 청국인들은 일본인(3,000명 정도) 다음으로 두 번째 규모인 499명이 거주하여 한국인, 일본인, 청국인이라는 삼각구도를 형성하고 있었음을[12] 확인

〈표 1〉 군산거류지의 지주현황 누년 추이(1899~1909년)(단위: ㎡, 개, 인)

년도	면적	지구 수	지주 수			
			일본인	중국인	조선인	계
1899	51,039	57	17	1		18
1900	51,039	57	48	4		52
1901	51,039	57	31	3		34
1902	64,291	76	39	4		43
1903	157,356	131	54	4		58
1904	157,356	131	55	4		59
1905	260,960	230	80	4		84
1906	342,196	230	87	4		91
1907	342,196	320	130	4		134
1908	342,660	310	128	4		132
1909	342,667	332	129	4	1	134

자료: 군산부각국거류지회, 『군산각국거류지회사업연보』, 1909, 29~30쪽.

---

12) 『황성신문』, 1910년 8월 10일 잡보. 6월 말 거류각국인의 통계 군산-청나라 499명, 미국 35명, 영국 1명, 프랑스 7명, 독일 1명, 러시아 1명.

할 수 있다.

당시 청국은 서세동점(西勢東占)의 역사적 격랑 앞에 무기력한 거대 왕조였지만 조선에 대하여만은 전통적 조공국(租貢國)이라는 위치를 고수하고 있었다. 때문에 1882년에서 1894년까지 10여 년간을 "조선에서 정치적으로는 원세계가 있고 경제적으로는 동순태가 있어 일본은 청국세력에 대항 할 수 없었다"고 하며 "조선상인의 외상지급이 지연될 경우 청국 영사관의 직인을 찍은 서류 하나만으로 화교가 조선상인의 가옥과 상점차압 또는 이전 권리행사를 할 수 있었던 시기"였는데 이러한 상황을 박은경(1986)은 조선인과 청국인이 유사 식민지적 관계를 유지하였다고 말한다.[13]

군산거주 화교들의 고국과의 관계는 인천영사관을 통하여 본국 정부의 지시를 받으며 인천 및 군산의 여객선을 이용하여 본국의 가족들과 끊임없는 교류를 하였으며 이를 통하여 부족한 노동력의 확보와 금전적 소통을 하고 있었다.[14] 당시 화교들은 복장과 두발에서 청국인 전통의복에 변발형태를 취함으로서 자신들을 일본인이나 조선인과 구분하는 데 두려움 없는 자신감을 지니고 있었다. 또한 군산에서 화교들이 사용하는 언어는 중국어와 조선어[15]였는데 1895년 청일전쟁을 전후한 시기에는 조선에서 동학혁명과 의병

---

13) 박은경, 『한국화교의 종족성』, 재단법인 한국연구원, 1986. "1884년 5월 중화회관 부지 매입과 관련한 조선관리 이범진 납치 감금 폭행사건."
14) 위의 책, 56~57쪽.
    오서방(가명), 65세(2006), 군산거주 "오서방 형제의 농장이 자리를 잡아가며 동생인 오서방도 1931년 결혼을 하게 되는데 당시 신랑은 23세였고 신부는 역시 고향의 부모님이 결정한 22세의 이씨 처녀였다. 오서방은 고향에서 결혼식을 한 후 아내를 부모님 곁에 두고 군산으로 돌아와 1년에 한 번 고향을 찾는 별거부부 생활을 하게 되는데 이처럼 고향의 처녀와 중매로 결혼하고 결혼 후에도 부부가 떨어져 생활하는 형태는 군산에 거주하는 화교들에게는 보편적인 현상이었다."
15) 왕서방(가명), 65세(2006), 군산거주.

항쟁이 일어나 조선인들의 반일감점이 극에 달하여 청국상인들에 게만 물건을 구입하는 현상도 발생함으로서16) 초창기의 유사 식민지적 상황에서 상호의존적 관계로 전환했음을 알 수 있다.

이시기 군산의 화교는 상시거주자가 500여 명이었고, 주요직업은 무역업과 노동이었으며, 각국조계지역 내에 토지와 건물을 소유하여 상점을 운영하였고, 대부분 남성으로 구성된 임시 거주자로서 본국의 가족에게 현금을 송금하며, 1년에 한번 중국에 들어갔다 나오는 생활을 하였다.

2. 이주노동자로서 성쇄의 기간(1910년경~1930년대 중반)

군산에 이주한 화교가 임시 정착기에 들어서는 기간은 손문이 신해혁명으로 중국혁명정부의 대통령이 되었던 1911년부터라고 볼 수 있다. 이 당시 화교들은 한국에서 경제적 세력 확장을 꾀하며 자리를 잡아가고 있었으며, 일본정부의 식민지정책으로 조선인과의 갈등 및 중국과 일본의 전쟁이라는 어려움을 겪으면서 30년대 중반까지 성쇄를 거듭한다.

특히 1924년의 경우 인천주제 중국 영사의 인정으로 인천상무분회를 군산에 설치하여17) 명실공히 서울, 인천, 평양, 신의주, 원산, 진남포, 부산과 함께 화교상인단체인 중화상회를 운영하게 되어 군산화교의 경쟁력은 성장일로에 있었다.

당시 군산지역 중국인은 대부분 산둥성의 내항, 용성, 영동지역 등 주로 바닷가 인근 출신으로 주요 직업은 〈표 2〉를 볼 때 도시나 읍내에의 상점을 운영하는 상인(포목, 요식업, 잡화)과 도시주변에

---

16) 박은경, 앞의 책, 61쪽.
17) 1924년 군산상회조직은 인천주제 중국영사의 인정을 득하여 인천 상무공회의 분회를 군산에 설치하고자 준비 중(『동아일보』, 1924년 3월 30일).

〈표 2〉 군산부(옥구군 제외)의 중국인 직업 현황(1916년)

구분	계		조선인		일본인		외국인(중국인)	
	호수	인구	호수	인구	호수	인구	호수	인구
관직	62	138	14	32	48	106		
농업	24	48	2	2	18	40	4	6
어업	41	140	9	17	32	123		
노동자			185	563	237	628		
공업			10	16	43	148		
상업	849	2,011	267	595	561	1,345	21	71
무직			283	2,223	270	2,252	2	7
총계	2,006	8,164	770	3,458	1,209	4,743	27	84

자료: 군산물산공진회, 『군산안내』, 1916, 30쪽.

서 야채재배를 하여 판매하는 농민 및 노동자들이었다. 주요 거주지는 포목상인 중에 도매상은 영화동(당시 전주통/현 영화동 중국인교회) 인근에 있었는데 전국적으로 유명한 대규모 도매상인 금생동과 우풍덕, 쌍화전 등이 있었고 대규모 요리집으로는 동해루, 평화원, 태화루, 쌍성루 등이 현 전북은행거리 인근과 시내 중심지에 있었다. 이밖에도 소규모 포목점들은 현재의 영동골목에서 개성상인 출신의 조선인 포목점들과 경쟁을 하고 있었다.

이들 화교 직업군들은 서로 다른 시장에서 다른 경쟁자들과 관계를 유지해야 했는데 민족 간의 경쟁이 가장 치열했던 직업은 역시 저임금으로 한국 노동자와 경쟁관계에 있던 노동자 계층인 쿨리(건축, 토목, 막노동)들이었다.[18] 양 민족 노동자의 경쟁 사례로는 1920년대 군산항 축항공사 작업현장에서의 조선인 노동자와 중국인 노동자 간의 폭력사태와 1920년대 군산의 일본인 정미소에서 벌어진 조선인 노동자의 파업에 일본인 사주 측에서 파업현장의 대체 노동자로 동원한 중국인 노동자 고용에 따른 충돌 등을 들 수 있다.

---

[18] 『동아일보』, 1928년 3월 8일 이후 다수. "인천으로 들어오는 화교 노동자로 한국인 노동자가 직업을 잃고 방황."

그런데 이러한 한국인과 중국인의 갈등은 일본인의 계획된 의도인 경우가 많았는데 식민지 시대 일제의 지배정책인 조선인과 중국인과의 상호불신 조장사례를 가장 잘 이해할 수 있는 사건으로는 만보산사건19)을 들 수 있다. 1931년 발생한 조선인과 화교 간의 종족 간 폭력사건인 만보산사건은 명백한 일제의 식민지분리통치정책이 낳은 결과물로 볼 수 있다.

〈사진 1〉 군산 동화창상회에 피신한 화교들

이 사건과 관련하여 군산에서도 '만주 한인동포 돕기 의연금 모집'이 범시민적 차원에서 추진20) 되었다. 그러나 당시 의연금 모집을 행정조직인 면(面)이 주도적으로 하였고 특히 관에서 관리하는 기생

---

19) 만보산사건: 1931년 5월 하순부터 중국 잔춘 근교의 만보산 삼성보에서 조선인 농민과 중국인 농민 사이에 농수로 개설문제를 둘러싸고 일어난 분규로 6월 초 중국경찰이 개입하여 조선농민을 몰아내자 일본영사관에서 조선인은 법적으로 일본인이라며 개입하여 일본경찰을 동원하여 수로 공사를 강행하던 중 중국농민과 조선농민이 충돌한 사건으로 이 사건은 만주침입의 기회를 노리던 일본의 계획과 사건을 잘못 보도한 조선일보의 오보로 1931년 7월 3일부터 인천에서 조선인의 반중 폭동이 일어나 7월 4일에는 전국적으로 폭동이 번져나가 엄청난 참극을 낳게 되는데 조선인의 습격으로 총독부 경무국 자료에 의하면 중국인 사망 100여 명 부상자 190명 중국영사관에 피난한 중국인이 당시 화교의 1/3인 1만 6천8백 명이었다.
20) 『매일신보』, 1931년 11월 15일 잡보. "재만 동포를 위하여 군산지방의 각 면(面)은 돈, 쌀, 의복을 모집 중에 있는데 그중에서도 군산 소화권번 기생들도 자진하여 의연금을 모집 중임."

조직인 소화권번의 기생들이 앞장서고 있음은 이 시기 조선과 중국 민족 간의 갈등이 일제강점기 관청 주도로 추진되고 있었음을 짐작할 수 있게 한다. 당시의 실상은 폭력사태를 피해 군산의 동화창상회(위치불명)에 모여 있는 화교들의 모습을 담은 제5피난소 군산(동화창상회)의 기록인21) 〈사진 1〉로 확인할 수 있다.

만보산 사건은 조, 중 지도층이 사태의 심각성과 일제의 흉계를 파악하여 진실을 알림으로서 급속히 진정국면에 접어들지만 사건의 후유증은 심각하여 만주침략의 기회를 엿보던 일제가 만보산사건 2개월 후에 만주사변을 일으켜 만주를 점령하자 군산지역의 화교들은 〈표 3〉에서 보는 바와 같이 당시 650여 명 중 1백여 명이 귀국하는 상황에 이르게 된다. 당시 『매일신보』에는 "지난 8일 오후 1시경 다수의 중국인이 군산세관으로 몰려와 중국으로 간다고 세원을 놀라게 함"(『매일신보』, 1931년 10월 10일) "중일문제가 일어난

〈표 3〉 년대별 군산시 한중일 인구 현황

년도	한국인		중국인		일본인	
	호수	인구	호수	인구	호수	인구
1899	150	511			20	77
1900	253	780	8	24	131	422
1901	320	921	19	56	171	472
1902	395	1,300	21	63	187	569
1903	438	1,811	25	78	302	1,225
1906	825	2,835	40	96	569	2,050
1912			17	88	669	2,744
1919	1,742	6,581	57(외국인포함)	214(외국인 포함)	1,665	6,809
1932	5,682	26,297	141	688	2,293	9,601

자료: 군산시, 『군산시사』, 1975, 246쪽.

---

21) 양필상·이정희, 『한국 차이나타운이 없는 나라』, 삼성경제연구소, 2002.

후부터 군산부 내에 산재한 중국인은 650여 명임 그들은 대개 산동 금주방면의 사람들로 시국이 험난해지자 귀향하고 싶은 마음이 간절하였는지 재산을 정리하고 귀국한 자가 1백 수십명에 달함"(『매일신보』, 1931년 11월 15일)이라는 기사가 실려 상황을 알 수 있게 한다.

3. 중일전쟁 기간(1930년대 중반~1945년)

1931년 만보산사건과 만주사변으로 다수의 화교들이 귀국하였던 군산지역도 1934년이 되면 다시 화교들이 돌아와 경제활동을 시작하는데, 1937년 중일전쟁이 발생하며 화교의 숫자는 다시 감소하지만 이후 다시 증가하기를 반복하여 화교에게 있어 모국과 거주국가 간의 국내외적 정치상황은 모든 것에 우선함을 알 수 있게 한다. 1937~1945년까지의 기간은 이를 확인해주듯이 국가 간의 정치상황이 개인생활에 영향을 끼치기 시작하고 개인은 생존을 위한 선택의 기로에 놓이게 되는데, 군산의 화교들 역시 그 시험에 들게 된다.

갈등의 시작은 군산거주 일부 화교들의 공개적인 친일 행위로 표출된다. 그 대표적인 사례가 중일전쟁이 시작된 직후인 1937년 12월 일부 화교들이 모여 일본정부에 대한 지지 및 신사참배와 오색기게양을 결의한 사건이다.[22]

이 사건이 상징하는 바는 중일전쟁으로 군산지역 화교단체인 중화상회에 대한 중국정부의 영향력이 무력화되었으며 화교들 중 일부가 생존을 위하여 친일행위라는 극단적 선택을 하였다는 점이다.

구술조사에서도 구술자들은 당시를 회상하며 "군산부청(구 군산

---

22) 『매일신보』, 1938년 1월 4일 잡보. "군산에 거주하는 청나라 사람들이 지난달 21일 모여서 회의를 한 결과 일본정부에 대한 지지 및 신사참배 오색기(남경정부)게양 등을 하기로 결의함."

시청) 인근에서 대형 요리점을 운영하는 왕서방(가명)을 중심으로 친일적 행위를 하는 사람들이 있었는데 이들은 주로 군산시내에서 상업을 하며 중국에서 이른바 귀족이었다고 주장하는 사람들로 군산에 거주하는 다른 화교를 계급적으로 낮추어 보았으며, 자신들이 일본 관료를 대상으로 영업을 하였기에 친일적 성향을 지니게 된 것으로 추정하고 있다."[23]

반면에 군산시의 외곽에서 농업을 하던 농민들의 지지를 받는 민족성향의 집단은 우강의[24]을 중심으로 친일세력에 대항하고 있었는데 수적인 면에서는 농민과 상인 연합세력인 민족진영이 앞섰으나 경제력 면에서는 일본관청의 지원을 받는 소수상인계층이 앞서고 있어 양측이 중화상회회장 등의 자리를 놓고 끊임없이 갈등을 빚었다고 한다.[25] 당시 화교농민들은 사정리, 개정, 회현, 신풍리

---

23) 오서방(가명), 65세(2006), 군산거주.
24) 유서방(가명), 70세(2006), 군산거주. 우강의 씨는 이 시기 나타난 인물로 특별한 직업은 없었으나 학식이 깊은 사람으로 알려져 있으며 군산에 거주하며 어려운 처지에 빠진 화교들의 애로사항을 해결해 주는 일을 주업으로 생활하였다고 하는데, 그는 1941년 화교자녀 교육을 위하여 군산화교학교를 건립하는 데 중심 역할을 한 인물로 알려지고 있다.
25) 오서방(가명), 65세(2006), 군산거주. "1943년대 농사만 할줄 알던 오서방 본의 아니게 군산지역 화교단체인 중화상회 회장 선출과 관련하여 분쟁에 휘말리게 된다. 당시 화교들은 전임회장이었던 노암정씨가 중국으로 귀향하자 새로운 회장을 선출하게 되면서 둘로 갈라졌는데 그중 하나는 노암정 회장과 함께 중국어문강습소 개교에 중추적 역할을 했던 강습소 교장 우강의를 중심으로 소규모 포목상 임전갑씨를 회장으로 추대하고자 하는 모임이었는데 이들은 반 일적 성향이 강하여 많은 상인 과 농민화교의 지지를 받고 있었다. 반면에 다른 한쪽은 군산부청 옆에 자리한 대형 중화요리점인 ○○원의 왕서방을 회장으로 추대하는 사람들로 이들은 친일적 성향이 강했는데 회장으로는 비교적 세가 약했던 왕서방씨가 선출되어 화교농민들이 중화상회사무실을 습격하는 충돌이 발생했는데 이때 ○○○씨도 농민들 모임에 포함되어 중화상회 측과 무력충돌 등을 겪게 된다."

현 삼학동 대우아파트 자리에 있던 밭과 중앙초등학교 뒤쪽 인근에서 밭농사를 주로 하였는데 한국인들의 기억에서 그들은 하루 종일 밭에서 일만하던 일벌레들로 기억되고 있다.

4. 한국의 광복과 실향(1945~1949년)

1945년 8월 15일 한국의 광복은 군산지역 화교들에게 생활의 큰 변화를 주었다. 농업화교의 경우 주요 소비계층인 일본인의 귀향으로 경제적 어려움과 함께 중국인들 중에서도 많은 사람들이 본국으로 귀향하기 시작하였는데 해방 당시 1,200명 정도였던 군산의 화교들 중에서 절반가량인 600여 명이 귀국을 선택했다.

또한 잠시 동안 화교가 조선 대외무역의 전면에 나서기도 하지만 화교의 경제호황은[26] 1948년 대한민국정부가 수립되며 자유당정부가 외래상품의 불법 수입을 금지한다는 명목아래 화교소유 창고 봉쇄령을 실시하여 모든 창고를 강제 점거함으로서 큰 타격을 입게 된다. 1948년 군산신보에는 "중국화물선 입항 물건을 하역하지 못하고 대기하다 되돌아감"이라는 기사가 실려 당시 상황을 알 수 있게 한다.

해방 후 잠시 동안의 호황도 상업을 하던 화교들의 이야기였고 특히 농업을 주업으로 일본인을 고객으로 운영하던 농민들은 주 고객인 일본인들이 귀향함으로서 판로가 막혀 생활고에 시달려야 했다. 이러한 어려움을 당하는 가운데 1948년 갑작스럽게 한국정부가 외국인의 입국을 금지하는 조처를 취하였다. 그리고 한해 후인 1949년 성립된 중국정부도 중국인의 외국이동을 금지하여 교통이 차단됨으로서 해방정국의 혼란을 피해 잠시 중국에 들어 간 화교들

---

26) 정영호, 『화교』. "1946년 전국무역액의 82%, 1948년에는 52.5%를 차지."

은 영구히 귀환을 못하게 되고 아내와 자녀들을 중국에 두고 온 화교들은 졸지에 이산가족이 되고 만다. 또한 사회적으로는 일본인이 귀향한 후 한국 땅에 유일하게 남게 된 이민족인 중국인을 향한 한국인의 곱지 않은 시선도 문제였다.

해방으로 일본인들이 떠나고 일본인들의 재산이 적산가옥이라는 이름으로 공중 분해되는 것을 목격한 한국인들은 일제에 의한 같은 피해자였는데도 불구하고 중국인들 역시 자신들의 고향으로 돌아가길 바랐다. 이러한 한국인들의 감정은 한국인과 중국인의 갈등을 조장하여 통치를 원활하게 하려는 일제강점기 지배정책의 결과이기도 하였다.

결과적으로 해방 직후 중국인이 집을 나서면 남녀노소를 막론하고 한국인 어린이들로부터 "뙤놈" "뙤년"이라는 비아냥거림과 돌팔매를 맞아야 했으며, 당시의 치안조직은 중국인을 보호해주지 않았기에 화교들은 궁여지책으로 식민지시대 군산에서 수십년을 거주하면서도 변함없이 착용하던 중국식 의복을 포기하고 한국인과 구별되지 않기 위하여 일반복장을 선택하게 되었다.

해방을 맞이한 1945년에서 중국과의 교통이 단절된 1949년까지의 4년 동안 화교들은 한국인과의 갈등과 정체성 혼돈의 시기를 겪게 된다. 경제적으로는 미군정의 방임하에 패주한 일본을 대신하는 유일한 해외무역 주체로서 기회의 시기였지만, 정치적으로는 한국 정부의 혼란과는 별계로 미군정의 반공주의 노선과 대립되는 본국의 공산화로 정치적 입지가 약화되는 기간이었다.

이 와중에 민족주의계열의 우강의씨는 미군정청과 대립을 하며 구속과 석방을 반복하다 끝내 소리 없이 사라지고(군산의 화교들은 그가 중국으로 밀항했을 것이라고 추측), 친일세력의 실세로 일본의 패망과 함께 군산을 떠났던 왕서방(가명)은 얼마 뒤 다시 돌아와 사회 지도층으로 생활을 하게 된다. 이처럼 이 시대는 친일과 민족주의라는 이념이 반공과 공산주의 이데올로기로 대체되며 본인들의 의도와는 상관없이 주변 국제정세의 우열에 따라 개인생활이 변화하는 상황이 된다. 이러한 정치적 변혁은 한국의 독립운동세력이 미국의 반공주의에 편승한 친일세력에게 밀리게 되는 상황과 유사한 모습을 보인다.

5. 화교의 재이주(1950년~현재)

군산 화교의 역사에서 가장 고난의 시기는 1950년 6·25동란에서 1980년대, 이른바 화교의 재이주기까지라고 볼 수 있다. 그 이유는 이 기간에 1949년 중국의 국경통제로 화교의 이동권이 제한되어 본토의 가족과 생이별을 해야 했고, 그에 따라 타의에 의한 영구정착기에 접어들었던 기간이며, 한국과 대만 정부의 반공노선에 따라 이데올로기 차원에서 선택권의 여지가 없는 순응의 기간에 접어들었기 때문이다. 또한 1960년에서 70년까지의 기간은 화교에 대한 한국정부의 법적규제와 화교경제의 한계성으로 재이주라고 하는 선택의 기로에 서는 기간이었다.

한국전쟁은 화교들에게 또 다른 시련을 주게 된다. 전쟁이 나자 남도 북도 아니고 좌, 우의 개념도 없던 화교들은 집에서 두문불출 하는 것 말고는 아무런 방법 없이 전쟁을 겪게 된다. 딱히 피난을 갈만한 곳도 없던 화교들은 군산에서 대구나 부산으로 피난을 갔지만 대부분의 화교들이 남아있었고, 인민군과 함께 들어온 중국인 정치위원들[27])에게서 강제적으로 정기적인 사상교육을 받으며 안전을 보장받았다. 하지만 원하지 않던 사상교육은 수복 후 공산군에 부역했다는 누명을 쓰는 요인이 되었다.

---

27) 유서방(가명), 70세 2006, 군산거주.

이 시기 화교의 특징은 한국에서 외국으로의 재이주를 들 수 있다. 화교의 재이주는 1970년대부터 대만에서 화교학생에 대한 무상 대학교육을 지원하며 시작되었다. 학생의 왕래와 함께 양측을 왕래하는 화교가 증가하고 졸업한 학생 중에서 대만에 정착하는 숫자가 늘어나며 본격적인 재이주가 시작되었고, 미국과 일본[28]으로는 1970년 후반에 이주가 증가한다. 이주의 주요 이유는 화교 자체의 내부 문제와 함께 1970년대 국제정세가 화교의 이민을 용이하게 한 결과였다.

먼저 화교 내부적 요인을 보면 크게 음식점 경영에 따른 자녀들의 장래문제와 경제적 문제를 들 수 있다.

화교들의 음식업 운영에 따른 문제점은 한국에 있어 화교집단거주지(차이나타운)의 소멸원인으로 볼 수도 있는데 화교의 주요 경제활동이 포목, 무역 등 집단거주를 했을 때 부가이득을 볼 수 있는 업종에서 소비자를 찾아 서로 떨어져 있어야 이득을 얻는 업종(요식업)으로 변화함으로서 서로가 경쟁자가 되고 한국인 사이에 고립되어 과거의 공동체적 삶의 복원을 원하게 되었고, 이러한 욕구가 재이주를 촉발했다. 또한 대만에서 대학교육을 받은 2세들이 귀국하여 음식업 이외에는 다른 직업을 선택할 수 없는 현실적 한계성도 중요한 요인이 된다. 이러한 추론은 사회변화의 유발요소로서의 문화적 측면에 주목하여 "문화적 변화가 경제와 사회의 변화를 유발할 수도 있다"는 클래머(2002)의 주장처럼 직업문화의 변화는 화교 3세에게 음식업을 물려주지 않으려는 2세대 화교부모들의 입장 변화를 불러일으켜 자녀들의 교육과 직업선택의 폭을 넓히기 위하여 이주를 선택하게 되었다는 관점이다.

이밖에도 음식업마저도 한국인들이 하기 시작하여 경제적 위기

---

[28] 양필승(2004:9) 미국 1만5천 명, 대만 1만 명, 일본 6천 명 이주.

에 처하게 되는 상황, 한국 사회의 정치적 불안, 친지 및 동향 사람이 이미 정착한 미국 및 대만, 일본, 캐나다로의 이민의 용이함 등의 요인들이 화교의 재이주를 촉발하였다.

특히 재이주 주요 동기로서 화교들은 한국정부의 법적 규제와 화교들의 재산소유 제한[29] 문제를 많이 거론되는데 그 이유는 한국정부가 해방 후 토지정책에서 화교농민을 배제하고 1967년 화교농업 금지령을 발표하여 대한민국의 발전과정에서 토지소유를 통하여 화교들이 중산층으로 진입할 수 있는 기회를 박탈했다고 보기 때문이다. 실재로 재이주를 보류한 화교는 주로 아내나 가족 중에 한국인이 있어 그 사람의 명의를 사용하여 재산의 증식이 가능한 경우가 많았다.

이처럼 복합적인 이유로 1970~1980년대 화교들의 재이주는 계속되는데, 다양한 재이주의 원인들이 있지만 재이주의 가장 큰 요인은 국제사회의 변화를 꼽을 수 있다. 이념과 획일화 그리고 국가주의의 근대시대에서 신 자유무역주의와 경제 우선주의, 교통 통신의 발달로 인한 글로벌사회로의 확산은 화교들의 재이주를 가능하게 한 원인이었던 것이다. 이러한 복합적 요인의 결과 화교는 새로운 희망을 찾아 재이주를 선택한 것이다.

이 기간 한국 전체 화교 7만여 명 중 5만 2천 명이 대만, 미국, 호주 등지로 이민을 갔으며 군산의 화교도 500~600명 중에서 반 이상이 이민을 떠나 현재는 40명 정도만 거주를 하고 있다.

---

[29] 1968년 외국인 토지보유법 "외국인의 경우 내무부장관의 허가를 받으면 점포는 50평 이내 주택은 200평 이내의 토지를 소유."

III. 여씨집안을 통해서 본 화교 생활사

이 장은 더 나은 삶과 기회를 찾아 중국 산동성 내항시에서 군산으로 1920년에 이주하여 현재 3대째 거주하고 있는 여씨 집안에 대한 구술조사를 통하여 군산지역 화교의 이주사와 더불어 식민지시대 화교의 경제활동 중 한 부분을 차지하고 있던 농업화교들의 생활을 살펴보고자 한다. 이러한 조사는 우리에게 군산이라는 식민지 공간 속에서 한국인과 일본인의 갈등구조라는 이분법적 구분 내에 제3의 세력으로 존재하고 있던 화교들의 실체를 복원시켜줄 것이며, 시간을 거슬러 올라 그들의 생활문화를 알 수 있게 해줄 것이다. 또한 일본의 패전과 한민족의 해방 그리고 중국의 공산화라는 국제 및 국내 정세 속에서 군산 거주 화교 1, 2, 3세대들의 정체성 변화과정을 살펴볼 수 있는 기회도 제공한다.

구술조사 대상자인 여건방(1946) 씨는 군산에서 태어난 화교 2세대로서 군산화교소학교 12기 졸업생이며 서울화교 중, 고등학교를 나와 대만에서 대학에 입학한 후 가정 사정으로 중퇴하고 귀국한 경력을 지니고 있다. 이후 가업인 농업을 하다가 중화 요리업으로 전직을 한 분으로 전반적으로 2세대 화교의 보편적인 삶을 겪었다고 볼 수 있다. 여씨는 군산의 화교사에 관심을 가지고 있었기에 본인의 아버지와 할아버지에 대한 연혁을 비교적 자세하게 진술해주었다. 또한 본인이 모르는 내용을 질문하면 타 시군으로 이사한 연장자들을 찾아가 확인해오는 열의로 면담 작업에 임해주었다.

1. 개척자(여향채와 여점채)

1) 군산으로 이주

여씨 집안은 중국 산동성 내항시에서 선조 때부터 농업에 종사하며 살아오던 집안이다. 조사자 여건방 씨의 할아버지인 여극현30)(생몰연대 미상) 씨 역시 농사를 지으며 덩씨 부인과의 사이에 3남1녀31)를 두고 있었다. 여씨 집안을 비롯한 한국화교들은 대부분 중국 산동성 출신들인데 산동성 사람들이 한국에 많이 이주한 이유는 1898년 일어난 의화단(義和團)32)의 난이 1901년 진압되며 의화단을 지지했던 많은 산동성 사람들이 신변불안 등의 이유로 조선으로 건너왔으며, 이후 1920~1921년의 대홍수와, 높은 인구밀도로 인한 경제적 어려움 때문이었다.

이러한 사회적 분위기 아래 여극현 씨의 3남1녀 중 큰 아들 여향채(1909~1964)가 조선행 배에 오르는데 여향채의 이주는 여씨 집안과 사돈관계인 유씨 집안의 아들 중 유사신(유씨의 둘째 형수가 여씨 집안 출신)과 유사선이 1907년 조선에 건너와 군산에서 포목점

---

30) 여건방 녹취: 여극현은 여극명과 2형제였다.
31) 여극혁의 3남1녀: 1남 여향채(1899~1966), 2남 여학채(미상), 1녀 여씨(미상), 3남 여점채(1909~1964) 중 1남과 3남이 군산으로 이주.
32) 의화단: 의화단 운동은 독일의 산동침략과 그에 따른 철도 개설 및 이에 필요한 토지 매입, 분묘파괴, 민가 철거 등으로 인해 흉흉해진 민심과 때마침 일어난 산 동지역의 자연재해와 기근이 겹치면서 시작되었다. 의화단은 권술과 이단 종파가 결합하여 민간사회에 뿌리를 내린 화북의 전통적 비밀결사로서 1898년경부터 주위의 농민, 실업자 등을 포섭하면서 세력을 확장하는 동시에 공개적인 활동에 들어갔다. 이 운동은 산동지방뿐만 아니라 인근의 하남과 직예에도 확산되었고 '부청멸양(扶淸滅洋)'이란 구호를 내걸고 천진과 북경으로 진출하면서(1900) 기독교도와 선교사들을 살해하는 방식으로 자신의 목적을 성취하려고 하였다.

〈표-4〉 여씨집안 3대 가계도

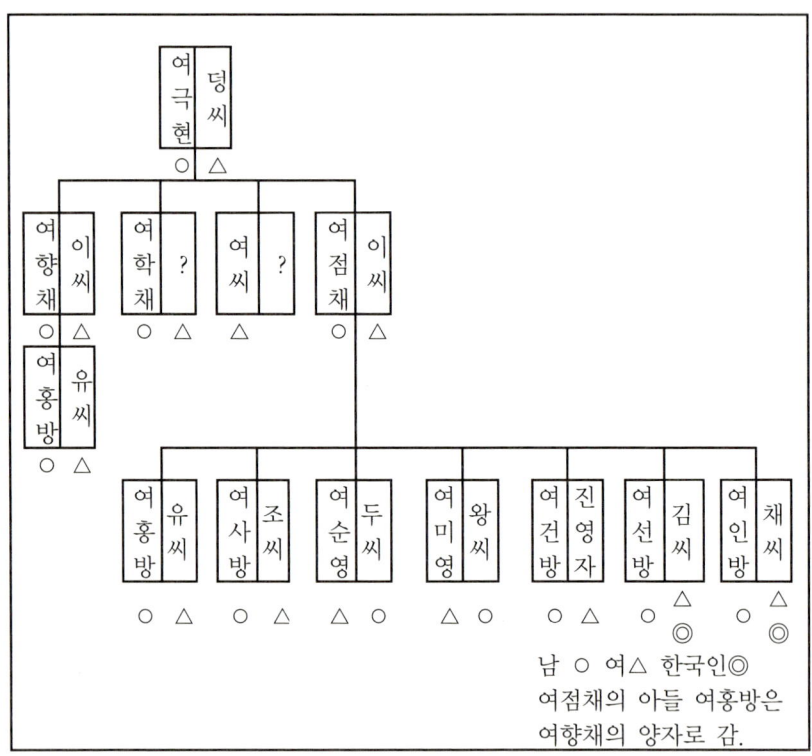

을 운영하고 있었고 그들의 포목점에 점원이 필요하여 사람을 물색하던 중 연결되어 이루어진다. 여향채의 이주는 1920년 여향채의 나이 20세에 추진되었는데 그는 내항시에서 인천행 배를 타고 건너와 인천에서 군산에 도착한 후 유사신의 영동 포목점에서 점원으로 한국생활을 시작하였다.33) 여향채가 일을 했던 유사신의 포목점은

---

33) 여향채가 군산에 도착하는 1920년 군산의 도시적 특징은 당시 민족별 인구 구성비율로 집작할 수 있다. 여향채가 군산에 도착하기 1년 전인 1919년 통계에 의하면 군산의 인구는 한국인(가구1,742호, 인구6,581명) 일본인(가구 1,665호 인구 6,809명)이 거주하여 한국인과 일본인의 거주자 숫

상호는 알 수 없지만 영동에 있었던 것으로 보아 도매점34)이 아닌 소매점으로 보이는데 이곳에서 5년 정도 일을 하여 자금을 마련한 여향채는 당시 경제가 상업보다는 농업의 이윤이 많은 점35)을 고려하여 1926년 사정리36)에 토지를 마련하여 농장을 시작했다.

농장의 운영과 함께 중국인 일꾼의 고용 등으로 집안 살림을 해야 할 사람이 필요해진 여향채는 결혼을 하게 되는데 결혼상대는 고향의 부모님이 결정한 이씨 집안 여인이었다. 결혼을 위하여 일시 귀향한 여향채는 결혼식을 올린 후 아내와 함께 조선으로 돌아오는데 이때 여향채 부부와 함께 조선으로 향한 사람이 막내 동생 여점채(18세)였다. 여점채의 이주로 내항시에는 여극현의 둘째 아들인 여학채만이 남게 되는데 여학채는 결혼 후 젊은 나이에 후손이 없이 죽게 되고 여자 자매마저 결혼과 함께 소식이 끊기게 되어 여극현의 후손은 전부 삶의 터전을 군산으로 옮기게 되는 결과를 낳는다. 당시의 여씨형제의 이주를 구술자는 경제적 이유 외에도 일본의 식민지정책이라는 또 다른 측면이 있었다고 지적한다.

　　한국에 오면 그때 말해서 일본사람들 점령하는 시대이거든요. (일본사람)이 한국사람들 보다도 중국 사람들 우대를 했었어요. 우대를 좀 하고……. 그러니까 한국 와야 좀 대우 좀 받는 그런 기분도 있고, 그 대신 한국사람들 또(한) 중국 가면 중국에 있는

　　자로 볼 때 잠시 동안이지만 일본인의 인구가 많았을 정도로 군산은 일본인 중심의 항구도시였다. 같은 시기 군산거주 중국인은 57가구에 214명으로 기록되어 있다.
34) 여건방 구술: 군산의 포목 도매점은 전주통(영화동)에 자리한 우풍덕, 금성동, 쌍화전이 3거상으로 영업을 하였고 이들 포목점은 전국적으로도 유명하였다.
35) 농업의 경제성이 높아 유사신과 유사선 형제도 20명의 점원을 두고 있던 포목점을 정리하고 문화동에 땅을 사서 농장경영을 함.
36) 사정리: 군산시 사정동.

한국사람들, 일본사람들이 또 우대를 좀 해주고…… 예를 들자면 길에서 한국 사람들 중국 사람들 만나서 싸웠을 적에 파출소에 끌고 들어가잖아요. 그러면 무조건 일본순사들, 그때 당시 일본순사들 지금처럼 그렇게 민주경찰 아니거든요. 일방적으로 한국 사람들 몇 대 때리고 이야기 들어간다 그런 이야기 많이 들었지요. 우리 아버지한테……. 우리 아버지뿐만 아니고 그때 당시의 노인분들, 1세대 우리 화교 1세대분들 한테 그런 이야기 많이 들었어요…… 중국에서는 그 반대로 했대요 그러니까 아마 일본사람들 그게 일종의 계략이 아닐까 그런……. 그건 내 생각이죠.

2) 화교농업과 유통구조

1925년 18세의 나이로 군산에 오게 된 여점채는 어릴 때부터 농사일을 해왔고 군산 사정리 큰형 집에서의 농사도 고향의 농사와 같은 밭(田)농사였기에 형을 도와 어려움 없이 농장을 운영할 수 있었다. 당시 군산지방의 농업형태는 민족에 따라 차이가 있었는데 한국인은 조상대대로 이어온 벼농사를 지었고 일본인 역시[37] 한국인을 소작농으로 삼아 벼농사를 하고 있었으나 중국인은 본토에서와 마찬가지로 오직 밭농사만을 짓고 있었다.

구술자에 따르면 당시 밭농사 영농기술은 화교가 최고였으며, 한국 사람은 경쟁이 안 되었고, 가지와 토마토 등의 묘목 재배 기술이 없었던 한국인들이 봄철이면 화교농민들에게서 묘목을 사다가 키웠는데 1960년대 중반이 되어서야 한국인 스스로 묘목을 생산하게 되었다고 한다. 그런데 이처럼 밭농사 위주의 농업형태는 의외로 높은 경제적 이윤을 낳고 있었다. 그 이유는 화교들이 밭농사로

---

[37] 1910년 전라북도에 일본인 농장 24개 1920년 58개로 증가. 1909년 군산에는 6곳의 대규모 일본인 농장.

생산하는 우엉, 오이, 가지, 울외, 토마토 등의 채소는 일본인들이 좋아하는 음식재료였기 때문이다.

〈표 5〉 1939년 전국의 중국인 농업인구 호수

구분	총 수		조선인		일본인		외국인(청국인)	
	호수	%	호수	%	호수	%	호수	%
농업	2,935,547	68.32	2,925,938	99.67	7,047	0.24	2,512	0.08

자료: 조선총독부, 『조선인구관련자료』, 소화 14년(1939).

　이처럼 중국인 생산자와 일본인 소비자의 밀접한 관계는 생산자가 소비자를 직접 찾아가서 판매하는 독특한 판매형태를 만들어내었다.
　당시 유통과정을 보면 여씨 형제가 농장에 있는 20여 명의 일꾼들을 활용하여 야채를 생산하면 생산품의 판매를 소화통[38])에 만들어진 식품시장[39])을 경유하는 유통로와는 별개로 단골로 정해진 일본인 가정에 직접 배달하거나 혹은 일본인 마을에서 행상을 하는 판매 방식이 주를 이루었다. 이때 야채를 중국식 지게에 지고나가 판매하는 일은 소비자와 가격 흥정을 하고 돈을 직접 만져야 했으므로 일본어를 할 수 있어야 하고, 상술에 능한 사람이 해야 했기에 여씨 형제가 직접 맡았으며, 여씨 형제는 젊은 나이에 신용과 성실함으로 일본인 단골을 많이 확보하여 지속적인 이익을 낼 수 있었다. 하지만 일본인을 주 고객으로 하는 이러한 영업형태는 농업화교들을 조선에 거주하지만 조선어보다는 일본어에 능숙한 사람들로 만들어 이후 1세대들은 해방 후에도 모국으로의 귀국만을 생각하며 한국어를 배우지 않아 영원히 한국어를 하지 못하는 세대가

---

38) 군산시 중앙로 2가의 일제시대 명칭 1940년대 개설.
39) 『1920년 군산시가 지도』에 구 경찰서 앞에 식류품 시장위치.

되게 한다.

3) 1세대의 결혼

여씨 형제의 농장이 자리를 잡아가며 동생인 여점채도 1931년 결혼을 하게 되는데 당시 신랑은 23세였고 신부는 역시 고향의 부모님이 결정한 22세의 이씨 처녀였다. 여점채는 고향에서 결혼식을 한 후 아내를 부모님 곁에 두고 군산으로 돌아와 1년에 한번 고향을 찾는 생활을 하게 되는데 이처럼 고향의 처녀와 중매로 결혼하고 결혼 후에도 부부가 떨어져 생활하는 형태는 군산에 거주하는 화교들에게는 보편적인 현상이었다.

그 이유는 첫째 중국인들의 강한 가족관계가 결혼을 부모의 의사선택에 맡기는 전통 때문이었으며 또한 군산에서는 결혼을 하고 싶어도 결혼 적령기의 화교여성이 없었던 이유 때문이었다. 둘째는 군산에서 일하는 화교들이 군산을 영구정착지로 생각하기 보다는 한시적인 일터로 생각했기 때문이다. 이러한 이유로 농장이나 상점의 주인이건 그렇지 못한 일꾼이나 점원이든 돈을 모으면 언젠가는 고향으로 금의환향을 꿈꾸고 있었기에 대부분의 화교들이 가족은 고향에 두고 본인만 군산에서 일을 하는 형태였는데 예외의 경우는 남편이 농장이나 상점을 운영하여 직원들을 뒷바라지해야 하는 여성의 노동력이 필요한 경우 아내가 남편과 함께 생활하였다. 그런데 여점채 부부의 별거에는 앞서 언급한 이유 외에도 여점채가 결혼을 한 1931년에 만보산사건이 일어나 조선에서의 한·중 민족 간의 감정이 격해져 있었던 시대적 영향도 있었던 것으로 추정된다.

여점채는 결혼 후 9년간 일년에 1회씩 고향을 방문하여 아내를 만나는 생활을 하게 되는데, 고향 방문은 농한기인 겨울에 1개월 정도 이루어졌다. 이 기간 동안에 중국의 아내는 큰아들인 여홍방(1936)

〈표 6〉 군산 옥구지역의 중국인 인구 비율(남녀)

구분	부, 군	총계	남	여	가구
1940	조선전체	70,148	57,265	12,883	
	전라북도	2,134	1,853	285	
	군산부	209	167	42	46
	옥구군	67	45	22	19

자료: 조선총독부, 『조선인구관련자료』, 소화10년(1935) 기준.

을 낳았고 둘째 아들인 여사방(1940)을 두게 되는데, 둘째 아들인 여사방이 태어나는 1940년 4월 갓 태어난 아들을 안고 중국의 아내가 군산으로 오게 되어 결혼 9년 만에 형의 농장에서 가정을 꾸리게 된다.

여점채의 가족이 합쳐지는 원인은 더 이상 부부가 떨어져 생활해서는 안 된다는 주위의 걱정과 함께 여향채의 농장이 규모가 커져 20여 명의 일꾼을 두게 되자 집안일을 도울 사람이 더 필요했던 현실적 이유도 주요한 원인이었는데 여씨 형제의 한 집살이는 2년 만에 끝이 난다. 그 이유는 1942년에 여점채가 형의 농장을 나와 독립하였기 때문이다. 여점채의 독립은 30대 중반의 여점채가 자신의 농장을 직접 운영할 수 있는 준비가 되었음을 뜻하기도 하지만 또 다른 이유로는 한 집에 살게 된 동서 간의 불화[40]도 한 요인이었으며 더불어 여점채의 아내가 큰 딸인 여순영(1942)을 갖게 되어 집안일이 어려워지자 자연스럽게 추진되었다.

여점채의 분가는 이후 여씨 형제의 삶에서 여러 가지 변화를 동반하게 된다. 그중에 한 가지는 여향채가 농사일을 그만둔 사건이다. 여향채가 농사를 정리한 이유는 아내인 이씨가 몸이 비대하여

---

[40] 여건방 녹취: 동서 간의 불화는 큰동서가 작은 동서인 여점채의 아내를 집안 일꾼 다루듯이 한 것이 원인이었다고 한다.

혼자서 일꾼들 뒷바라지를 하기가 어려워졌고, 여향채도 생산된 야채의 판매를 함께 담당했던 동생이 독립을 함으로써 혼자서 농장을 운영하는 데 어려움이 있었기 때문이었다.

동생이 분가한 후 1년이 지난 1943년 사정리의 농장을 정리한 여향채는 익산에서 가장 큰 중화요리집인 천화원을 개업한다. 천화원은 익산 중앙로의 대지 300평짜리 건물을 매입하여 문을 열었는데 개업을 하는데 비용이 많이 들어 농장을 정리한 돈에다 여점채의 자금까지 빌려서 사업을 시작했지만 다행히 영업이 잘 되어 큰 돈을 모았다고 한다. 여향채는 자손이 없어 동생인 여점채의 큰아들인 여홍방을 양자로 맞이하는데 여향채가 죽은 후 음식점을 물려받은 여홍방은 천화원의 명칭을 신천지로 바꾸어 운영하게 된다.

4) 화교와 한국의 해방

여점채는 1942년 삼학동의 현 삼학시장 자리에 땅과 집을 마련하여 이사를 한다. 당시 삼학동은 옥구군 신풍리 학산 기슭에 서쪽으로는 기와골이라는 조선인 마을이 위치하고 있었으며 남쪽 뜰 너머로는 일본인 미와사끼농장(수송동 제일아파트)과 이웃하고 있었던 곳으로 여점채의 집과 기와골 사이에 화교인 부씨 일가가 농사를 짓고 있었고 기와골을 지나면 역시 화교인 여중방 씨 농가가 있었다.

여점채는 삼학동에서 둘째 아래로 여순영(여 1942), 여미영(여 1943), 여건방(남 1946), 여성방(남 1949), 여인방(남 1955)등의 자손을 두어 7남매의 가장이 된다.

형과 일할 때부터 일본인 단골이 많이 있던 여점채는 형이 농업을 그만둔 후 형의 단골 거래선까지 물건을 납품하게 되면서 경제적으로 자리를 잡아갔다. 특히 여점채의 일본인 단골 중에는 태평양전쟁 상황에서 운영되던 생필품 배급관리인의 집이 있어 한정된

양만 배급되는 밀가루 등의 음식재료를 비공식적으로 지원 받음으로써 경제적으로 많은 도움을 얻었다고 한다.

태평양전쟁으로 생활이 어려웠지만 삼학동 농장이 자리잡아 가던 1945년 여점채 가족은 일본의 패망과 조선의 해방이라는 큰 변화를 맞게 된다. 모국인 중국 역시 국공내전이 벌어지던 격동의 시절 많은 사람들이 귀향하는 가운데에서도 농토를 가진 여점채 가족은 재산을 모두 두고 귀국하기가 어려워 귀향을 미루었는데 조선의 해방은 귀향하지 않은 화교농민에게는 또 다른 고난의 시작이었다.

그 이유는 여점채처럼 일본인을 고객으로 운영하던 화교농민들은 주 고객인 일본인들이 귀향함으로서 생산품의 판로가 막혀 생활고에 시달려야 했기 때문이다. 또한 사회적으로도 일본인이 귀향한 후 한국 땅에 유일하게 남게 된 이민족인 중국인을 향한 한국인들의 곱지 않은 시선 역시 큰 부담감이었다. 바로 이 시기 여점채는 한국인들에게 자신의 토지를 빼앗기는 고통을 겪게 된다.

> 우리 아버지가 삼학동 그 당시에 농사를 지을 때 삼학동 땅이 있고 흥남동까지 땅 가지고 있었거든요. 흥남동까지 땅 가지고 있었는데 그것이 1945년 해방된 후로 일본놈들은 도망갔지만 그때 해방된 뒤에는 무법천지였었어요. 무법천지였었는데 한국사람들 막 와가지고 우리땅이니까 우리가 차지해야 되겠다, 안주면…… 그때 당시에 우리 아버지 이야기 들어보니까 그때 당시에 한국분들이 삽발이라고 하던가 쇠스랑 그런 것 가지고 온 사람도 있고 낫 가지고 온 사람도 있고 우리나라 땅인데 네가 다 가져, 막 가져와가지고 죽인다고 그러니까 좀 무섭기도 하고, 또 무법천지니까 그 당시에 그러면 이만큼 땅 네가 농사짓고 이만큼 네가 짓고 다 나누어줬다고 그래요. 나누어주고 우리 아버지가 그때 당시에 남은 땅이 내가 이야기 듣기로는 천이삼백평인가 그만큼 남았다고 그래요.

이처럼 어려움을 당하는 가운데 1948년과 1949년 한중 양국 간의 교통이 차단됨으로써 화교들은 이산가족이 되어 이러지도 저러지도 못하는 상황 속에서 한국전쟁을 겪게 된다.

한국전쟁 역시 여점채 가족들에게는 시련의 시기였다. 이시기 어려워진 경제사정은 더욱 안 좋아졌지만 여점채는 다섯째 아이인 여건방(1946)과 여섯째 여성방(1949)을 낳게 된다. 한국전쟁이 끝난 직후 지리산에서는 빨지산의 소탕작전이 계속되던 때 여점채 가족은 무장 강도의 침입으로 큰 위기를 겪게 된다. 총을 들이댄 강도는 여점채의 아내 이씨의 표현을 빌리면 저녁에 벗어 놓은 양말까지 쓸어갔는데 강도의 약탈에도 어디 가서 신고조차 할 수 없는 처지였다고 한다. 강도사건은 여점채 가족에게 경제적 손실 외에도 정신적 충격을 크게 주었는데 그 영향으로 여점채 가족은 거주지를 삼학동에서 문화동으로 옮겨가게 된다.

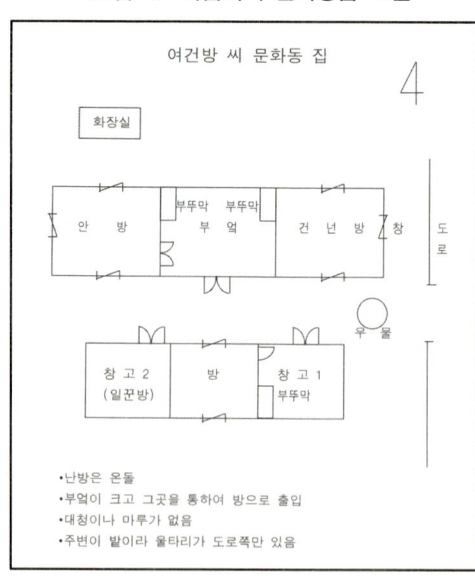

〈그림 2〉 여점채의 문화동집 도면

여점채 가족의 문화동 이전은 1955년에 이루어지는데 문화동에 살던 여씨 성의 화교가 대구로 이사를 가는 바람에 그 집을 인수하여 이사를 하였다. 여점채 가족의 이사 이유는 문화동은 삼학동의 밭(삼학동 시장)과 근거리에 위치하였고, 강도사건 이후 화교 이웃의 중요함을 알게 되었기 때문이다. 여점채가 이사한 문화동(현 군산주조장) 인근지역에는 중국인들이 6~7가구 정도[41] 촌락을 이루고 살고 있어 막막한 타향살이에 큰 의지가 되었다.

여점채 가족의 문화동 집은 밭 가운데 남향을 한 한일자형의 집 두채가 11자 형태로 자리하고 대청이나 툇마루가 없고 방으로의 출입구는 부엌을 통하는 중국식 가옥구조였으며 인근의 화교들은 모두 같은 형태의 주택에서 살았다고 한다. 이러한 가옥 형태를 볼 때 군산의 화교들은 일제강점기 기간동안 군산에 거주하면서도 언어와, 의복, 음식, 주거형태 등에서 놀라울 만치 중국인으로 집단적 정체성을 유지해 왔음을 알 수 있다.

2. 정착자(여건방)

1) 성장기의 교육과 놀이

해방 다음해에 여점채의 다섯째 아들로 삼학동에서 태어난 여건방은 태어나면서부터 중국의 할아버지나 친척들과는 이산가족이 되어있었다. 삼학동에서 어린시절을 보내다 문화동으로 이사하여 8살 되던 1952년에 명산동으로 이전한 화교소학교[42]에 입학한 여건방은 같은 반에서는 다른 학생들보다 어린 학생이었으며 학교에 가지 않는 시간에는 집에서 농사를 도우며 생활하면서 소년기를 보내게 된다.

---

41) 여건방 녹취: 문화동 현 주조장 인근의 중국인 촌락 거주가족 – 여씨, 유사신(여향채의 이주 기회 제공자) 유사선(현 중앙병원), 손씨, 정씨 등.
42) 명산동 화교소학교: 일제시대에는 칠복이라는 유곽건물이었던 명산동 화교소학교는 우물정자형태의 2층건물이었는데 중앙로 2가 구 세무서 뒤에 옛 병원자리를 이용한 화교소학교가 1949년 2월 18일 기숙사 화재로 전소하자 1949년 화교들이 기금을 마련하여 매입 후 이전하였다. 2001년 화재로 전소됨.

〈사진 2〉 명산동 화교소학교와 운동회 모습

여건방에게 학교생활은 전쟁 후의 빈곤함과 전쟁 때 군산으로 피난 온 화교 피난민들이 학교 1층 교실에 자리 잡고 생활하던 기억으로 남아있다. 당시 화교학교 학생들은 같은 또래의 한국학생과 수업내용이 다르지 않았는데 특히 반공교육이 그러하였다. 당시의 상황을 보면 장개석의 국민당 정부가 대만으로 옮겨간 후 대만정부는 해외의 화교들에 대한 영향력 확대를 위하여 해외 화교학교에 대한 교재 무상 제공과 대만대학 진학 시 무상교육지원 등을 해주었다.

이러한 지원의 대가는 화교들이 자신들의 모국으로 대만정부를 선택하는 것이었으며 군산 화교학교의 반공교육은 대만정부에 대한 충성의 의미였다. 때문에 당시 모든 교과서는 반공 관련 내용이었고 학예회의 연극과 합창대회는 공산당 타도 본토 수복에 대한 내용 일색이었다.

이데올로기가 무엇인지 모르고 오직 중국 본토인 고향에 돌아가겠다는 일념뿐이었던 1세대와 달리 1950년대부터 여건방 씨를 비롯한 화교 2세대들은 반공 1세대가 되어 대만을 모국으로 생각하고 대만정부에 충성하는 것이 화교의 도리라는 교육을 받으며 성장하게 되었다. 당시 화교가 처한 상황을 돌이켜보면 한국전쟁을 겪으며 반공이 최우선시 되는 남한사회에서 공산국가를 고향으로 가진 화교들의 정치적 입지는 적어질 수밖에 없었고, 이때 같은 민족이며 민주진영인 대만을 모국으로 선택한 것은 생존을 위한 화교들의 최선의 방안이었다고 볼 수 있다. 하지만 한국정부와 대만정부의 반공노선은 화교들을 언제든지 간첩으로 몰 수 있는 상황이었고 그 때문에 이후 한국의 화교들은 극단적인 비정치 집단으로 변화하여 자신들의 불만을 표출하지 않고 주변인으로 남게 되는 결과를 낳았다.

이 같은 정치적인 소용돌이 속에서도 성장기 어린이의 관심은 역시 놀이였기에 여건방을 비롯한 화교 소년들은 농구, 팽이치기 등을 하면서 놀았다.

당시 화교들은 생활의 여유가 없어 따로 여가생활을 즐길 수는 없었으나 어머니가 들려주는 옛날이야기와 중국영화가 들어오면 마을사람들과 함께 갔던 영화관의 추억 그리고 중국 경극공연 등의 기억이 남아있다. 그중에서 여건방은 어린시절 어머니가 해주시던 옛날이야기들이 한국의 구전설화와 똑같은 점을 지금도 의아하게 생각한다.

옛날이야기

우리 어머니 돌아가실 때까지 한국말 전혀 못했어요. 전혀 못하는데 우리 어머니가 중국에서 와가지고 한국 사람들하고 사귄 적도 없고…… 그런데 견우와 직녀, 흥부와 놀부이야기 다 해 주었어요 또한 낫가리 지어주는 의좋은 형제인가 그런 이야기도 해주고…… 특히 내 기억은 옛날에 전기 들어왔을 때, 시골이니까 다마가 하나밖에 없었는데 그것도 시간제예요. 저녁에 한 5시 넘어서 전기가 들어와요. 8시 넘으면 전기가 꺼져버려요. 그러니까 전기가 꺼지면 석유 호롱불 피우고 그런 이야기 좀 하고…….

영화구경

옛날에 중국영화 일년에 한번 들어왔다고 하면 지금 말하자면 도시락 싸가지고, 거기서 밥을 먹고 반찬 먹고 그렇게 못하니까 빵을 좀 구워가지고 설탕 좀 넣고 기름에 맛있게 굽던가 해가지고 그걸 아예 포대기에 싸가지고…… 극장에 아침에 들어가면 가족들 함께 못가고 동네 사람들 모여서 다 가요. 나이 상관없이 시간 맞으면 다들, 한꺼번에 다 못 가고 오늘은 우리집에서 몇 명, 집에 사람이 있어야 하니까 몇 명 가고 교대로 이렇게 가가지고 그러니까 마지막 프로 끝나기 전까지 거기 안 나와요. 50년대부터 70년대 말까지, 80년대 초까지는 시공보실에 가서 영사기 좀 빌려가지고 어느 때는 교도소 있죠? 교도소 영사기 빌려가지고 그렇게 해서 빌려가지고 중국대사관에서 필름이 와요. 학교에서 대강당도 작고 그러니까 운동장에다가 밤에, 낮에는 못하고 밤에 크게 설치해가지고 중국영화를 상영해요. 화교들 전부 다 앉아서 구경하고 그랬죠. 일년에 한번 정도.

경극공연
군산하고 인천이 일정 때 한국에서 비교적 집중적으로 화교 거주지이거든요. 군산에 경극하시는 분들 몇 분 계셨었거든요. 경극에 어떻게 하다가 보면 사람 엄청나게 필요하거든요. 한 번 하면 한 30명 필요해요. 군산에서 경극하는 분이 한 7~8분 되요. 그러면 인천이라든가 서울에서 몇 분이 와요. 그래서 일년에 한 한 번쯤 경극공연을 해요 전국을 순외하죠…….

2) 아버지의 죽음

여건방은 1958년 형을 따라 서울의 화교중학교에 입학하고 이어 고등학교를 졸업한 후 1963년 대만정부의 지원으로 대만대학에 입학하게 되는데 입학 다음해인 1964년 아버지인 여점채가 병으로 사망하게 된다. 여점채의 죽음은 기관지 천식 관련인 것으로 전하는데 담배를 태우지 않는 여점채였으나 구술자의 기억으로는 마작을 좋아한 것이 원인이었다고 말한다.

우리 아버지가 유난히 나쁘게 생각할 수도 있는데 도박, 마작 그걸 유난히 좋아했었거든요. 좋아해가지고 그때 우리 아버지하고 친한 몇분이 있어요. 몇분 있어가지고 그분들 중심으로 모여가지고 일주일에 한번 아니라 일주일에 두세번씩 했었어요. 그것이 좀……. 지금으로 말하자면 일종의 도박이죠. 물론 큰 돈은 없었으니까 큰 돈 걸고 하는 것은 아니지만 우리 아버지 돌아가신 이유도 거의 아마, 날 새고 그랬거든요. 이야기 들어보니까 나도 기억도 있고, 학교 가고 집에 없을 때, 우리 어머니가 그런 이야기 해요. 한달에 보름은 거의 날 새고 그랬거든요. 마작은 오락이라고 하지만 우리 아버지 담배 못 피우시거든요. 그런데 다른 분들, 마작이라는 게 하면 네사람 모여야 되요. 제일 적은 수가 네사람인데 보통 대여섯명 되요. 구경하는 사람도 있고 하다가 쉬고 다른 사람하고 교대로 그런 분도 계시고 그러니까, 옛날 집이 지금처럼 환기가 잘 되는 것도 아니고 여름에는 창문 열어놓고 그러면 괜찮은데 겨울에는 특히……. 내가 기억하는 것으로는 우리 안방에서 했거든요. 방 안에 천지가 담배연기예요. 그런 것이 하루이틀 아니고 길다보니까 폐에.

아버지는 새벽에 돌아가셨고 화교협회에서 나서서 군산의 모든 화교들에게 소식을 알렸으며 초상이 남과 동시에 큰아버지인 여향채가 서울로 올라가 화교전문 장례용품점에서 중국전통의 장례용 의복과 목관 등을 사서 트럭을 이용하여 군산으로 가져왔다고 한다.
장례절차는 중국식으로 음식을 장만하지 않고 상주는 손님만 받으며 손님들은 식사를 각자 집에서 해결하는 형태로 진행되었다. 특히 인상 깊었던 점은 상이 나자 당시 군산의 빈민가였던 송풍동에 자리한 걸인사무소에서 걸인들의 왕초가 상가 집을 방문하여 상주와 계약을 맺고 돈을 받아가는 모습이었다고 한다. 걸인사무소의 왕초에게 얼마를 주었는지는 알 수 없지만 왕초는 돈을 받은 후 영수증을 써주었고 상중에 찾아오는 걸인들에게 그 영수증을 보여주면 아무 말 없이 뒤돌아섰으며 당연히 행패를 부리는 걸인도 없었다고 한다.

여점채의 장례는 군산의 화교 대부분이 참여하여 치루어졌고 장지는 나운동에 자리한 화교공동묘지[43]였다. 화교의 무덤형태는 광중[44]을 적벽돌로 관보다 두 배는 크게 방을 만들고 위쪽을 나무판으로 덮었는데 전통에 따라 부부합장묘로 만들기에 먼저 죽은 사람의 방 옆에 작은 문을 만들어 부부 중 후에 죽는 사람의 방과 연결되도록 하였다.

관은 목관으로 관안의 시신은 사계절 옷을 겹쳐 입히고 베개에 이불을 덮어 주었기에 관의 규모가 한국 관보다 3배는 컸다. 봉분은 만들지만 잔디는 입히지 않았으며 상례 후 3년간만 돌아가신 날 제사를 지내고 그 이후로는 청명날(4월 5일)과 설날 제사상을 차렸다.

> 한국분들은 돌아가신 분 시신을 방에다가 모시거든요. 중국사람들은 방은 못 모시게 해요. 운명하시기 전에 방에서 나오시라고 해요. 방에서 나오시라고……. 시골 같은 경우는 부엌에다가 모시고……. 그러니까 중국사람들 대충 보면, 그 전라도 말로 하면 정지라고 하죠. 그 조금 넓게 하고 거기다가 모시거든요. 그런 이야기가 뭐냐면은 방의 문턱이 있어요. 돌아가시면 영혼이 문턱을 못 넘는다는 그런 이야기가 있어요. 그리고 옷은, 상주들 옷은 삼베는 안 입어요. 광목을 입지. 우선 관이 크다 보니까 파는 것도 크

---

43) 화교공동묘지: 오룡동 인근에 위치한 화교묘지는 1930년대 나운동 현 국군묘지 인근으로 이전하여 오늘에 이르고 있다. 군산화교협회에서 관리하는 화교묘지는 현재 포화 상태에 이르러 화교가 사망하면 시립봉황공원에 모시고 있는데 그곳에서도 매장방식은 화교들만의 전통방식을 유지하고 있다.
44) 광중: 관이 들어가는 자리.

게 파야죠. 크게 파고…… 깊이는 1미터 넘게 한 1미터30 넓이는 한 91센티 정도로 봐야죠. 넓이는 그 정도 파고 길이는 자로 8자 파요. 2미터가 넘게 파죠. 파가지고 그 판 것은 넓이가 석자가 길이가 10자인 것이 광 판 것은 그보다 더 크게 파고 그 판데다가 벽돌로 쌓아요. 관두께는 보통 우리 아버지 같은 경우는 4치로 했거든요. 4치면. 중국사람들 관이 그 치수를 이야기해요. 보통 사람들 2, 3, 4. 2는 밑바닥은 2치, 옆에는 3치, 뚜껑은 4치 이제 제일 크게 하는 사람은 4, 5, 6. 그러니까 밑에 4치 하고, 옆에 5치로 하고, 뚜껑 6치로 하고…….

3) 2세대의 결혼

아버지를 잃은 여건방은 1965년 학교를 중퇴하고 어머니를 돌보기 위하여 문화동 집에서 가족들과 농사를 지으며 생활하였다. 같은 해 큰아버지의 재정적 지원으로 둘째형인 여사방이 월명동에 덕화원이라는 중화 요리집을 개업하는데 여사방의 개업은 순전히 큰아버지의 영향과 도움이었다. 1966년이 되면 큰아버지인 여향채도 사망하고 같은 해 12월 여건방은 정읍의 포목점집 화교 여성인 진영자를 만나 결혼을 하게 된다. 이들의 결혼은 군산에서 태어난 여씨집안 2세의 결혼으로 상대여성 역시 정읍에서 태어난 화교2세로 해방 이후 본국과 단절된 화교들의 새로운 결혼형태를 확인할 수 있다.

해방 이전 군산의 중국인 남녀의 비율을 보면 여성이 상대적으로 적은 편이라 결혼은 주로 중국에 거주하는 부모나 형제 친척의 중매로 하였으나 해방 후 중국과 국교가 단절된 후에는 군산에서 태어난 화교 2세들이 성년이 됨에 따라 신부감이 될 중국인 처녀를 찾는 일이 중요한 문제가 되었는데 군산 내에서는 결혼 상대를 찾기 어려워 타도시 거주 화교와의 결혼이 자연스럽게 이루어졌다.

〈사진 3〉 명산동 화교소학교에서의 결혼식
(초경신 조계지 부부)

여건방도 이러한 사례로 큰어머니의 중매로 아내를 만났다. 당시 화교들은 첫 선보는 자리에서 상대가 마음에 들면 바로 인근의 사진관을 찾아가 사진을 찍음으로써 약혼을 대신했다. 이처럼 빠른 진행은 결혼 적령기 화교남녀의 희소성 때문으로 추정된다. 그러나 이러한 결혼 형태도 국내 화교남녀의 성 불균형 때문에 오래가지 못하고 화교 2세와 한국여성과의 결혼이 자연스러워지기 시작하였다.

하지만 민족적 정체성이 강했던 1세대 화교들은 타민족과의 결혼을 탐탁하게 여기지 않아 화교끼리의 결혼을 1등 신부감을 만났다고 표현했다. 그러나 남녀의 성적 불균형은 인력으로 조정이 어려워 한중 양국 간의 결혼 비율은 점점 높아지는데 여건방의 동생인 여성방(1949)과 여인방(1955)도 한국여성과 결혼을 하게 된다.

그런데 화교남성이 한국여성과 결혼을 하기 시작한 시점은 화교 2, 3세대부터가 아니고 1948년 한, 중간의 국교단절 이후부터라고 볼 수도 있다. 그 이유는 해방 후 양국의 국경통제로 갑작스럽게 이산가족이 된 군산의 화교 남성들이 한국여인과 재혼을 하는 경우가 많았기 때문이다.

그 시절에는 전쟁으로 한국의 젊은 여성들 중에 미망인이 많았고 한국 가정의 경제적 어려움이 극심하여 경제적으로 안정된 화교와의 결혼이 의외로 많았다고 한다. 그러나 이때 결혼한 1세대들은 이산의 고통과 경제적 어려움으로 방탕한 생활을 하다가 몸을 망쳐 병사하는 경우가 많았고 재혼하지 않은 채 살던 50대 화교 다수가 자살을 선택하여 충격을 주었다. 이렇듯 어려운 상황 속에서 한국인 여성과 결혼한 1세대들조차도 자신의 자녀들은 같은 화교와 결혼하기를 원하여 한국인과의 연애결혼에 반대하였다고 한다. 그러나 화교 2세대는 결혼상대에 대하여 1세대와 다른 생각이며, 3세대는 남녀 간의 국적문제가 심각한 논의 대상이 안 되고 있다.

4) 직업의 변화과정

이제는 노년기에 접어든 여건방은 힘에 부쳐 음식점을 그만두고 아내와 산책을 하며 인근의 화교친구를 찾아보는 일과로 하루를 소일한다. 그가 살아온 세월만큼이나 군산도 변했고 화교사회도 변하였다. 그가 가졌던 직업인 농업과 요식업은 한때는 화교들만의 전유물이었으나 지금은 한국인들이 다수를 차지하고 있다.

여씨의 직업 변화과정에는 한국정부의 화교정책이 중요한 계기를 제공하였다고 볼 수 있는데 당시 상황을 살펴보면 5·16군사쿠데타로 정권을 잡은 박정희 정권은 1962년 6월 10일 전격적으로 화폐개혁[45]을 실시하였다. 이미 이승만 정권하에 실시된 화폐개혁[46]을 통하여 자본의 잠식을 경험하였던 화교들이지만 박정희 정권의 화폐개혁은 화교경제에 결정적 타격이었다.

화폐개혁 후 1968년 외국인 토지보유법이 예고되는데 이법은 외

---

[45] 디노미네이션: 1962년 6월 10일~17일까지 8일간 환으로 표시된 기존의 화폐를 모두 금융기관에 입금 조치. 10환을 1원으로 평가절하. 17일에는 구권화폐의 유통금지.
[46] 디노미네이션: 1953년 2월 15일 대통령 긴급명령 제13호. 100원을 1환 평가 절하. 당시 정부는 원화로 표시된 기존 화폐를 모두 은행에 예금하고 원화계산은 금지시키고 생활비로 1인당 신권 500환 집급.

국인의 경우 내무부장관의 허가를 받으면 점포는 50평 이내 주택은 200평 이내의 토지를 소유할 수 있게 하여 처음에는 화교들에게 토지 소유를 인정하는 법이라는 인식으로 다가와 모두들 환영하였으나 법의 근본 취지가 화교 농업인의 토지소유 및 경작권을 인정하지 않음으로서 이후 화교는 한국사회에서 부동산에 의한 재산증식의 기회를 상실하게 되어 경제적 약자의 입장이 되고 만다.

여건방은 정부에 항의 서한을 보냈으나 정부에서는 대만에서도 한국인들에게 똑같이 외국인토지소유법을 적용하고 있어 국가 간의 상호법 사례에 따라 시행한다고 주장하여 항의는 힘을 잃게 된다. 1970년까지 모든 농지의 소유권을 한국인에게 매각하라는 정부의 지시에 따라 1969년 여건방은 문화동의 집과 밭을 삼학동 엿공장 최씨에게 팔고 그 돈으로 구 군산시청 인근의 영화동에 2층 건물을 세내어 용문각47)이라는 중화요리집을 개업한다. 농사꾼이 음식점을 선택한 이유는 중국요리는 기술의 습득 및 경쟁력 면에서 가장 손쉽게 시작할 수 있는 사업이었고 집안의 가족들이 이미 음식점을 하고 있는 경우가 많았기에 성공률이 높은 사업이었기 때문이다. 용문각이라는 명칭은 여건방 씨가 이소룡 영화에서 힌트를 얻었다고 한다. 여건방의 용문각은 비슷한 시기에 문을 열었던 다른 중화요리점들처럼 1970년대 산업화와 경제성장의 분위기 아래 성업을 하였다.

---

47) 용문각은 군산의 아메리카 타운이 군산시 미성동 임사리에 만들어지기 전 기지촌 역할을 하던 영화동 한가운데 자리하여 미군과 직업여성(일명 양공주)을 주 고객으로 성공적인 운영을 하였다. 1978년 임사리에 아메리카 타운이 만들어지며 경기가 어려워지기는 하였으나 인근에 군산시청이 있어 영업은 유지할 수 있었다.

5) 재이주와 신정체성

1970년대부터 화교들은 대만과 일본 등으로 재이주를 시작한다. 재이주가 최고조에 올랐던 시기는 1979년 박정희 대통령 시해 후 신군부에 의해 벌어진 1980년 광주사태 시기였다. 민주화 시위와 광주사태로 정국이 불안해지자 해방 후와 한국전쟁 후의 치안부재 상황을 경험한 화교들은 "이러나 저러나 타향살이인데 해방 후에는 도망갈 곳도 없었으나 지금은 이민을 갈 수 있다"는 생각 아래 대만이나 미국으로 이민을 가게 된다.

　일정 때는 교통이 좀 안 좋으니까 중국 가까이 있으려고 한국을 못 벗어났는데 70년대 들어와서는 항공산업이 발전되다 보니까 여기 있으나 미국 있으나 거의 그 나라, 그 나라니까……. 미국은 그래도 내 개인적으로 능력껏 발휘할 수 있는, 발전할 수 있는 그런 공간이 있거든요. 주로 대만 가는 사람이 있고 미국을 많이 가요. 미국을 많이 갔었는데 박대통령 사건 후 5·18사건 좀 불안하고 사실 여기 한국에 살고 있는 화교들 그렇게 불안함을 못 느꼈어요. 못 느꼈는데 외국에서 한국을 보도하는 게 너무 심하게 보도하다 보니까 미국에 있는 친구들 친척들, 나한테도 거기 누나가 하루에 한번씩 전화 왔었어요. 뭐 하러 한국에 있냐고 미국 오라고, 미국 오는 서류 내가 다 부쳐 줄테니까 빨리 미국 오라고 미국 와서 살라고, 그래서 나는 누나 그러지 말고 나는 여기에서 태어났으니까 여기 좋아, 여기 내 고향 같은데 내가 뭐하러 미국 가냐고 하니까 불안하다고 너 거기서 죽으면 어떻게 하냐고…….

1980년대 군산에 남기로 결정한 여건방은 화교협회와 화교소학교에서 열성적인 활동을 하는데 서해안에서 불법어로 중 체포되는 중국어부가 있으면 자원봉사 통역을 다녔으며 중국어뢰정 귀순사건 때에는 안기부 요원들과 함께 통역관으로 귀순자들을 만나기도 하였다.

여건방은 슬하에 3남1녀[48]를 두었다. 여씨와 그 자녀들은 한국에서는 중국인이지만 아버지의 고향인 중국에 가면 한국사람으로 대우받고 한때 모국이라 생각했던 대만에서도 역시 같은 동포라는 동질의식을 갖지 못하고 있다. 그러면서도 한국과 중국이 축구시합을 하면 은연중에 중국이 이기길 바란다고 말한다. 이처럼 화교의 정체성 면에서 세대 간의 변화는 상상을 초월한다. 그러나 그들은 중국어를 사용하며 자신들이 화교임을 자랑스럽게 생각하는 사람들로 미국에 이민가면 중국인이 아니고 한화(한국화교)라고 불리며 독자적 모임을 운영하는 사람들이다.

> 우리 형님들 고향 한번도 안 갔어요. 우리 형들 둘 다 고향에서 태어나서 왔는데도 불구하고 우리 작은형 태어나서 한달만에 왔대요. 전혀 고향 가고 싶지도 않고 나는 그래도 고향 가서 이게 우리 내 뿌리이다. 우리 아버지 살던 데고, 가서 한번 보자 그러는데……. 하지만 거기에서 한 한달 있으면 한국 아주 그리워져요. 친구 생각도 나고 여기서 못 사는데 못 사는데 그런 생각도 나고 그런데……. 우리 애들 중국, 대만 하나도 가려고 하지 않아요. 거기 뭐 하러가, 대만 전혀 상관없고. 중국도 별로고 완전히 한국화가 되어버렸어요. 한국사람이라고 생각해요. 오히려 우리 애들이 그런 이야기를 해요. 중고등학교 친구들 서울에서 저기 했으니까 중국친구들 있잖아요. 만나면 길거리에 가다가 중국말로 막 이야기하다가 길에서 중국말로 이야기하다가 한국사람이 지나가다 쳐다보면 얼른 한국말로 바꿔서 이야기한대요.

---

48) 여씨 3세대인 1남 여○호는 홍씨 성의 화교를 만나 일산에서 음식점을 운영하고 있고 둘째 아들 여○우는 미혼으로 삼성경제연구원에 근무하며 셋째딸 여○○은 직장인이고 넷째 아들 여○○은 한의사를 하고 있다.

IV. 화교문화의 형성원인

앞장에서는 여씨 집안의 이주사를 통하여 군산화교가 어떻게 살아왔나를 알아보았다. 이를 근거로 이장에서는 화교문화의 형성과 변화의 원인에 대하여 살펴보고자 한다.

1. 화교문화의 형성과 한국인의 인식

먼저 독특한 화교문화의 형성원인에 대한 확인은 앞서 화교의 역사와 생활사를 통해서 국제정세 및 모국과 거주국과의 관계, 한국경제의 성장과 한국정부의 화교정책의 결과임을 알 수 있었다. 이 글에서는 이를 바탕으로 좀더 세부적으로 화교의 강한 정체성, 화교의 경제력에 대한 경계 그리고 일제의 식민지분리통치정책의 영향 등을 주제로 문화의 형성과 그에 따른 반작용으로서 한국인의 화교에 대한 인식을 살펴보고자 한다.

1) 한국화교의 강한 정체성

화교문화의 특징을 살펴보는 데 있어 한국화교의 95%가 산동성 출신이라는 점은 한국화교의 독특한 정체성을 확인하는 중요한 근간이 된다.

산동성 출신은 중국 내에서도 보수적인 면이 강하고 공자와 맹자의 고향이라는 자부심을 지닌 사람들로서 친족의 유대가 강하고 조직의 단결력이 좋은 사람들이라 한국에서도 자신들만의 정체성을 유지하려는 성향이 강하였다. 때문에 100년 이상을 살아왔지만 결혼문제와 언어, 장례풍습 등에서 민족적 정체성을 유지하려는 노력을 해왔고 이러한 모습이 한국인에게는 폐쇄적 집단으로 각인되어 자본을 축척만하고 현금을 반출시키는 대상으로만 인식되어 화교에 대한 타자화가 심화되는 원인이 되기도 하였다.

2) 화교 경제력에 대한 경계

이 측면은 국가의 통제권 안에 들어오지 않는 특정 민족 집단의 존재는 국가의 입장에서는 잠재적 위협 요소라는 근대 민족주의 개념에서 이해할 수 있다. 특히 해방 후 타민족의 지배에서 벗어난 나라들이 보여주는 강한 민족주의 정책의 영향으로 민족자본의 육성과 경제자립을 최우선시 하던 이승만과 박정희 정부에게 있어 귀향 본능이 강한 1세대 화교들은 결코 호의적 상대일 수 없었다.

화교들은 국제적 네트워크를 갖춘 경제력으로 국내 경제를 잠식할 수 있다고 보았으며 동남아시아 국가에서 화교의 주도권 강화는 화교에 대한 경계를 강화시키는 근거가 되었다. 이러한 우려를 불식시키기 위하여 한국정부는 1948년 외국인 유입금지, 1950년 창고봉쇄령, 외국인의 외화사용규제책, 1968년 농지소유불허 정책 등을 추진하여 화교의 경제력을 무력화 시켰고 화교들은 이에 대응하여 대만국적을 취득하고, 주변인이 되었으며, 끝내 외국으로 재이주를 하게 된다.

3) 일본의 식민지분리통치정책의 부산물

19세기 식민지시대 제국주의 국가들의 식민지 통치정책 중 하나인 '분열시켜 통치한다'라는 기본 정책하에 일본정부는 조선과 만주국의 원활한 통치와 중국과의 전쟁 그리고 조선민중의 저항을 최소화하기 위하여 만보산사건의 경우처럼 한국인과 중국인이 감정적으로 대립하길 원했으며 실제로 양 민족의 대립을 조장하였다.

중국인에 대한 한국인의 인식은 화교를 비하하는 명칭에서도 발견할 수 있다. 가령 '때국놈'은 대국인(大國人) 즉 큰 나라 사람이며 '짱꼴라'(張果老)는 중국 고대 신화에 나오는 팔선과해(八仙過海)라는 8인 신선 중 가장 으뜸인 장과로에서 유래 했으며, '짱꿰'는 장궤(掌櫃) 즉 손으로 돈 궤짝을 장악한 사람이라는 뜻이다. 이처럼 어의 상 좋은 의미의 명칭을 화교에 대한 비속어로 사용하는 원인은 한국인에게 화교에 대한 긍정과 부정이라는 2중적인 심리상태가 있기 때문이며 이러한 한국인의 화교에 대한 2중적 심리구조가 부정적 측면으로 나타나는 원인은 일제강점기 지배정책의 결과로 볼 수 있다.

2. 변화하는 화교들

위에서 살펴본 바처럼 화교문화의 독특함이 화교의 강한 정체성, 화교의 경제력에 대한 한국정부의 경계 그리고 일제의 식민지정책의 영향 등으로 형성되었음에도 불구하고 화교의 문화는 변화를 계속하고 있는데 이 장에서는 변화의 요인으로 화교세대 간 생활환경의 차이점인 결혼, 교육, 정부의 화교정책을 살펴보고자 한다.

더불어 화교문화의 변화과정은 우리에게 민족과 종족의 경계에 대한 문제의식을 불러일으킨다. 우리 주변에 수많은 성씨(姓氏)들 중에서 중국에서 이주해온 성씨를 찾는 일은 너무도 쉬운 일이다. 하지만 왕씨, 여씨, 방씨, 채씨 등의 중국 성씨를 가지고 있다고 하여 우리나라에 들어온 지 4~5백 년 된 사람들을 중국인이라고 칭하는 사람은 없을 것이다. 이런 시각에서 볼 때 민족이란 만들어지는 것이며 개인의 정체성에 따라 결정된다는 인류학에서의 구성주의[49]는 한국 화교이민사를 이해하는 데 도움을 준다.

1) 결혼으로 본 변화

화교의 민족적 정체성 유지의 기반이라고 할 수 있는 결혼의 경우 조사 대상자였던 여씨 집안의 예를 보면 1세대에는 화교 간의 결혼을 우선시 하였으나 3대째가 되면서 한국인과의 결혼도 보편적으로 받아들이고 있는 변화를 보이며 〈표 7〉은 이러한 현상을 자연스럽게 받아들이는 가치관의 변화를 보여준다.

〈표 7〉 여씨 집안 3대의 결혼현황

		1세대	2세대	3세대	비고
결혼현황		2	7	13(미혼2)	
배우자 국적	중국인	2	5	7	
	한국인		2	4	

자료: 여건방씨 녹취(2006.2).

2) 교육의 변화

교육은 민족의 정체성을 보존하고 강화하는 기본요건이다. 그런데 최근 화교 젊은이들이 자신들의 자녀들을 화교학교가 아닌 한국학교에 보내는 경향이 보이고 있다. 이러한 변화의 계기는 1950년대 이후 대만정부의 지원을 받아 무상으로 대만에서 대학교육을 받은 화교 2세들이 졸업 후 한국에 돌아와 학력을 전혀 인정받지 못함은 물론이고 대만의 교육 내용이 정작 자신들이 생활해야하는 한국에서는 전혀 도움이 안 됨을 실감하면서부터였다.

또한 화교의 친척이나 이웃 중에 미국으로 이민 간 사람들을 볼

---

49) 구성주의: 종족성이나 국민성을 사람들의 사고에 의하여 만들어진 사회적 구성물로 본다.

때 미국 시민권의 획득(국적포기)과 자녀들의 미국학교 입학이 너무도 자연스럽게 이루어지는 모습을 보며 한국에서 살아가는 자신들의 삶의 방법에 대한 자성의 결과 3세대들에게는 한국학교에 다니게 하고 한국식 문화를 익히게 하는 현상이 나타나기 시작한 것이다. 이러한 변화 때문에 화교소학교의 경우 화교의 이민으로 인한 학생의 부족과 함께 화교어린이의 입학 부진으로 인한 폐교현상이 나타나기 시작하여 1970년대에는 전국에 44개였던 화교소학교가 2006년에는 26개로 줄어들었다.

3) 화교정책에 따른 변화

한국정부의 화교정책이 화교의 생활환경에 큰 변화를 주었음은 화교들이 농업을 포기하는 사례에서도 쉽게 확인할 수 있다. 이처럼 한국정부는 한국 내 거주하는 화교에 대하여 끊임없이 규제정책을 시행하여 화교의 생활여건을 변화시켰는데 그 결과 수많은 화교들이 재이주를 선택하였고 남아있는 화교들은 한국정부의 정책에 맞추어 변화하다보니 세대 간의 정체성 차이를 크게 느끼는 상황이 되었다.

과거 화교들이 느끼는 가장 큰 문제점은 1961년 제정된 외국인토지법에 의한 토지소유제한 제도였다. 이법은 1998년 6월 26일 IMF로 국가위기를 겪던 한국정부에서 외국자본의 유치를 위하여 해제함으로서 현재는 사라졌지만 이미 대다수의 화교는 국외로 빠져나간 뒤였다. 또한 외국인과 재외국민 자녀의 대학입학을 용이하게 하기 위하여 제정된 '재외 국민 및 외국인 특별전형'의 경우 학생의 부모 모두가 외국인인 경우에만 해당되어 한국인과 결혼한 화교의 자녀는 대학입학이 어려워 1999년 통계의 경우 약 80쌍의 화교부부가 가짜 이혼을 하는 문제가 발생했으며 이중 일부는 실제

이혼으로 이어져 화교에 대한 정책이 화교들의 개인생활에 지대한 영향을 끼치고 있음을 알 수 있다.

V. 맺는말

민족이란 어디에 사는가, 누구와 사는가와는 무관하게 소속된 성원의 의사에 따라 결정된다. 중국의 산둥성 시골마을에 살던 여씨 집안의 형제들도 낯선 군산으로의 이주하였지만 중국인이라는 자신들의 정체성을 지키고 있었다. 그러나 그들이 군산에 영구 정착하며 군산에서 태어난 2, 3세대 후손들은 중국인으로서 1세대들이 지켜온 정체성을 유지하기 어려워하고 있다. 그 원인은 한국사회의 정치, 경제적 변화와 중국 및 대만과 한국의 관계변화 그리고 국제정세의 변화 등 다양하다. 이 글에서는 군산지역 화교들의 역사와 문화를 확인함으로써 그들이 이 땅에서 어떻게 살아왔나를 알아보고자 하였다. 이를 통하여 화교들의 문화가 형성된 원인을 밝혀보고 현재도 진행형으로 변화하는 화교의 문화를 통하여 민족의 의미를 되돌아보고자 하였다.

군산의 화교들은 120여 년을 이 땅에서 살아오고 있다. 하지만 이들에 대한 체계적 연구는 현재까지 미진한 실정이다. 이러한 여건으로 인하여 화교자본의 유치 필요성으로 추진된 전국의 많은 차이나타운 조성사업의 실패처럼 군산 차이나타운 조성사업(2004)도 중단되고 말았다. 이러한 사례를 통하여 우리는 하나의 민족과 문화를 재현하기 위한 사업은 관광시설 조성사업만으로는 성공을 장담할 수 없으며 기본적으로 화교의 역사와 문화에 대한 조사와 현재 거주하는 화교들을 염두에 두었을 때 추진 가능한 사업임을 알 수 있게 되었다.

더불어 이글에서 군산지역을 중심으로 화교의 문화형성과정을 면밀하게 살펴보는 이유는 군산에 이주한 화교 1, 2세대의 삶과 그들이 만들어온 생활공간이 우리의 공간과 중첩되어 있고 우리의 시간 속에 그들도 함께 해왔음을 확인하고자 했기 때문이다. 이를 통하여 화교 3, 4세대 가치관의 변화과정을 확인함으로써 그들만 변화하는 것이 아니고 우리도 함께 변해가야 하며, 이러한 변화는 다문화, 다민족시대로 가고 있는 우리사회가 이미 100여 년의 역사를 이어온 화교의 이주과정에서 배워야 할 소중한 경험이라는 생각을 해본다.

〈참고문헌〉

강만길, 『한국 근대사』, 창작과 비평, 1994.
＿＿＿, 『한국 자본주의의 역사』, 역사비평사, 2001.
곽병곤, 「한중수교 이후 재한화교사회의 변화에 관한 연구」, 고려대학교 행정대학원 석사학위 논문, 2002.
군산 물산공진회, 『군산안내』, 1916.
군산부, 『군산부사』, 군산부, 1934.
＿＿＿, 『군산 개항전사』, 1936.
군산시사 편찬위원회, 『군산시사』, 1991.
＿＿＿＿＿＿＿＿, 『군산시사』, 1975.
吉川昭, 『군산 개항사』, 군산부, 1999.
김경학 외, 『귀환의 신화』, 경인문화사, 2002.
김광억 외, 『종족과 민족』, 아카넷, 2005.
김기호, 「초국가 시대의 이주민 정체성」, 서울대학교 인류학과 석사학위 논문, 2005.

김민영·김종수,『군산 개항 백주년 학술쎄미나 논문집』, 군산시, 1999.
김송달,『한국 근대 100년사』, 거름, 1998.
김영정·소순열·이정덕,『군산 개항 백주년 학술쎄미나 논문집』, 전북 대학교, 1999.
김중규,『군산역사이야기』, 나인기획, 2002.
_____,「화교의 생활사와 정체성의 변화과정」,『지방사와 지방문화』 제10권 2호, 2007.
박은경,『한국화교의 종족성』, 재단법인 한국연구원, 1986.
양필상·이정희,『한국 차이나타운이 없는 나라』, 삼성경제연구소, 2002.
옥구군지 편찬위원회,『옥구군지』, 1990.
은정태·장용경·박준형·김중규 공저,『한국화교의 생활과 정체성』, 국사편찬위원회, 2007.
이병훈,『군산 개항장 100년 (1)』, 1955.
이병훈·이세현·고헌·차칠선·박순호,『금강의 물 메아리』, 1983.
이봉섭,『전북100년』, 평범사, 1976.
이정재,「한국의 화교 거주지 연구-인천지역을 중심으로」, 경희대학교 교육대학원 석사학위 논문, 1993.
이창호,「한국 화교의 사회적 공간과 장소」, 한국학중앙연구원 한국학 대학원 석사학위논문, 2007.
장정아,「홍콩인 정체성의 정치: 반환 후 본토자녀의 거류권 분쟁을 중심으로」, 서울대학교 인류학과 박사학위 논문, 2003.

찾아보기

【ㄱ】

各國租界 35
各國租界章程 35
감리서 34, 76
갑오개혁 22, 46
강경 21
강경 시장 38
강화도조약 23
개항 107
개항장 28, 30, 56, 57
객주 39
객주회사 41
경무서 76
경성고무 142, 148
京場場市 22
고무공업 142
고무공장 135
고은(高銀) 113, 123
고종 26, 27
共同租界計劃 35
공립소학교 55

관세수입 31
군산 개항 16
『群山開港史』 37
군산공립보통학교 61
군산국가공단 153
군산노동회 58
군산도 52
군산보통학교 59
군산선 74
군산세관 93
군산영사관 63
군산조계지 62, 68
군산좌 65
群山倉 21
군산항 54
군산항 객주 40
군장국가공단 153
군장국가산업단지 159
궁내부 40
근대건축유산 77, 78, 83, 89, 91, 101, 102

근대문화도시 66
근대문화유산 65, 66, 101, 102
근대문화자원 69
금강하구둑 151
금납화 22, 46
금호학교 58, 61
伎伐浦 18
김성수(金性洙) 15, 58

【ㄴ】
나가사키18은행 91
내셔널 트러스트 98
내항 67

【ㄷ】
다문화 261
대동아공영권 197, 208
대한제국 16, 17, 25
都賈 39
독립신문 28
독립협회 27
등록문화재 78

【ㄹ】
러일전쟁 42

【ㅁ】
『만인보』 119

문화유산 51, 82
米豆場 117

【ㅂ】
박물관 85
박승봉 56
白江口 18
백관수 58
백화양조 148
부잔교 67
불이흥업주식회사 70
브라운(J. McLeavy Brown) 30

【ㅅ】
삼국간섭 17
상공회의소 95
商業會議所 41
새만금 129, 157, 164
稅穀 20
세력 균형 정책 31
소정방 50
송방(松舫) 53, 67
송진우 58
順興社 41

【ㅇ】
아관파천 25
오성산 69

오토벨트　162
옥구　54
沃溝監理署　35
옥구군산항민단　58
옥구농민항쟁기념행사　72
옥구서부수리조합　71
옥구항공립소학교　55, 59
옥구향교　55
원도심　83, 101
은파호수　71
이강호　57
이무영　57
日本專管租界　35
임병찬　72

【ㅈ】

자유무역주의　28, 31
暫定合同條款　24
전준기　55
정미소　76
정체성　109, 165, 214, 215, 228, 232, 243, 250, 253, 255, 257, 258, 259, 260
제지공업　142
조계지　31
조선은행　90, 93
조운(漕運)　20, 53, 109
租借地　27

漕倉　20
중추원　34
진명학교　59
鎭城倉　20
진포　19, 53
진포대첩(鎭浦大捷)　20, 53, 67, 108

【ㅊ】

차관　31
채만식　111, 112, 117, 169, 176, 180, 185, 191, 197, 207, 209
청구목재　142, 148
최무선　19
최호　72
축항공사　74

【ㅌ】

『탁류(濁流)』　64, 111, 169, 174, 180, 185
土地家屋證明規則　43

【ㅍ】

파시즘　197

【ㅎ】

한국합판　148
항구도시　129, 147
해관　30

해관세   30, 47
海陸文化   108
해망로   76
향교   55
호남선   74
湖南廳   21
화교(華僑)   213, 214, 215, 216,
   217, 218, 219, 220, 221, 222,
   223, 224, 225, 226, 227, 228,
   229, 230, 231, 233, 236, 238,
   240, 241, 242, 243, 244, 247,
   249, 250, 251, 253, 254, 255,
   256, 257, 258, 259, 260
화약무기   18, 45
희소관   65

오토벨트　162
옥구　54
沃溝監理署　35
옥구군산항민단　58
옥구농민항쟁기념행사　72
옥구서부수리조합　71
옥구항공립소학교　55, 59
옥구향교　55
원도심　83, 101
은파호수　71
이강호　57
이무영　57
日本專管租界　35
임병찬　72

【ㅈ】
자유무역주의　28, 31
暫定合同條款　24
전준기　55
정미소　76
정체성　109, 165, 214, 215, 228, 232, 243, 250, 253, 255, 257, 258, 259, 260
제지공업　142
조계지　31
조선은행　90, 93
조운(漕運)　20, 53, 109
租借地　27

漕倉　20
중추원　34
진명학교　59
鎭城倉　20
진포　19, 53
진포대첩(鎭浦大捷)　20, 53, 67, 108

【ㅊ】
차관　31
채만식　111, 112, 117, 169, 176, 180, 185, 191, 197, 207, 209
청구목재　142, 148
최무선　19
최호　72
축항공사　74

【ㅌ】
『탁류(濁流)』　64, 111, 169, 174, 180, 185
土地家屋證明規則　43

【ㅍ】
파시즘　197

【ㅎ】
한국합판　148
항구도시　129, 147
해관　30

해관세 30, 47
海陸文化 108
해망로 76
향교 55
호남선 74
湖南廳 21
화교(華僑) 213, 214, 215, 216,
  217, 218, 219, 220, 221, 222,
  223, 224, 225, 226, 227, 228,
  229, 230, 231, 233, 236, 238,
  240, 241, 242, 243, 244, 247,
  249, 250, 251, 253, 254, 255,
  256, 257, 258, 259, 260
화약무기 18, 45
희소관 65

저자소개

김종수 군산대학교 사학과 교수
구희진 군산대학교 사학과 조교수
송석기 군산대학교 건축공학과 부교수
김태웅 서울대학교 역사교육과 부교수
김민영 군산대학교 경제학과 교수
이준호 군산대학교 기초교육지원실 전담강사
공종구 군산대학교 국문학과 교수
김중규 군산시 학예연구사